河北省社会科学重要学术著作资助出版

中国上市公司内部控制评价体系的构建及实证研究

朱辉 著

2015年·北京

图书在版编目(CIP)数据

中国上市公司内部控制评价体系的构建及实证研究/朱辉著.—北京:商务印书馆,2015
ISBN 978-7-100-11336-6

Ⅰ.中… Ⅱ.①朱… Ⅲ.①上市公司—企业内部管理—研究—中国 Ⅳ.①F279.246

中国版本图书馆 CIP 数据核字(2015)第 127307 号

所有权利保留。
未经许可,不得以任何方式使用。

中国上市公司内部控制
评价体系的构建及实证研究

朱辉 著

商 务 印 书 馆 出 版
(北京王府井大街36号 邮政编码 100710)
商 务 印 书 馆 发 行
北 京 冠 中 印 刷 厂 印 刷
ISBN 978-7-100-11336-6

2015年8月第1版　　开本 880×1230　1/32
2015年8月北京第1次印刷　印张 10⅛

定价:50.00元

前　言

内部控制是企业生存与发展的基础与保障。内部控制在企业规范管理、风险控制和提升经营绩效等方面发挥着重要的作用，特别是近年来国内外部分大型企业由于内部控制失效导致经营失败甚至破产倒闭，使内部控制受到空前重视。要准确、客观地评价企业内部控制水平，必须建立一套系统的评价体系和评价方法。遵循国际内部控制基本理论，借鉴现有理论研究成果，创新内部控制评价标准与评价方法，是当今内部控制理论发展面临的一个新的课题。

相关经济学理论为内部控制评价研究提供了理论基础。以内部控制相关理论作为研究问题的切入点，运用经济学基本理论确立研究框架，延展分析思路和解释内部控制现象。运用控制论理论，根据内部控制要素之间的相互关联以及对内部控制水平的影响，对内部控制要素进行结构化和动态化分析，为内部控制评价构建基础；运用系统论理论，从内部控制评价的基本要素、评价要素的基本功能以及内部控制评价体系的基本结构，系统地阐述内部控制评价要素之间、评价要素与评价目标之间的关联，从整体性出发，分层次构建内部控制评价体系；运用信息经济学理论，在信息不对称条件下，从内部控制信息的生成、传递、反馈、决策、环境以及对内部控制的作用力的角度反映企业的委托代理关系、控制逆向选择和道德风险，提高内部控制评价的针对性和有效性；运用风险经济学理论，以企业风险识别、风险测量、风险监控和风险缓释能力作为分析维度，提出企业通过内部控制管理风险能力的评判标准，使内部控制评价结果能够直接反映企业的风险管理水平。

在构建内部控制评价体系过程中，以往多以内部控制五要素作为评价目标，存在的缺陷是不易对要素进行分解和横向比较。采用国际公认的内部控制五个目标作为基本分析标的，是一种新尝试，通过对各类内部控制评价指标进行梳理、分类和细化分解，按照目标层、准则层和指标层三个层次进行归理，形成梯次分明的内部控制评价指标体系，使内部控制评价结果具有一定的客观性与可比性。对于定性指标采用无量纲化处理方法，使之与整个评价体系兼容。运用层次分析法对各项评价指标进行权重赋值，反映每项评价指标对内部控制水平的影响力。综合各项评价指标及其影响程度，形成企业内部控制评价量化评价结论，该评价结论不仅直观地反映了企业内部控制水平，并且由于方法一致性使不同企业间能够进行横向比较。在采取纵深推进研究方法的同时，借鉴了部分典型国家在内部控制评价制度建设方面的实践经验，为我国改进和完善内部控制评价制度提供了参考。采用上述方法，以我国2341家上市公司作为样本，对其内部控制水平进行了分析和评价。评价结果表明，企业的规模、所处行业、企业价值、风险控制水平等与其内部控制评价结果具有较强的相关性。内部控制评价过程同时也是内部控制分析和缺陷识别的过程，根据评价结果倒溯原因，可以从中识别出我国企业内部管理与内部控制中存在的重要缺陷，并针对这些缺陷和不足提出内部控制建设改进建议。

本书构思于三年前，在写作过程中得到了不少前辈和朋友的帮

前　言

助,对此我无比感激。由于水平和能力的局限,本书难免有遗憾、偏差之处,恳请广大读者给予善意的批评,并予以指正,在此深表感谢!

朱辉

2014 年 2 月

目 录

第1章 导论 ———— 1
研究背景与研究意义 ———— 2
国内外研究概况 ———— 8
研究内容与框架结构 ———— 15
研究方法与创新之处 ———— 18

第2章 内部控制评价的经济学理论 ———— 21
经济控制论 ———— 22
系统经济学理论 ———— 25
信息经济学理论 ———— 30
风险经济学理论 ———— 35

第3章 中国内部控制评价制度的演进与现状分析 ———— 39
中国内部控制评价制度的发展历程 ———— 40
中国内部控制评价制度的现状分析 ———— 49
中美内部控制评价制度的差异对比 ———— 53
中国内部控制评价制度的发展趋势 ———— 61

第4章 中国上市公司内部控制评价体系的构建基础———— 66

内部控制评价目标及评价环节———— 66

内部控制评价的主客体界定———— 76

内部控制评价的标准———— 85

内部控制评价的程序———— 92

内部控制评价报告撰写及使用———— 96

内部控制评价指标的设计原则及思路———— 100

第5章 中国上市公司内部控制评价指标体系的建立及实证分析———— 113

内部控制评价指标体系的建立———— 113

我国上市公司内部控制评价的实证分析———— 134

第6章 内部控制评价制度的国际经验借鉴———— 145

美国内部控制评价制度———— 146

英国内部控制评价制度———— 154

其他国家及国际组织内部控制评价制度———— 158

国际经验的启示———— 169

第7章 完善中国上市公司内部控制评价的制度性建议———— 173

加强内部控制评价规制建设———— 173

内部控制评价要坚持以内部控制有效性为核心———— 176

强化董事会在内部控制评价方面的作用———— 178

加强内部评价与外部评价的联动———— 178

目 录

由财务会计报告评价转向全面评价_____180

构建统一规范的内部控制评价方法_____182

加强内部控制评价的信息披露_____184

加强对内部控制评价结果的运用_____185

第8章 研究结论与展望_____186

研究结论_____186

研究的局限性_____192

研究的未来展望_____193

附录 2011年中国上市公司内部控制评价指数排名_____195

参考文献_____304

第 1 章　导论

COSO 委员会(The Committee of Sponsoring Organizations of The National Commission of Fraudulent Financial Reporting)于 20 世纪 80 年代初由国际财务经理协会(FEI)、管理会计学会(IMA)、美国注册会计师协会(ATCPA)、内部审计师协会(IIA)以及美国会计学会(AAA)共同发起组建。COSO 属于自愿性质的私人组织,是国际上反虚假财务报告的权威机构,该机构的宗旨是通过强化商业道德,建立起有效的内部控制和公司治理结构,从而提高财务报告的可靠性。COSO 于 1992 年制定了《关于内部控制的基本框架(COSO-IC)》[1],1994 年在广泛征求意见的基础上又进行了大幅度修改,成为国际上内部控制领域最具权威性的框架,备受业内推崇,得到了广泛的推广和应用。

随着美国部分大公司财务造假丑闻的暴露,以及由此催生的萨班斯法案的出台,世界各国深刻认识到,通过建立健全科学合理的内部控制评价体系,促进企业不断完善内部控制建设,才是企业稳健经营和实现可持续发展的唯一途径。我国于 2006 年成立了内部控制标准委员会,专司制定企业内部控制标准以及内部控制评价体系建设职能,该机构的成立在我国企业内部控制建设领域具有里程碑式的意义。我国于 2008 年 6 月颁布了《企业内部控制基本规范》以及 2010 年 4 月颁布了《企内部控制配套指引》[2],这两份纲领性文件提出了我国企业内部控制建设的基本标准和规范,共同形成了我国企业内部控制建设的基本框架。那么企业内部控制体系建立与实施的效果如何,就需要有一个独立的标准去衡量评判,这样企业的外部利益相关者以及企业内部管理人员才能有一个横向比较的尺度,所以如何立足我国企业的实际情况,来开展内部控制评价的研究,就显得尤为重要。

研究背景与研究意义

研究背景

内部控制是通过建立相应的制度安排和采取相应的控制措施,促进企业依照法律法规稳健经营,改善经营绩效,维护企业资产安全,使各类财务信息和管理信息能够客观地进行信息披露,促进企业实现其工作目标。内部控制是一个过程,是实现目标的手段,而不是结果本身。它会受到企业内部各层次人员的影响,而不是简单地制定出一本制度或规章。内部控制需要企业董事会、监事会、高管层以及其他各层级的管理人员和工作人员的共同参与,由董事会对企业的内部控制负最终责任。但对管理层或董事会来说,内部控制提供的只是合理的保证,而非绝对的保证。

从1912年R.H.蒙戈马力提出内部牵制理论以来,内部控制因其在企业内在管理中的需求而不断发展壮大,其重要性也逐步得到了世界上的广泛认同。内部控制在企业公司治理当中发挥着重要作用,是企业完善内部管理以及提高经营绩效的重要方式和基本途径。历史经验充分

第1章 导论

表明,许多发展成功的企业都得益于良好的内部控制,企业由于内部控制薄弱和管理松懈导致经营失败的案例也是数不胜数。1994年世界首家商业银行——巴林银行,由于李森未经授权从事高达270亿美元的期货交易失败,致使巴林银行亏损6亿英镑,而巴林银行竟未及时发觉,这是银行控制系统的失败。正是巴林银行内部控制的缺失,使得李森的"错误"影响被无限度地放大了,最终成为"撬动巴林根基的杠杆"。也就是说,巴林银行的终结从根本上是源自内部控制的缺失。2001年年底,美国发生了一系列大型公司会计丑闻,安然、施乐以及世通公司等部分大型企业的会计造假丑闻公之于众,引起全世界震撼,使企业内部控制与经营诚信问题再次成为焦点问题,甚至引发人们对西方国家基本经济制度的怀疑。美国证交会主席哈维·皮特将世界通信公司财务造假案与安然事件、安达信解体和"9·11"事件并称为美国金融证券市场遭遇的"四大危机"。美国著名的经济学家、2008年诺贝尔奖获得者保罗·克鲁格曼说:"安然公司的崩溃不只是一个公司的垮台问题,它是一个制度的瓦解。而这个制度的失败不是因为疏忽大意或机能不健全,而是因为腐朽。"部分大型公司会计造假丑闻催生了制度创新,美国于2002年7月颁布了《萨班斯—奥克斯利法案》(简称SOX法案),该法案针对公司内部控制与经营管理当中存在的严重弊端,对公司内部控制与会计管理提出了更为严格和审慎的管理要求,旨在恢复社会公众对美国经济政策的信心。该法案签署后,美国前总统布什在一次新闻发布会上宣称,萨班斯法案是罗斯福新政以来美国商业领域最具影响力的一部法案,具有深远意义。萨班斯法案从监管的角度对上市公司的内部控制及其披露做出了严格的规定。萨班斯法案的出台,标志着从企业内在管理需求、外部强制监管要求和社会期望等方面,推动内部控制的发展和应用进入了一个崭新的阶段。

萨班斯法案颁布以后,在全世界范围内掀起了内部控制的热潮,很多国家纷纷效仿。2003年年初,澳大利亚证券管理当局颁布了《关于公司治理的基本原则以及最佳管理实践工作建议》。次年1月,香港联交所发布了《公司治理报告》以及《公司治理实务准则》两份报告,进一步强化了企业董事会在公司治理以及内部控制方面的职责与作用,要求企业董事会逐年对内部控制状况以及运行的有效性进行审查,并将审查情况向股东大会进行报告。2005年初,加拿大安大略证券委员会也发布了一份关于改进企业公司治理和内部控制的文件,该文件要求企业高管层围绕财务报表以及财务报告的生成与管理进行测试,确保财务数据以及相关信息真实可靠,该项要求与美国SOX法案类似(参见SOX法案第302条以及404条)。2005年,新加坡交易所公布了一项国情咨文,对企业上市提出了新的管理制度与规则,对企业内部控制以及公司治理提出了更为审慎的资格条件和监管要求。其他许多国家也陆续颁布了类似法规,企业公司治理与内部控制建设得到了空前重视。我国内部控制制度建设也是起步较早,早在1999年修订《中华人民共和国会计法》时,就对企业内部控制建设提出了基本原则和相关要求。2008年6月,五部门(财政部、审计署、银监会、证监会以及保监会)联合制定并颁布了《内部控制基本规范》,这份文件被誉为"中国版的萨班斯法案",标志着我国企业内部控制规范建设取得了重要突破。2010年年初,这五个部门又联合颁布了《企业内部控制配套指引》[①],对内部控制相关领域问题进行

---

① 包括《企业内部控制应用指引》《企业内部控制评价指引》以及《企业内部控制审计指引》。

了诠释和说明。上述内部控制相关文件的颁布和实施，标志着中国企业内部控制体系框架基本形成，中国企业内部控制建设也有了参照标准。

根据主管部门要求，上述制度要求按不同梯次推进，执行范围不断扩大。境内外同时上市的公司于2011年年初率先执行，2012年年初执行范围进一步扩大，在上海以及深圳上市企业也被列入执行范围，但对于创业板以及中小企业板则没有提出明确的执行时间。对于没有上市的大中型企业，主管部门提出其可按照文件中所提出的原则和制度参照执行，按照国家颁布的标准积极改进和完善公司治理和内部控制。主管部门还要求，凡是要求执行内部控制新规的企业都要对其内部控制有效性开展自我评价，并对其自我评价进行公开信息披露，接受外部审计师（会计师）对其内部控制情况的审计。

内部控制新规的执行，对中国企业内部控制建设提出了较高标准和要求，有利于促进中国企业不断完善内部治理，促进规范经营和提高经济效益，提高社会认可度。同时，执行符合国际规则的内部控制标准为中国企业进军国际市场提供了便利。

但是，《企业内部控制评价指引》中的评价方法主要是针对单个企业而言的，不涉及上市公司内部控制水平的量化，缺乏横向比较和系统的评价。并且，从公开披露的信息看，上市公司大多认为自身的内部控制体系是完整有效的，根据2010年的统计资料，我国上市公司自愿披露内部控制缺陷的比例不足1%，即99%以上都认为其内部控制体系是有效的。所以，不管是政府部门还是监管部门、投资者还有社会公众都期望能够有一套第三方实施的定量化的评价方法来客观评价上市公司的内部控制水平。

研究意义

一系列企业内部控制及其评价政策规范紧锣密鼓地出台,上市公司实施内部控制规范的有序推进,显示出完善上市公司内部控制、促进资本市场健康发展的迫切要求。另外,当前我国上市公司内部控制的评价与信息披露尚处于初级阶段,机制还不健全。

实践证明,良好的内部控制制度有助于企业规范经营行为和提高经济效益。COSO 委员会认为,企业内部控制水平与其经营绩效呈正相关关系,可以预防资产的损失浪费,能够帮助企业保证财务报告的准确性,督促企业遵循相关的法令法规,避免企业名誉受到损失以及造成其他后果。所以,内部控制对于企业来讲具有非常重要的作用,但是只有内部控制得到有效执行才能保证内部控制作用的发挥。

例如中航油事件,中航油有一个由专职风险管理主任和风险控制专家组成的队伍,有非常科学详细的内控制度,但是这些制度形同虚设。所以说内部控制实质上是组织内部的一系列活动,不能被直接观察到。要对企业的内部控制状况做出评价,必须明确相应的评价标准和评价方法。本书通过构建企业内部控制评价体系框架,提供了内部控制评价分解要素以及分析的方式方法,对促进企业细化内部控制管理和提升管理水平具有现实意义。

(1) 充实了内部控制评价的理论基础

本书从经济控制论、系统经济学理论、信息经济学理论和风险经济学理论等经济学理论的角度,研究了内部控制评价的理论基础以及如何构建内部控制评价体系。内部控制是一个控制过程,这是经济控制论所研究的内容;内部控制是一个体系,这是系统经济学理论所研究的内容;内部控制研究还会涉及施控主体所有权与经营权的分离而产生的委托代理,所以为了降低逆向选择和道德风险出现的频率,就需要有一个合适的第三方对企业的内部控制实施情况做出一个合理的评价,要出具评价报告,这是信息经济学理论也就是契约论所研究的内容。另外,内部控制与风险分析息息相关,有效的内部控制可以降低企业的经营风险。这些理论形成了内部控制评价体系建立的理论支撑。

(2) 推动了内部控制实证研究的发展

本书通过构建的内部控制评价体系对中国上市公司的内部控制质量进行了评价分析,包括上市公司内部控制总体质量状况以及内部控制与行业归属、市场价值、财务管理目标的实现程度的相关性的分析,定量地反映了我国目前上市公司的内部控制水平以及风险管理能力,其研究数据对国内关于内部控制实证研究具有很大的借鉴意义。

(3) 有助于企业完善内部控制体系

通过内部控制评价体系的指标计算,可以定量地反映出公司内部控制体系的问题和不足,管理层可以通过对照数据,找到内部控制体系中存在的缺陷,从而可以及时堵塞漏洞、防范风险,从设计和执行等方面全方位健全优化管理制度,促进企业内控体系的不断完善。

(4) 为外部利益相关者提供决策依据

外部利益相关者主要包括企业的投资者、债权人。对于投资者而言,在决定是否对一个上市公司进行投资时,除了分析公司的财务状况、经营成果、现金流量情况外,可以利用内部控制评价体系来分析公司有无重大缺陷、是否具有良好的风险管控能力,进而衡量公司的可持续发展状况,制定风险应对策略;而对于债权人而言,上市公司最主要的债权人就要数金融机构了,所以上市公司内部控制的好坏也是金融机构风险控制不可忽视的因素。

（5）有助于促进上市公司与政府管理的联动

对企业内部控制情况实施监督与检查是政府监管部门的一项重要职责,通过政府监管部门履行监督与检查职能,可以从外部推动企业不断改进和完善内部控制,实现稳健经营和健康发展。监管部门除了采用已有的监管措施和办法以外,还可以利用这种数量化的分析结果,更有说服力与针对性地指出上市公司内部控制建设过程中存在的问题,及时提出指导意见。企业也可以通过指标评价,及早发现问题、积极整改,在配合政府监管中赢得主动。

国内外研究概况

对于企业内部控制评价的研究,国内外相关文献很多,如图1-1,归纳起来,这些研究主要涉及理论与实证两个方面。内部控制评价的研究从20世纪90年代末期开始起步,到了21世纪进入发展阶段,2006年以后逐渐成熟。

国外研究现状

国外对内部控制评价体系和保证机制的研究主要集中在评价主体、评价标准和评价方法方面。

国外的研究文献认为,应以企业的内部审计机构作为内部控制评价的主体:拉尔夫明确指出,企业内部的审计委员会对企业的内部控制负有监督职能[3]。通过内部审计部门的积极参与和干预,有利于企业及时识别内部控制缺陷和采取有效的纠正措施;克斯曼[4]的研究结果表明,如果企业的审计委员会具有高度的独立性,并且委员会成员熟悉企业管

第1章 导论

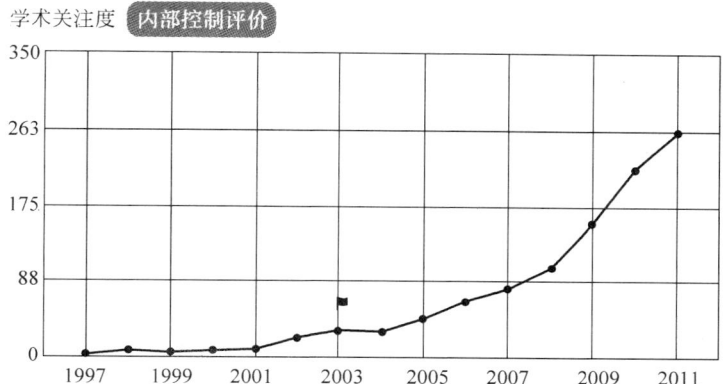

图1-1 有关内部控制评价的研究资料数量统计(资料来源:中国知网)

理和财务会计,就能够帮助企业提升内部控制水平并减小发生重要内部控制问题的概率。克斯曼还认为,审计委员会越有效率,内部控制存在缺陷的可能性就越小。高质量的审计委员会能更好地监督内部控制,保证其效果。在执行萨班斯法案后,克斯曼通过比较披露内部控制存在缺陷和没有缺陷的两类公司,发现存在缺陷的公司审计委员会具有开会次数较少、财务专家比例低和频繁更换审计师等特征。拉尔夫认为,企业的内部审计在履行职能过程应当具有灵活性,充分发挥人的主观能动性,利用审计人员的专业优势实现软控制(即人为控制)。

格拉普拉特等曾经做过一项调查[5],调查结果表明,由于1992年发布的COSO评估框架并没有提供相应的实施细则,企业在对其内部控制状况进行评估过程中缺乏明确的参照标准,缺乏统一规范的操作程序和方式方法,往往导致评价工作无所适从,难以形成可信的评价报告。在调查样本中,只有近四分之一的企业认为他们能够充分理解并运用COSO评估框架对公司企业的内部控制状况做出评价。这份调查报告指出,针对 COSO 评估框架制定相应的操作细则或评估指引,有助于企业准确理解和把握评估原则,掌握和运用正确的评价方法,同时能够平息外界对萨班斯法案第 404 条款的质疑。与第 302 条款相比,萨班斯法案中对第 404 条款的争论比较大。例如,道尔等发现,基于第 302 条款披露内部控制缺陷的公司,其盈余质量明显更低;但是按照第 404 条款披露内部控制缺陷的公司,其盈余质量却与控制样本无显著差异。这在一定程度上说明,第 404 条款可能未起到明显的效果。麦克纳利[6]指出,在公司企业内部控制评价过程中,对内部控制制度和控制程序的评估可以符合逻辑地延展到对内部控制有效性的验证。原因在于,通过对内部控制制度和程序的梳理,可以有效地推动公司企业构建执行良好内部控制准则的外部环境,内部控制制度建设不仅可以成为公司企业强化内部管理的重要抓手,更能够成为公司企业改善控制环境的重要推动力。

在内部控制评价方法方面,施瓦兹[7]按照成本效益的匹配原则,以内部控制五要素为基础设计出了一个评价模型,该模型将内部控制五要素进行分解和细化,嵌入企业业务流程的相关环节,通过业务流程标准与实际操作进行对比,能够帮助企业识别出业务流程当中的内部控制不符点,有针对性地加以改进。该模型相对简单,仅适用于小型企业,但该模型的设计思想和原则为开发适用于更为复杂的大型企业内部控制评价模型留下了空间。丹尼[8]认为,在对企业内部控制评价中,特别是对高风险业务领域的内部控制评价,选择合理的内部控制评价方式和评价范围非常重要。首先要对控制对象是否属于关键点加以判断和区分,其次要识别出关键控制点的关键控制环节,从而提高内部控制的有效性。丹尼还指出,由于内部控制的要素在不同时期以及不同环境下会发生变化,内部控制测试也需要相应地进行动态调整,合理地选择和调整测试范围,使测试结果更接近于实际。

国内研究现状

我国的内部控制评价制度经历了从无到有、不断发展完善的历程。在上世纪80、90年代,内部控制评价仅仅是企业内部审计当中的一项职能,其工作目标是针对会计报表展开相应的内部控制测试,通过测试评估和鉴证会计报表是否及时、全面、客观地反映了企业的经营活动和经营成果。实践的发展催生制度的创新,随着现代企业管理制度的发展,内部控制理论也在不断发展和完善,但早期的研究成果主要集中在内部控制的鉴证,对内部控制评价的研究尚在起步阶段。

吴水澎、邵贤弟、陈汉文[9]借鉴控制论的基本研究方法,研究了如何运用COSO框架体系加强我国企业的内部控制建设问题。研究报告指出,加强对内部控制的自我评估是国际上内部控制研究领域的新动向;潘秀丽[10]提出我国企业内部控制的现状普遍薄弱,应该尽快制定内部控制评价标准,以改变企业内部控制现状,明确管理当局对企业内部控制应该承担的责任;朱荣恩、应唯、袁敏[11]提出,内部控制评价的重点:一是评估内部控制制度的完整性,内部控制制度是否能够覆盖企业的整个业务流程和关键环节。二是内部控制制度的合理性,内部控制制度是否与企业的管理体制、员工素质以及经营环境相适应。三是内部控制制度的有效性,内部控制制度是否有助于企业管理风险和提升经营绩效。在统一内部控制标准的基础上,全国应建立统一的内部控制评价标准和评价方法;王立勇、张秋生[12]认为对内部审计的评价不够充分,应当引起重视。内部审计主旨在促进企业内部管理,加强对内部审计工作的评价意义重大。同时,应当着手建立外部审计的评价标准和评价方法;张宜霞[13]认为,由于业务背景不同,而且需求存在差异,人们从不同角度和层面理解内部控制,对内部控制赋予了不同的含义,造成了理论和实践的混乱,而且分割了内部控制相关要素的内在联系以及逻辑关系。应当以有效管理风险和提高企业经营绩效为目标,对内部控制的内涵以及性质重新做出界定。张宜霞[14]还指出,内部控制的复杂程度应当与企业的规模相适应,内部控制评价方法也应当有所差别;赵东方、张莉[15]认为实现价值最大化是公司企业的战略目标,内部控制应当围绕公司企业价值最大化进行顶层设计。对内部控制评价的主体和客体进行了区分,认为评价的主体包括企业的监事会以及内部审计部门,评价的客体包括公司企业部门以及员工。在评价方法上,提出应采用自我评估与内部审计评估相结合、定性指标与定量指标相结合、静态分析与动态分析相结合以及股东权益与客户利益相结合的评价方法。

在基础理论研究方面,刘明辉、张宜霞[16]借鉴了经典经济学理论和契约理论,对内部控制的性质和内涵作了一定的探讨,认为内部控制测评后仍存在很大的风险;文胜泽运用控制论、科斯定理、制度变迁等理论解释内部控制的生成机制和演化路径,并超越传统内部控制理论,将内部控制及其评价机制纳入了管理学以及经济学范畴,推动了内部控制理论创新[17];邓春华[18]以博弈论、新制度经济学以及信息经济学为基础,运用经济学原理对内部控制理论进行了解释。

内部控制评价日益受到重视,评价方法也不断推陈出新。在早期阶段,所采用的评价方法主要包括设计内部控制调查问卷、内部控制专题分析、控制程序分解分析等方法,运用定性分析方法对内部控制有效性做出判断。随着经济学、管理学在内部控制领域的运用,一些学者开始使用层次分析法、德尔菲法等定量方法进行内部控制评价。鉴于内部控制的决定因素和驱动因素较为复杂,很难完全依赖模型进行合理推演,

第1章 导论

主流观点认为应采取定性与定量相结合的方法进行内部控制评价。

在评价方法与实证研究方面,周春喜[19]建立了模糊数学模型,通过将内部控制相关定性指标量化处理,构建了多层级评价指标体系,通过该指标体系综合反映公司企业的会计控制情况;郭晓梅、傅元略[20]和唐予华、李明辉[21]运用模糊数学理论以及层次分析法,将COSO框架体系中相关要素进行分解,按不同层次构建了梯次递进的评价指标体系,通过综合评价模型演算,对公司企业内部控制状况做出综合评价;王立勇、石柱鲜运用数理统计方法,以可靠性理论为基础,将公司企业的业务流程作为分析条线,构建了相关数学模型,对内部控制进行评价并验证评价的可靠性[22];张谏忠、吴轶伦[23]通过对部分钢铁厂家的实地考察,将工厂作业流程分解并分别设立不同的评价标准,按照主要业务环节与内部控制标准两个维度构建了"风险评估矩阵",并根据评估结果提出了具体的内部控制改进方案;戴彦[24]根据对部分电力企业的调查结果,以企业的资金流为分析线索,综合运用层次分析法以及德尔菲法,构建了相应的内部控制评价体系。戴彦提出,对内部控制进行评价的关键是找准分析的切入点,特别是对于大型企业,找准了分析切入点,分析评价结果才能做到客观和符合实际;于增彪、王竞达、瞿卫菁[25]以某公司作为案例,提出了如何建立内部控制评价体系,包括通过内部控制评价应当实现的目标,内部控制评价的基本标准以及主要内容,并编制了内部控制评价流程图;戴毅、吴群、谌飞龙[26]提出,内部控制的决定因素和驱动因素非常复杂,而且存在多维变量,是多种因素和作用力共同推动的结果。要准确识别决定内部控制状况的关键因素非常困难(也许并不存在),大量的内部控制评价要素影响力较小,评价权重较低,不会对评价结果产生实质性影响,对一个或一组内部控制要素进行评价没有实际意义。符合实际的做法是，采用多极模糊判断的方法，集合多种内部控制评价要素进行综合分析，才能做出客观判断；李小燕、田也壮[27]提出了评价财务控制制度及其控制有效性的基本标准，并以组织循环理论为依据，建立了内部控制评价指标体系。但在对各指标影响力分析当中，对定性指标没有提供具有说服力的权重分配方法，设定的相关权重主观性较强；骆良彬、王河流[28]将内部控制评价要素进行分解，设立三个指标层次，并运用层次分析法对各项指标分配相应权重，通过模糊综合评价模型集合各评价指标进行推演，形成了对内部控制的综合评价结果。在该项研究中，作者将内部控制定性评价指标通过模糊映射转化为定量指标，并纳入综合评价体系；徐程兴[29]提出灰色评价法，来解决获取模型所需样本较小的问题；周瑜、郑垂勇[30]在内部控制评价中引入了三角模糊数互反判断矩阵，从而得到更简化的排序方法；别凌[31]将离差最大化评价模型运用到内部控制评价体系当中，该模型解决了多项内部控制指标合理排序问题，避免了对指标权重进行主观判断的随意性，使评价结果更加客观。但该方法也存在缺陷，适用范围相对较小，不能够广泛推广应用；董美霞、戴松梅[32]以风险控制程序为主要评价要素，运用层次分析法构建了内部控制评价指标体系，并通过参考和比较西方主要发达国家管理实践，提出了我国企业内部控制相关信息披露的基本原则以及主要内容。

经过二十多年的发展，我国的内部控制评价方法也经历了一个从无到有、不断完善的过程。在早期的内部控制评价方法中，较多地运用了调查问卷、讨论分析、程序分解等方法，这些方法定性指标过多，受主观因素影响比较大，使得评价结果缺乏客观性。层次分析法的应用使内部控制评价方法有了较大改进。如建立在层次分析法基础之上的模糊综合判断方法就是通过模糊数学语言将定性指标进行量化处理,使不确定的指标具有确定性,弱化了主观因素的影响,使评价结论更加客观。当然这些数学方法在选取指标过程中也存在着一定的缺陷,可能会影响到评价结果的准确性。所以,内部控制评价方式方法还有待我们进一步地研究发展。

研究内容与框架结构

外部利益相关者主要是通过财务报告了解和分析公司企业的经营状况和风险状况,如果财务报告披露信息不准确,就会对利益相关者形成误导。要确保企业财务报告信息真实和可靠,就需要企业建立良好的内部控制制度和控制程序。良好的内部控制制度和控制程序不仅可以促进企业改善经营管理,有效管理风险,降低管理成本,提高经济效益,还可以约束企业合理地归集和处理经营管理和风险管理信息,真实地反映企业的生产经营活动和风险状况。要判断企业的内部控制是否有效,就要建立科学合理的内部控制评价体系,选择正确的方法论。近年来,管理实践的需要极大地促进了内部控制理论的创新和发展,国内外就如何构建企业内部控制评价体系进行了深入和广泛的研究,在许多领域取得了显著的研究成果。企业内部控制牵涉诸多管理要素,各种要素相互交织、相互影响、相互作用,要对其进行科学评价并非易事。在内部控制评价研究领域,关于评价主体与客体的确定,评价要素的选择,评价的标准以及评价的方法论等方面都存在很大争议。我国对企业内部控制评价的研究工作尚处于起步阶段,政府管理部门尚未出台具有操作性的指导性意见,在研究领域也尚未形成说服力强、公认度较高的研究成果。

本书参考国际上关于内部控制评价的一般准则和良好实践,以我国颁布的相关法规为依据,以大量的调查研究和相关数据为基础,运用前面的数理分析理论,在构建内部控制评价体系方面进行了探索,为我国内部控制评价理论和实践的发展提供有益的借鉴。

各章研究内容及结构(图1-2)如下:

第一章,导论。本章介绍了本书的研究背景、研究意义,国内外研究现状,本书的框架结构、研究方法以及研究创新点。

第二章,内部控制评价的经济学理论。本章介绍了研究内部控制评价体系的经济学理论基础,主要包括经济控制论、系统经济学理论、信息经济学理论和风险经济学理论四个主要方面,为内部控制评价体系的建立提供了理论支撑。

第三章,中国内部控制评价制度的演进与现状分析。本章介绍了我国内部控制评价制度的发展历程,探讨了我国内部控制评价制度的现状,并重点对我国和美国内部控制评价制度作了对比分析,指出了我国内部控制存在的主要缺陷以及未来发展方向。

第四章,中国上市公司内部控制评价体系的构建基础。本章介绍了内部控制评价的目标、基本程序、主体与客体的界定,内部控制评价的标准以及内部控制评价指标的设计思路,为内部控制评价模型的建立奠定了基础。

第五章,中国上市公司内部控制评价模型的构建及实证分析。本章以第四章的内容为基础,确定了适合我国国情的内部控制评价指标,采用层次分析法确定了各个指标的权重,通过对指标进行无量纲化处理,确立了内部控制评价指标模型。通过收集截至2012年4月30日的上市公司公开资料,经过对数据进行统计分析,阐明我国上市公司内部控

第1章 导论

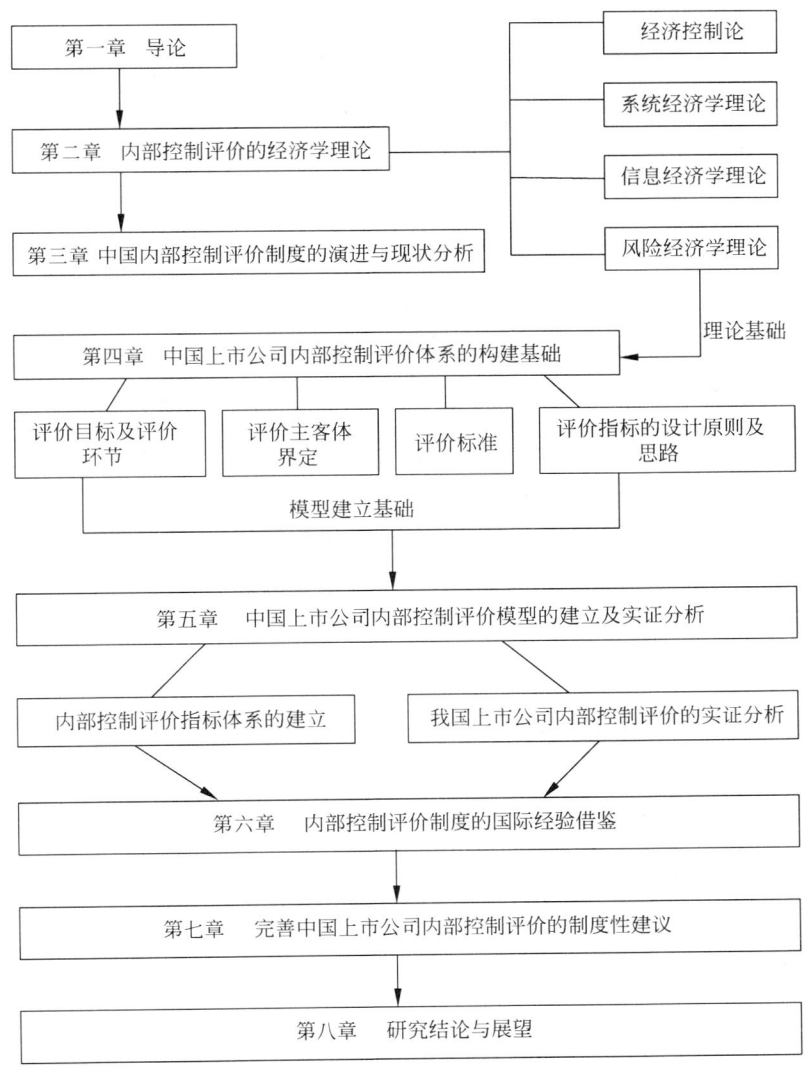

图 1-2 框架结构

制评价的总体状况,并且对我国上市公司的行业归属、市场价值以及财务管理目标与内部控制评价指数的相关性做了分析,本章内容是对内部控制评价指标模型的验证,同时也是对我国上市公司内部控制质量的评价和检验。

第六章,内部控制评价制度的国际经验借鉴。本章通过对美国、英国、加拿大、日本以及一些国际组织有关内部控制评价制度的研究,介绍了国外一些典型国家和国际组织内部控制评价制度的建设及实施情况,并且根据国外在内部控制评价建设方面的实践经验,提出了对我们国家建立健全内部控制评价制度的启示。

第七章,完善中国上市公司内部控制评价的制度性建议。本章根据国内外内部控制评价发展的具体情况以及我国上市公司内部控制评价水平的实证分析结果,从加强内部控制评价规制建设、以内部控制有效性为核心进行评价、强化董事会在内部控制评价方面的作用、加强内部评价与外部评价的联动、由财务会计报告评价转向全面评价、构建统一规范的内部控制评价方法、加强内部控制评价的信息披露以及加强对内部控制评价结果的运用八个方面提出了提升我国上市公司内部控制评价水平的具体措施。

第八章,研究结论与展望。本章是对全书的总结,阐述了全书的主要研究结论,指出了本研究存在的局限性以及对未来研究的展望。

研究方法与创新之处

研究方法

本书采用规范研究与实证研究相结合、定性分析与定量分析相结合的研究方法。

(1) 规范研究法

本书以规范研究为主。规范研究是对客观事物的价值判断,是凭借分析者的经验、感觉以及分析对象过去和现在的信息资料,对分析对象的特点、性质、发展规律做出判断[33]。回答社会经济现象"应该是什么",通过评判和推理,提出解决对策。本书通过对我国企业内部控制评价制度发展的历史沿革和现状的概括分析,指出了我国内部控制评价现状存在的不足,并结合相应的经济学理论以及我国发布的相关指引的规定,探讨我国内部控制评价体系的构建。

(2) 实证研究法

实证研究不包括个人的价值判断,实证研究一般通过实证分析说明社会经济现象"实际是什么"。本书运用统计分析的方法,分析截止到2012年4月30日上市公司公开披露的信息,来阐明我国上市公司内部控制评价的总体状况以及上市公司的行业归属、市场价值、财务管理目标的完成程度与内部控制之间的相关性,通过这种相关性分析来检验所构建的内部控制评价模型以及阐明我国上市公司目前内部控制评价存在问题的根本性原因。

研究的创新点

本书有如下创新之处:

(1) 对部分发达国家的内部控制实践进行了总结和提炼。本书选取了欧美和亚洲资本市场发展比较完善的几个国家的内部控制评价进行了研究,从中总结并提炼出了内部控制评价的一般原则和良好实践,并将美国的企业内部控制评价实践与我国进行了对比分析,为我国企业改进内部控制评价提供借鉴和参考。

（2）提出了内部控制评价的基本工作框架。本书提出的内部控制评价体系框架中包括了内部控制评价基本原则、工作目标、评价程序、评价标准、评价主体与客体的确定，并建立了内部控制评价指标模型。在模型设计过程中，充分考虑了企业内部自我评价，监管机构评价、资本市场评价以及会计师事务所的审计等各种因素，综合各种评价要素，从多角度推演内部控制综合评价结果。

（3）提出了提升我国上市公司内部控制评价水平的具体措施。从加强内部控制评价规制建设、以内部控制有效性为核心进行评价、强化董事会在内部控制评价方面的作用、加强内部评价与外部评价的联动、由财务会计报告评价转向全面评价、构建统一规范的内部控制评价方法、加强内部控制评价的信息披露以及加强对内部控制评价结果的运用八个方面提出了制度性的建议，为上市公司提升内部控制水平、政府机构加强外部监管提供了一定的参考意见。

第 2 章 内部控制评价的经济学理论

理论是实践的先导,本章内容简要介绍与内部控制评价相关的经济学理论。

内部控制是一个过程,其目标是帮助企业制定合理的战略目标,控制相关风险,保证企业的运营效率和效果,提高信息披露质量,敦促企业自觉遵守相关法律和法规;内部控制还是一套复杂的系统,它和方方面面的利益关系体打交道,通过内部控制的评价,披露评价信息,来达到控制的目标。所以,内部控制评价过程中涉及经济控制论、系统经济学理论和信息经济学理论以及风险经济学理论的应用。控制论、系统论、信息论被称为"老三论",这是自 20 世纪 40 年代以来形成的综合性横断学科[34],这些理论对于很多经济管理问题的研究起到了提纲挈领的作用。内部控制是一个控制过程,这是经济控制论所研究的内容;内部控制是一个体系,这是系统经济学理论所研究的内容;内部控制研究还会涉及施控主体所有权与经营权的分离而产生的委托代理,所以为了降低逆向选择和道德风险出现的频率,就需要有一个合适的第三方对企业的内部控制实施情况做出一个合理的评价,要出具评价报告,这是信息经济学理论也就是契约论所研究的内容;另外,内部控制与风险管理存在着不可分割的关系,根据内部控制评价信息,企业外部利益相关者可以了解企业的风险控制水平,从而为制定合理的决策提供帮助。所以,内部控制评价的经济学理论基础涉及经济控制论、系统经济学理论、信息经济学理论和风险经济学理论四个主要方面。

经济控制论

"控制论"一词最早出现在古希腊,古希腊人用该词描绘操纵船舶的方法和技术,后来逐步衍生出管理与制约的管理学含义。柏拉图在其哲学著作当中,经常用"控制"一词描述如何对人进行管理[35]。现代控制论起源于20世纪中期,诺伯特·维纳发表了其著作《动物与器械中控制与信息沟通的基本理论——控制论》,率先提出了控制论的基本理论和思想。控制论提出以后,迅速被理解和接受,其基本理论和研究方法在许多学科当中开始应用,包括自然学科和管理学科。在维纳看来,控制论可以用来研究器械的运行管理与控制,同时也可以用来研究社会中对人的管理与控制,主要研究目标是各种要素在动态运行的系统当中如何实现平衡和达到相对稳定的状态[36]。

在控制论当中,"控制"的含义被界定为:在一个系统当中,为了使基本要素或作用对象的功能得到改进和拓展,对系统当中所产生的各种信息进行归理、总结和提炼,并根据整理的信息作用于系统要素或受控对象,这种作用力即称之为控制[37]。因此,获取、归理、提炼信息是控制的基础,控制通过信息的归集、整理和传递来实现,如果没有信息传递和信息反馈也就无所谓控制。所谓信息反馈,即在控制系统当中,相关信息传递出去以后,又通过某种方式将信息的作用结果反馈至系统当中,系统对信息进行调整修订后再次进行传递,从而实现预期目标。因此,

第 2 章　内部控制评价的经济学理论

信息反馈一个非常重要的概念,是系统论存在和运行的基础。

"经济控制论"(Economic Cybernetics)[38]的概念最早是在 1952 年巴黎世界控制论大会上提出来的,之后这一概念在经济学领域得到了广泛应用。1954 年,美国数学家 R. S. 菲利普斯尝试运用二阶常微分方式数学方法对宏观经济系统进行研究,他重点研究了宏观经济系统运行的开环与闭环问题,并采用比例、积分、微分(PID)方法研究如何运用控制原理使宏观经济政策保持稳定;20 世纪 50 年代,美国 H. A. 西蒙[39]开始运用控制论方法,研究如何通过信息的传导以及对经济要素和经济结构的调整,实现对宏观经济的最优控制;随后,波兰科学院在构建国民经济计划系统模型当中,运用控制论研究国民经济投入与产出以及经济要素分配问题。经济控制论属于跨专业综合学科,在诸多经济学家、数学家的共同努力下,1975 年在布加勒斯特召开的第三届国际控制论与系统大会正式确认了这一学科[40],使之成为控制论的一个重要理论分支,开辟了经济学研究的新领域、新方法。

经济控制论运用控制论基本原理和方法,研究经济体系的发展和内在演变规律,研究经济系统如何通过自动调节和内部控制,促进各领域经济要素和经济关系之间的协调,实现对经济体系的最优控制,促进经济发展。根据经济控制论观点,经济活动是一个系统的、动态的运行过程,经济领域相关经济要素和经济关系相互关联、相互影响、相互作用,通过对经济活动内部规律和运行特征的深刻了解和把握,并通过经济体系运行机制的内在调节以及适当的外部管理干预,就有可能促进经济要素和经济关系的协调发展,实现对经济的优化控制,提高经济效果。

经济控制论的另外一个重要贡献是对经济信息的综合运用。经济控制论认为,所有与经济活动相关的信息都属于经济信息,对经济的控制过程就是对经济信息进行反馈的过程[41]。经济信息的反馈有两种方式，一种方式是硬性反馈，即通过提前预设经济控制程序，通过对经济活动的控制实现预期的工作目标。另一种方式是信息反馈控制，在这种工作机制下控制程序不是提前安排好的，而是将经济运行过程中所产生的相关信息不断反馈至经济控制系统，通过对控制系统的不断校验和修正，动态地调整控制机制，实现对经济活动的有效控制。对经济信息进行动态反馈和综合运用，提高经济控制的合理性与有效性，正是信息经济学的研究范畴。

经济控制论认为经济运行机制内部具有关联性，是一个动态的、不断发展变化的过程，需要通过顶层制度设计实现对经济活动的有效控制，促进经济协调和有序发展[42]。这一理论不仅适用于宏观经济活动，而且也适用于微观经济系统。人们最早对经济控制论的认识和理论启蒙就是源于企业管理，用高度概括总结和创新发展的经济控制理论又可以反哺企业管理实践。在现代企业管理中，越来越多的企业开始运用经济控制论的基本原理和方法，研究企业内在运行机制，分析企业管理流程，实现对企业管理的优化控制，取得了较好的管理效益。

COSO报告中认为内部控制包括两个层面上的控制——管理人员对生产经营过程的控制以及外部利益主体对管理人员实施的控制。内部控制是把外部利益相关主体的利益与企业内部管理人员的利益相协调统一的一种手段，而这种手段的有效实施，则需要对内部控制进行再控制[43]。所谓再控制就是要对内部控制的设计与执行情况由第三方进行再评价，检查现有的内部控制机制是否有效，是否存在重大缺陷，从而决定是否需要改进下一个期间的内部控制体系，有多大的改进余地，要明确这一点，就需要对内部控制进行全面评价，即经济控制论中的信息

第2章 内部控制评价的经济学理论

反馈控制,所以说,经济控制论为内部控制评价提供了理论基础。

系统经济学理论

"系统"一词最早出现于古希腊语,含义是指整体由若干部分构成。但关于"系统"至今尚没有一个准确的定义,存在数十种解释。部分学者将"系统"解释为"系统是一个集合体,该集合体由若干元素组成";有些学者将"系统"解释为"系统是一个全体,具有组织性和被组织性";有些学者则解释为"所谓系统,是多种物质的集合体,也包括集合的过程";还有些学者将"系统"解释为"系统是由其所组成要素按照某种存在顺序和逻辑关系,按照同一方向进行运动的过程",等等。目前,主流观点将"系统"定义为:"系统是一个有机集合体,它由若干元素构成,这些元素相互关联并且共同发挥作用,使集合体具备某种功能。"概括起来,"系统"具有以下特征:一是要素,"系统"是一个集合体,是由若干要素组成的;二是结构,"系统"的组成要素是相互联系的,并按照一定顺序进行排列,形成集合体的结构;三是功能,"系统"的组成要素相互影响、共同作用,其结果是使"系统"具备了某种功能。同时,这个定义也解释了不同要素之间、要素与要素集合体之间、要素集合体与外部环境之间存在的关联[44]。

"系统"的概念由来已久,许多学者运用这一概念解释自然科学和社会科学领域的相关问题。但"系统论"真正的理论奠基人是美籍奥地利人贝塔朗菲(L. Von. Bertalanffy)[45]。早在20世纪30年代初,贝塔朗菲就提出了"系统论"的基本思想,在他提出的"抗体系统论"当中系统地阐述了"系统"的定义、结构以及运行规律,以创新思维开创了理论研究的崭新领域。在贝塔朗菲看来,作为一个完整的系统,应当具备以下特征:一是整体性,认为系统是由若干元素构成的一个整体;二是关联性,系统的组成要素彼此间不是孤立的,而是相互关联的;三是等级结构性,不同组成元素在系统中发挥作用不同,按作用力区分形成不同层次和等级;四是动态平衡性。不同元素以及不同元素之间的作用是动态的和变化的,是一个由平衡——不平衡——平衡的演化过程,变化的结果导致系统功能发生改变;五是时序性,元素的构成及其排列顺序具有内在逻辑,并且根据其内在发展规律,随着时间变化不断调整和演进。上述特征概括了"系统论"的基本指导思想,诠释了"系统论"的基本思维方法。贝塔朗菲还指出,"系统"不是其组成部分的简单汇总,也不是组成要素的简单罗列组合,各种相互联系、相互影响的要素有机地组合在一起,才使得"系统"具备了某种功能。在"系统"当中,每个组成要素都有其特殊位置和特定作用,而不是孤立存在的,这些要素不可分割,形成了一个有机整体,单个要素在这个有机整体当中才能够发挥特定作用,脱离这个整体就不可能发挥该种特定作用。正如亚里士多德所言,"整体大于组成部分之和",传统观点认为只要单个要素具有某种特征或存在良好性能,这些元素的集合体就会自动地具备该种特征或存在良好性能,这个观点是错误的。

系统论渗透到经济学领域,形成了系统经济学。系统经济学是从系统论中发展出来的一个分支,是运用系统论的方法研究由若干部分、层次、方面、环节等要素构成的社会经济系统的发展和变化规律的一门学科,它属于理论经济学的范畴,是近年来出现的一门新兴经济学科。

社会经济系统是客观存在的,它是由若干个子系统所组成的。经济系统的存在是不断运动、变化和发展的,而不是孤立的和静止不动的。

第 2 章 内部控制评价的经济学理论

经济系统的运行存在客观性与规律性,而这种客观性与规律性正是系统经济学的主要研究内容。

系统经济学符合哲学观点。根据辩证法基本理论,世界是普遍联系的,各种因素相互联系、相互作用。在经济社会当中,各种经济要素同样相互联系、相互作用,依照其内在规律进行发展和运动,这种发展和运动使经济系统保持平衡和正常运行。在经济系统中,各种经济要素可以划分为不同层次和不同环节,每个要素又可以形成子系统并按照其运行规律进行活动,自成体系,同时各种经济要素又互为依存条件,相互制约、相互影响、相互作用,互为系统,形成新的经济体系并产生新的运动形式。而且经济系统还和社会系统的某些方面以及自然系统的某些方面互成体系,形成整个社会大系统,并且服从和作用于社会大系统的运动规律。

系统经济学的主要内容是揭示经济系统及其内在规律,经济学家们将其归为理论经济学范畴。从研究内容看,系统经济学从宏观上注重把握经济系统的运行规律和内在特征,从微观上研究经济运行规律的条件、表现形式和实现方法。从研究方法上,系统经济学主要采用系统论研究方法,主要包括[46]:

(1)系统分析与要素分析相结合

经济系统是一个复杂的结构,由不同的要素、部分组成,并可以划分为若干层次和方面。要对经济系统进行分析,必须从其内部结构着手,将经济要素作为研究起点。同时,经济要素具有不同的排列组合,并且相互影响、相互作用,需要从要素分析进一步拓展至结构分析,动态地、系统地把握经济运行规律。

(2) 静态分析和动态分析相结合

对经济系统进行静态分析,是指忽略时间进程以及经济要素的动态变化,静态地分析和研究经济系统的一般特征和运行规律,对经济系统在不同发展阶段的运行状况进行清晰的描述和显示。经济系统的动态分析,是指在时间与空间的动态中研究和解释经济现象,研究从过去到现在,以及从现在到未来的经济走向以及运行趋势。

(3) 性质分析与数量分析相结合

经济系统有其内在规定性,要准确把握经济运行特征和运行规律,就要准确理解这种规定性,对经济系统的性质进行深刻分析。同时,经济系统又有量的规定性,要通过定量的分析方法对质的规定性进行量化解释,否则对经济规律就无法准确把握和度量。因此,对经济运行规律的把握要遵循定性分析与定量分析相结合的原则,同时要提供相应的技术方法和手段,使两者能够有机地结合起来,对经济系统进行科学的阐述和作出解释。

在研究方法上,定量分析始终是学术界存在争议的一个课题。学术界呈现出热衷于数学计量的倾向,希望用复杂的数学模型推演和解释经济现象和经济问题。反对的观点认为,经济影响因素复杂,存在多种变量,而且在不同经济条件下每个变量的重要性也不同,再复杂的模型也无法真实地反映客观经济现实。而且,如果数据积累存在问题(例如数据不准确或没有覆盖一个完整的经济周期),模型推论也必然不准确,偏离经济现实,甚至没有简单的经济指标和专业判断更为可靠。赞同使用数学计量方法的观点认为,随着经济活动的日益复杂,数量计量为准确分析和判断经济问题提供了有力的方法和手段,数学公式实际上代表和显示了经济思维,促使人们更加系统地思考问题和分析问题,模型的缺

第2章 内部控制评价的经济学理论

陷和不足需要实践的检验不断地加以修正,但不能因噎废食,这是经济研究的必然发展趋势。比较理性的观点认为,定性分析方法与定量分析方法相辅相成,相得益彰,都是分析经济问题的基本方法和手段。定性分析是基础,是对经济现象和问题的原始把握,而定量分析方法能够使定性分析更加系统、准确,并对定性分析结果进行验证。只要科学合理运用,这两种方法能够实现兼容,协调配合使用,准确把握和分析经济现象,揭示经济问题本质。

系统经济学理论对于研究和解决经济管理问题提出了行之有效的手段。系统经济学理论在研究管理学问题上具有重要的指导意义:首先,对于任何管理形态,其各个构成要素间存在有机关联,是相互联系、相互影响、相互作用的,并且整体功能与构成要素的功能总体运动方向一致,但总体功能又不是构成要素功能的简单叠加。从总体角度进行顶层制度设计,从部分角度进行有序排列和合理安排结构,有助于提升总体功能。其次,系统是管理学当中的一个重要概念,阐述了整体与部分之间的关系,是对事物整体规律性的高度概括,提供了分析事物和研究问题的重要方法论,是管理学领域的一次思想飞跃和方法创新。系统论研究方法可以运用到自然科学和社会科学领域,研究方法的创新必将推动科学实践的大力发展。系统经济学理论运用系统论原理,从总体功能与部分功能的角度,揭示经济现象的内在联系,阐述经济运行规律。具体到企业内部控制领域,系统经济学理论将企业内部控制系统视为一个开放和动态的系统,认为企业内部控制具有整体性、相关性、目的性、层次性、环境适应性、动态性等特征。内部控制作为一个系统,其组成要素之间同样相互联系、相互影响和相互作用,要素之间的排列组合以及结构安排影响内部控制的最终效果。因此,将企业内部控制作为一个系统,运用系统经济学原理分析和评价企业内部控制,分解和细化内部控制基本要素,有助于准确把握内部控制整体功能与要素功能之间的关系,科学地评价内部控制要素对于内部控制总体功能的影响和作用,准确识别存在内部控制缺陷的领域和环节,有针对性地采取纠正和改进措施,推动企业提高内部控制和管理水平。从这个意义上讲,系统经济学不仅为企业内部控制研究提供了理论基础,而且提供了重要的方法论。

信息经济学理论

20世纪40年代,在经济学领域出现了信息经济学的概念,经过数十年的研究和发展,至20世纪70年代信息经济学基本形成了相对完整的理论框架体系。信息经济学是信息学与经济学交汇融合发展起来的一门新兴学科,属于经济学的一个分支,经济学家运用信息学的基本理论和研究方法,解释经济现象和分析经济问题。在初始阶段,经济学家按照不同的研究路径对信息经济学进行了诠释,有的经济学家从理论上推演信息经济学的基本逻辑和分析各种经济关系,有的经济学家运用信息经济学基本原理分析和解释具体的经济现象。在后期发展阶段,两种研究方式逐渐趋同,信息经济学理论趋向于解决实际问题,经济活动经过抽象和概括又进一步丰富了信息经济学理论,两者相辅相成,共同奠定了信息经济学基本框架体系,成为一支相对成熟的经济学理论流派。20世纪70年代,美国霍尔威茨所著的《信息经济学》以及英国威尔金斯所著的《信息经济学——成本与收益的计算标准》是信息经济学具有里程碑意义的经典之作,具有标志性的意义,标志着信息经济学已经演变发展成为一种成熟的经济学理论,为研究经济问题提供了新型思维和理

第2章 内部控制评价的经济学理论

论基础[47]。

信息经济学的研究从一开始就有两条主线,经济学家分别从宏观和微观两个层面研究经济当中信息的生成、传递、反馈、决策、环境以及对经济的作用力等问题,由此产生了宏观信息经济学和微观信息经济学两个理论分支[48]。宏观信息经济学的代表人物是美国斯坦福大学的 Mac Uri Porat 以及美国普林斯顿大学的 Fritz Machlup。宏观信息经济学的研究对象是信息经济以及信息产业,将信息视为具有特殊价值的商品,并以信息作为研究视角和研究主线,通过分析信息的形成、传递以及如何充分和有效运用信息,研究宏观经济运行机理和分析宏观经济现象,提出降低经济运行成本和提高宏观经济效益的基本对策[49]。微观信息经济学起源于20世纪50年代,代表人物是美国经济学家斯蒂格利茨。微观信息经济学也称之为理论信息经济学,根据信息的商品化特质,从微观层面研究分析信息的成本以及价格问题。传统的经济学理论是在信息完全对称的假设前提下推演经济的运行规律,而信息经济学纠正了这种缺陷,运用不完全信息理论对完全信息对称条件下的市场模型进行了修正,提出了信息不对称条件下经济人如何进行博弈,生产要素如何进行分配,以及市场机制如何运行。微观信息经济学理论重点研究了在信息不对称条件下,经济人如何通过契约合同约定对经济人的行为进行约束和规范,形成经济人的良性互动,从而提高经济运行效率,因此微观信息经济学也被称之为机制设计理论或契约理论。微观信息经济学的许多理论观点对经济实践具有重要理论指导意义。20世纪60年代,斯蒂格利茨[50]在其发表的论文"信息经济学"当中提出了信息的价值属性,认为信息对劳动成本、生产要素以及商品价格产生重要影响,信息不对称会导致资源配置不合理,而要获取信息就要付出相应的成本和代价,因此根据价值规律促进信息的合理流动,有利于提高资源配置效率。美国的维克利以及英国的摩尔里斯也是在存在信息不对称的假设前提下,提出了著名的委托代理理论[51]。根据委托代理理论,由于委托方掌握信息较少,而代理方掌握信息较多,双方信息不对称,从而产生代理人风险。而如果在制度安排和机制设计中嵌入"激励因子",就会导致"激励相容",形成激励和约束兼容管理机制,这一理论对经济管理具有重要意义,至今仍被广泛应用。2001 年,斯蒂格利茨、乔治·阿克尔洛夫和迈克尔·史宾斯三位经济学家因其在不对称信息市场分析上所取得的重要理论研究成果获得了诺贝尔经济学奖,他们的研究成果极大地推动了信息经济学研究的发展,成为现代经济管理的重要理论基础。

  企业内部控制评价研究中,我们涉及的主要是微观信息经济学的理论,也就是契约理论。契约理论的基本假设前提是契约关系人之间存在信息不对称(Asymmetric Information)。所谓的信息不对称,也称之为非信息对称,是指契约关系双方拥有对方不知晓的并且与契约交易内容相关的信息。契约理论通常用"囚徒困境"和"柠檬市场"两个著名案例来解释信息不对称性[52]。在"囚徒困境"中,囚徒由于信息不对称,不知道同伙是否会选择招供犯罪事实,通过各种假设条件下心理博弈和逻辑推演,最终认为主动招供是有利的选择。而在"柠檬市场"案例中,阿克洛夫认为由于卖方较买方拥有更多的信息,最终在各种假设条件下卖方拥有柠檬定价优势。同理,在劳动力市场同样存在信息不对称的问题,并且可能对劳资双方利益产生影响。资方不清楚所雇用的管理层人员以及其他工作人员具备什么样的工作能力,也不清楚各层级员工是否能够全身心地投入工作,而劳方同样也不清楚资方的劳动成本以及利润空间,这些信息不对称问题导致劳资双方博弈,并衍生出工资、激励以及逆向选择等问题。按照成因分析,信息不对称情况大致可以划分成两种类型:一种情况是由于外生原因导致的信息不对称。外生原因是指导致信息不对称并非出于当事双方的主观愿望,而是由于外生的、先定的、客观的因素导致的结果。例如资方对管理层人员的工作能力以及身体状况不是很清楚。信息经济学将这类由于客观因素导致的、并非当事方主观上刻意隐瞒的信息,称之为隐藏信息。另外一种情况属于内生原因导致的信息不对称。在签订契约时,当事双方所掌握的信息是对称的,不存在刻意隐瞒情况,但在契约签订以后,由于双方的控制与约束关系弱化,从而产生信息不对称情况。信息经济学将这类当事方出于主观愿望刻意隐瞒信息的行为称之为隐瞒行动。信息经济学理论认为,信息不对称会衍生出许多管理问题,并且在不同时段所反映出来的问题具有不同性质。从事前看,信息不对称会产生逆向选择,造成资源扭曲配置,降低市场效率。从事后看,信息不对称会产生道德风险问题,具有信息优势的一方只愿意享受收益,而不愿意承担风险。

体现在企业管理方面,企业董事会在选择管理人员时,董事会对候选人员的工作能力与水平了解有限,而候选人员对自身的情况却非常清楚,两者之间存在信息不对称,就会产生逆向选择问题,如果董事会开出的条件高于候选人员的预期,候选人员就会欣然接受,反之就不会接受。在双方签署合同以后又会面临道德风险问题。即使董事会非常了解管理人员的工作能力与水平,但管理人员并没有全身心地投入工作,或者高管人员为获取高额报酬片面追求短期工作业绩,而长期风险则由企业来承担。还存在另外一种情况,企业董事会与高管人员本人对高管人员的工作能力与水平都缺乏准确判断,高管人员在事后发现自身的潜在能力,而董事会没有相应提高其福利待遇水平,也会滋生道德风险,高管人员可能会离职并带走其熟悉的企业客户。

信息经济学认为,只要存在信息不对称,就有可能发生逆向选择与道德风险,而如何克服或弱化逆向选择与道德风险正是信息经济学需要解决的两个重要命题[53]。信息经济学提出的解决方法是,通过构建信号传递机制与激励机制避免或弱化逆向选择与道德风险。根据信息经济学的概念界定,具有信息优势的一方称之为代理人,处于信息劣势的一方称之为委托人,委托人与代理人之间的关系称之为委托——代理关系。要克服逆向选择和道德风险,就要建立合理、均衡的委托——代理关系,即代理人从委托人所得到的报酬应当高于或等于其履行契约的机会成本,同时还要最大程度地维护委托人的自身利益,如果能够达到这种均衡,就有条件克服逆向选择与道德风险,并能够使约束机制与激励机制实现兼容。为达到这种均衡,约翰·海萨尼(John C. Harsanyi)的"贝叶斯—纳什均衡"理论提出了作为委托方的最优选择,即通过建立相应的制度安排和运行机制,鼓励代理人更多地提供信息,增强信息对称性,使得委托人与代理人在信息对称的基础上完成交易,并使双方的利益达到均衡。此外,委托人还可以通过广告等方式公布详细的用人标准,通过资格筛选和资格审查提高双方的信息对称性。

公司制企业的特点就是所有权和经营权分离,由于激烈的市场竞争以及复杂多变的外部环境,使得企业的法人治理结构变得越来越复杂,从而形成了多重的委托代理关系。依据委托代理理论,由于委托人和代理人之间的信息不对称和不确定性的存在,会对委托人的利益构成威胁。所以出于对委托人利益保护的目的,完善委托代理关系,内部控制评价包括所有者对经营者的监控以及经营者对经营过程的监控就成了系统的制约机制。受托经营者有义务按照所有者的要求提供有关内部控制的信息，这是经营者履行受托任务的基本义务。受托者比委托者也就是股东以及其他任何人都有条件更多地获取内部控制信息，更了解企业内部控制的问题所在以及应予评价的风险点。为了保障受托者更好地履行受托义务，督促其通过加强管理和完善内部控制增加企业价值和合理规避经营风险，实现股东财富的最大化，就需要建立科学的评价机制，客观地反映和评价受托方对企业的内部管理和内部控制的责任，并通过相应的信息渠道将评价结论反馈至委托方。委托方可以将评价结果作为衡量受托方行为的一把标尺，约束受托方行为，并对良好的内部管理与内部控制实施正向激励，使受托方行为符合企业的长远发展利益，从而规避逆向选择和道德风险。而且，内部控制评价也能够有效地协调委托人与受托人之间的利益冲突，使控制双方建立起相互信任的关系。股东和经营者处于不对等的控制位置上，自然有不同的控制目标，尤其是在信息的利用和需求方面存在外部性和不对称性，通过内部控制评价可以达到约束双方行为的作用，并且可以对未来进行合理的运筹。因此说，内部控制评价是有效改善委托——代理关系的手段。

风险经济学理论

　　风险经济学的发展经历了三个阶段：第一个阶段是 18 世纪。在这一阶段，由于概率论的确立，使得风险经济学的研究也得到了迅猛发展。当时的代表人物就是亚当·斯密。亚当·斯密被后人称为"经济学之父"，人们谈到斯密，首先想到的是他的《国富论》，但他同时也是风险经济学理论的创始人。斯密认为，人们普遍具有夸大获利机会的偏好，特别是年轻人在经济活动中更具有乐观倾向，在投资和其他交易活动中往往高估收益,低估风险和损失[54],因而更愿意承担风险。第二个阶段是在 1940 到 1970 年。在 1929—1933 年世界经济危机爆发后,人们的风险意识逐步觉醒,开展经济活动更注重识别和把握风险。这一阶段也是风险经济学发展最为迅速的时期,主要代表人物是经济学家摩尔根·修德以及数学家诺伊曼,他们合写的《博弈论与经济活动分析》将风险经济理论研究推向了一个新的高度[55];第三个阶段是 20 世纪 70 年代,阿洛所著的《风险负担基本原理》以及阿可洛夫所著的《柠檬——品质不确定性与市场运行机制》对风险经济学作出了进一步的阐述,解释了风险的本质及其内在规律,标志着风险经济学理论走向成熟[56]。

风险经济学以风险为主要研究对象,研究风险的本质和内在规律。风险与收益是一枚硬币的两面,企业通过经营活动获取收益,就必须承担相应的风险。风险是一种不确定性,是经济活动中的一种"不理想状态"。风险管理的主要内涵是,准确地识别风险和度量风险,有效地监测风险和控制风险。

对于一个企业而言,企业的风险来源于外部环境的不确定性,这种不确定性可能会给企业带来负面影响,但是也有可能会给企业带来正面影响。带来负面影响的事项会阻碍企业的价值创造;而带来正面影响的事项会给企业带来机会。为了将风险转化为机会,所以企业需要对风险进行管理。风险管理有利于企业实现战略目标,躲避发展过程中的隐患和意外,保持和创造新的价值。风险管理的意思就是通过识别风险、估计风险、驾驭风险、监控风险这一系列活动来防范、化解风险的过程。风险管理过程中包括了对风险的估量、评估和应变策略。理想的风险管理其实就是排列好优先顺序的过程,可能引起最大损失以及最有可能发生的事情优先被处理、而相对风险较低的事情则被延后处理。当然,排列

第 2 章　内部控制评价的经济学理论

优先顺序往往也会很难,因为风险和发生的可能性通常并不一致,所以要权衡二者的比重,以便做出最合适的决定。

风险管理的研究对于企业内部控制体系的建设有很强的理论指导意义。在 COSO 框架中,风险评估是其中的一个重要评估要素,即在企业的经营活动过程中,通过及时、准确捕捉风险信号,对风险进行归类和分析,判断其对实现企业内部控制目标所产生的影响,采取相应的风险缓释措施,通过有效管理风险降低发生损失的可能性。风险评估可以划分为三个环节,即风险识别、风险判断分析以及风险控制措施[57]。企业面临的风险处于不断发展变化中,不同的企业在不同的发展阶段,内部不同的工作环节都存在不同类型的风险,并且风险的重要性在不同时期也存在差异。企业在风险管理过程中,应当根据其发展实际,有针对性地开展风险评估。首先是对风险状况和风险形势做出判断,要充分地评估企业管理现状以及面临的内部和外部风险,对所评估出来的风险按照其发生的可能性以及对企业的影响程度进行梳理分类,运用一定的计量方法对风险敞口进行准确测量,有针对性地采取风险缓释和控制措施。在有些情况下,风险影响因素以及风险表现形式极为复杂,要准确地识别风险和评估风险并非易事,除使用常规的风险测量方法外,还要依托专业人员根据其工作经验和工作技能所做出的专业判断,尽管这种判断具有一定的主观性,但还是有一定的参考价值。在风险判断与风险评估的基础上,企业应当制定相应的风险管理策略。风险管理策略应当符合企业既定的风险偏好以及企业的整体发展战略。具体的风险管理方式大致包括以下几种方式：一是对于超出企业风险偏好以及企业难以驾驭的风险,要采取风险规避措施。二是对于可接受范围内的风险,要承担相应的风险,并通过有效管理风险为企业获取收益。三是对于相对水平较高的风险,要采取相应的风险缓释措施,也可以采取风险分担策略,避免过度承担风险或使风险过于集中[58]。

内部控制作为一种现代的先进企业管理经验,关键就在于对风险的掌控。风险控制是作为应对市场的非有效性而提出的,市场的非有效性来源于外部利益相关者的信息不对称前提下的利益冲突。由于企业的目标、内部组织结构和所处的经营环境总是不断变化的,所以企业面临的风险也是处于不断变化当中的。因此,遵循权变理论,建立健全内部控制体系取决于对企业所面临的风险进行定期的评估。通过系统的评估,对内部控制的执行情况和结果进行评价判断,出具评价报告。所以说内部控制评价其实主要就是内部控制风险的评价,评价内部控制制度是否存在缺陷,能否有效地控制风险,也就是说,内部控制评价应该以风险管理理念作为出发点。

第3章　中国内部控制评价制度的演进与现状分析

我国现代企业制度起步较晚,长期以来一直沿用从苏联引进的全民所有制以及集体所有制企业制度,直到20世纪90年代初期才初步建立上市公司制度,关于企业"大与小"、"公与私"等问题始终存在较大争议。由于许多理论问题没有得到澄清,体制性问题没有得到根本解决,公司治理结构不完善,企业的内部控制制度建设也无从谈起。改革开放以来,伴随着中国经济的迅速增长,企业迅速发展壮大,需要用现代企业发展理论和制度加以引导和规范。1999年,《中华人民共和国会计法》要求企业建立健全内部控制制度,企业负责人对本单位会计工作和会计资料的完整性和真实性负有责任,这是我国首次以法律的形式对企业内部控制建设提出要求。此后,我国以法规形式或以行业主管部门规范性文件等形式出台了一系列关于企业内部控制建设以及内部控制评价的文件,初步形成了我国企业内部控制管理制度框架。在内部控制评价方面也涌现出大量理论研究成果,有力地推动了内部控制评价工作的发展,但在许多领域还存在理论真空或理论争议。实践的发展需要理论创新,构建完善的中国企业内部控制评价制度任重而道远。

中国内部控制评价制度的发展历程

在我国,对企业内部控制进行评价始于20世纪80年代末,最初的评价工作只是一种审计方式,工作目标是评估审计风险,测试财务报告的可靠性,同强化企业风险管理与改善企业内部管理目标关联度相对较低。从90年代开始,财政部、证监会、银监会、保监会、中国注册会计师协会等陆续出台了一系列内部控制规章,内部控制评价管理导向开始转向强化企业内部管理和风险控制,将内部控制制度建设推向了一个新的领域。表3-1列示了我国监管机构和中介组织颁布的有关内部控制评价的法规文件。

表 3-1 我国监管机构颁布的关于内部控制的法律法规[59]

发布时间	发布单位	法律法规名称
1999.10	全国人民代表大会常务委员会	《会计法》(修订版)
2000.12	证监会	《公开发行证券公司信息披露编报规则》
2001-2004	财政部	《内部会计控制规范——基本规范》(2001)以及《货币资金》(2001)、《采购和付款》(2002)、《销售与收款》(2002)、《工程项目》(2003)、《担保》(2004)、《对外投资》(2004)六个具体控制规范
2001.1	证监会	《证券公司内部控制指引》
2002.5	中国注册会计师协会	《内部控制审核指导意见》
2002.9	中国人民银行	《商业银行内部控制指引》

第3章　中国内部控制评价制度的演进与现状分析

续表

发布时间	发布单位	法律法规名称
2004.8	银监会	《商业银行内部控制评价试行办法》
2005.2	保监会	《保险中介机构内部控制指引（试行）》
2006.1	保监会	《寿险公司内部控制评价办法（试行）》
2006.6	上海证券交易所	《上市公司内部控制指引》
2006.6	国资委	《中央企业全面风险管理指引》
2006.9	深圳证券交易所	《上市公司内部控制指引》
2007.6	银监会	《商业银行内部控制指引》
2007.12	证监会	《公开发行证券公司信息披露内容与格式准则第2号——年度报告的内容与格式》
2008.2	保监会	《保监会关于加强寿险公司内部控制自我评估工作有关问题的通知》
2008.6	财政部等五部门	《企业内部控制基本规范》
2010.4	财政部等五部门	《企业内部控制配套指引》

1999年，我国对《中华人民共和国会计法》进行了重新修订，这部法律对我国企业内部控制建设提出了原则性要求，要求企业通过建立健全内部控制制度，加强对会计工作的监督和管理。这部法律属于较高层次的上位法，为各行业主管部门制定内部控制管理规章提供了法律依据和工作基础。

2000年年底，中国证监会颁布了《公开发行证券公司信息披露编报规则》，其中第1号、3号、5号、7号以及8号规则专门针对企业内部控制建设，明确要求银行、保险和证券类企业要加强内部控制制度建设，这三类金融企业要详细描述其内部控制的合理性、完整性以及有效性，并在该机构招股说明书正文当中进行专项说明。针对证券类企业提出额外要求,要求证券公司聘请会计师事务所对其内部控制情况进行审计,重点是通过对证券公司内部控制情况进行评估,对其风险管控的完整性、充分性以及有效性做出分析和评价。注册会计师的内部控制评价报告要连同招股说明书一并向证券交易所以及证监会进行报送。如果注册会计师确认证券公司内部控制存在重要缺陷,公司董事会要对产生缺陷的原因、问题的性质和影响以及准备采取的纠正措施进行详细说明,证券公司的监事会也应当针对内部控制问题以及董事会说明发表明确的意见,董事会与监事会的意见都应当进行公开信息披露。证监会对信息披露提出了原则性要求,但对报告的内容以及报告格式未做明确要求。对于非金融类上市企业,证监会仅要求其在上市公告当中对企业内部控制建设情况进行披露,而对企业年报当中是否披露内部控制评价报告未做具体规定。

2001年证监会连续颁布多项制度规定,旨在督促证券公司和上市企业加强内部控制建设。1月,证监会颁布了《证券公司内部控制指引》,该指引提出了证券公司内部控制标准和基本框架,明确界定了内部控制的基本目标、控制原则以及评估要点。4月又颁布了《上市公司发行新股招股说明书》,文件要求发行人对其内部控制的充分性、适当性以及有效性进行评价,评价结果将成为决定其发行新股的重要参考。同年10月,证监会又颁布了《关于做好证券公司内部控制评审工作的通知》(第202号),对证券公司内部控制评价工作提出了新的要求。文件规定,证券公司应当聘请会计师事务所对其内部控制情况做出评价,并向证券公司出具评价报告。为保证评价工作的专业性,证券公司所聘请的注册会计师必须具有证券执业资格。从方式上,证券公司可以直接聘请

第3章 中国内部控制评价制度的演进与现状分析

符合资格条件的注册会计师,自愿地接受注册会计师的内部控制评价,在极端情况下,证监会有权直接指定会计师事务所对证券公司的内部控制做出专项评价。为方便起见,对证券公司的内部控制评价可以与年度报告审计工作合并进行,如果采用这种方式,内部控制评价至少要涵盖以下内容:一是合规经营情况。证券公司开展业务活动是否符合法律规定和监管要求,是否由于违规经营受到监管部门的处罚;二是控制环境的变化。控制环境发生了哪些重要变化,这些变化对证券公司的经营活动、风险管理以及业绩所产生的影响;三是业务控制的充分性。内部控制是否覆盖了全面业务流程,重要经营环节及风险管理环节的控制措施是否充分;四是财务控制的充分性。财务管理是否完全遵循了内部控制制度,所有的财务决策和财务活动都受到监督和制约;五是对资金控制的充分性。对资金的归集、分配、划拨、支付是否按规定的制度和程序进行,内部控制措施对资金控制和降低操作风险是否有效;六是公司治理的健全性。评价公司的组织架构是否合理,报告路线是否清晰,风险管理责任是否落实,董事会、高管层在强化内部管理和内部控制上的责任是否明确,激励约束机制是否有利于促进公司规范经营行为和有效管控风险;七是管理信息系统的有效性。管理信息系统是否能够帮助公司提高管理水平和工作效率,系统运行是否稳定,对各类信息的处置是否符合内部控制原则;八是对风险管控的充分性。内部控制措施是否贯穿了风险管理的整体流程和环节,是否有利于风险识别、风险度量、风险监测和风险控制。对于注册会计师所形成的内部控制评价报告,可由证券公司向证监会报送,如有必要,证监管也可从注册会计师直接获取。证监会要求,注册会计师提交的内部控制评价报告应当详细说明审计范围,证券公司的基本背景,所识出的重要风险隐患,内部控制发生重要缺陷的原因,以及证券公司制定的内部控制改进方案以及支持性附件材料(例如证券公司的组织架构说明、内部控制评价的程序和方法)。

2001年6月,财政部发布了《内部会计控制规范——基本规范》文件,明确要求符合适用范围的企业要指定专人或者委托专业机构对会计制度执行情况进行核查[60]。在核查过程中要重点对企业会计控制情况做出评价。如果认为企业会计控制当中存在重要缺陷,相关控制措施不够有效,要在评价报告当中对这些重要缺陷做出专项说明。2001年至2004年,财政部陆续颁布了《货币资金》、《采购和付款》、《销售与收款》、《工程项目》、《担保》、《对外投资》等分项文件,对各类会计项目内部控制标准、控制程序以及控制方法做出了规定。财政部在设计企业内部控制基本框架的基础上,针对主要会计项目建立专门的会计控制制度,统一了控制标准和方法,表明我国的会计控制由一般性原则细化至具体项目,具有较强的针对性和可操作性。

2002年5月,注册会计师协会颁布了《内部控制审核指导意见》[61],该指导意见对内部控制审核的概念进行了界定:注册会计师接受被审计单位或其主管部门的委托,对指定时间段内与企业财务会计报表有关的内部控制活动进行审核,并对控制活动的有效性做出评价,注册会计师应就评价结果出具审核意见。文件要求,注册会计师应特别关注与会计报表相关的重要环节是否相应采取了控制措施,并在审计报告当中签署明确意见。

2002年9月,中国人民银行颁布了《商业银行内部控制指引(试行)》[62],次年4月新成立的中国银监会又发布了《商业银行内部控制评价试行办法》[63],这两份文件共同构成了银行业金融机构内部控制的基本制度框架。《商业银行内部控制评价试行办法》指出,对商业银行内部控制进行评价,是指对商业银行内部控制制度建设、控制措施执行以及内部控制有效性进行测试、分析与评价的过程,评价的客体是商业银行,评价的主体既可以是商业银行也可以是银行监管机构。对内部控制过程的评价内容主要包括:一是控制环境,对银行的经营理念以及风险管理理念,银行员工的业务素质及能力水平,组织架构的合理性等要素进行评价;二是风险识别与评估,对银行识别风险、度量风险、监测风险以及控制风险的制度建设以及执行情况进行评价;三是内部控制措施,对风险管理与监控主要环节采取控制措施的合理性与充分性进行评价;四是监督与纠正,对独立于业务部门的风险监督机制建设,以及针对重要内部控制缺陷采取纠正措施的能力进行评价;五是信息交流与反馈,对银行管理信息和风险信息的产生、归集、流动以及响应情况进行评价。对内部控制结果的评价主要是分析和评判内部控制目标的实现程度,商业银行发生重大风险事件或其他内部控制失败情形都可以追溯和归结至内部控制制度缺陷或者执行不力。2006年7月,银监会对《商业银行内部控制指引》重新进行了修订,总体框架和内容基本上沿用了2006年人民银行制定的版本,但按照不同的业务条线有针对性地提出了不同的内部控制要求,这些业务条线包括授信、资金业务、存款及柜台业务、中间业务、会计、计算机信息系统等。

2005年2月,保监会颁布了《保险中介机构内部控制指引(试行)》[64]。指引要求保险中介机构应当建立健全内部控制制度,并定期对内部控制制度完善性以及执行情况开展后评价。后评价结果要及时向机构高管层以及负责制度建设的部门进行反馈。指引指出,保险中介机构的主要负责人对机构内部控制建设以及内部控制有效性负有最终责任。2006年1月,保监会又制定并颁布了《寿险公司内部控制评价办法(试行)》,指出对寿险公司内部控制进行评价的目标是督促寿险公司建立健全内部控制机制、提高风险管控水平、增强合规经营意识以及确保财务会计信息真实和完整。同时要求,对寿险公司进行内部控制评价要覆盖公司的主要业务领域,对各寿险公司的评价标准、程序以及内容要保持一致性,以做到客观和公正。评价工作应当保持相对固定频率,但如果寿险公司的经营环境发生重要变化并对其内部控制产生影响,也要进行及时评价。

2006年6月,上海证交所颁布了《上海证券交易所上市公司内部控制指引》[65]。该指引并非适用于所有在上海证交所上市的公司,而仅适用于样板公司,但其他公司可以参照执行。指引要求符合适用范围的上市公司进行内部控制有效性自我评价工作,评价结果要进行公开信息披露。为保证评价结果客观,会计师事务所应当对评价报告进行验证,并出具审计意见。同年9月,深圳证交所颁布了《深圳证券交易所上市公司内部控制指引》,也提出了与上海证交所类似的内部控制评价要求。与上海证交所不同的是,深圳证交所更加重视上市公司独立董事以及监事会的作用,要求两者对企业内部控制评价报告发表意见。

2006年6月,国资委颁布了《中央企业全面风险管理指引》[66]。国资委发布该指引的目标是督促中央企业加强风险管理,实现国有资产的保值增值。指引要求中央企业经营活动要遵守合规原则,经营战略要与企业风险管理能力相适应,要采取严密的内部控制措施,对风险管理实施全程监控,特别是要注重把握好风险管理的重要环节和关键控制点。指引要求中央企业的内部审计部门每年要对企业经营活动和风险管理

第3章 中国内部控制评价制度的演进与现状分析

进行审计,审计范围要覆盖风险管理部门,审计结果要向董事会进行报告。

在我国企业内部控制制度建设领域,影响力最大、权威性最高的法规是财政部、审计署、银监会、证监会、保监会联合起草和颁布的《企业内部控制基本规范》[67]。该文件于2008年6月28日颁布,于2009年7月1日正式执行,适用范围为中国上市企业,但同时鼓励大中型非上市企业参照执行。该文件提出了内部控制基本概念,界定了内部控制的主要内容,明确了内部控制的主要目标以及原则。该文件还参照COSO标准,以内部控制五要素为基础确立了内部控制基本框架,提出了内部控制的工作流程和工作方法。在内部控制评价方面,文件要求上市企业要定期对内部控制的有效性做出评价并形成评价报告。但文件没有对评价报告的具体方式、评价范围、评价程序以及评价频率做出强制性规定,而是允许企业根据其自身经营管理和风险管理实际灵活确定。同时要求企业应当将包括评价报告在内的内部控制相关资料妥善保管,以备未来验证。《企业内部控制基本规范》是我国内部控制制度体系当中层次较高、发挥统驭作用的规范性文件,提出和确立了我国企业内部控制建设的基本框架,对于我国提高财务信息和财务报告质量、有效管理风险、维护企业资产安全和提高企业经营效益具有重要意义。这项制度不仅为我国企业内部控制建设提供参照系和方法指导,同时也可以作为注册会计师对企业内部控制情况进行审计的基本依据。

为进一步细化管理和提高可操作性,2010年4月15日财政部等五部门又发布了企业内部控制配套指引,配套指引包括《企业内部控制应用指引》（共 18 项）、《企业内部控制评价指引》以及《企业内部控制审计指引》，这些配套指引对于境内外同时上市公司（2011 年 1 月 1 日）和其他在上海证交所及深圳证交所主板上市公司（2012 年 1 月 1 日）实行分期执行。其中《企业内部控制基本规范》以及 18 项内部控制应用指引构成了内部控制标准制度体系，《内部控制评价指引》以及《内部控制审计指引》构成了内部控制评价制度体系[68]。这几份文件的出台，标志着我国企业内部控制领域基本形成了框架完整、结构合理、层次分明、实用性强的制度体系，企业内部控制建设有了统一、明确的标准和程序。

《企业内部控制评价指引》以及《内部控制审计指引》从不同角度阐述了内部控制评价的标准和方法。其中，《企业内部控制评价指引》解释了内部控制评价的概念，重点强调要评价内部控制制度的有效性。提出对内部控制的评价要遵循全面性原则、重要性原则以及客观性原则，以内部控制五要素为线条列出了内部控制评价的基本要素，并对内部控制评价的监督、评价程序、内部控制缺陷的认定以及内部控制评价报告的撰写和信息披露提出了具体要求。该文件对内部控制评价当中识别出的内部控制缺陷按照问题的重要性进行了分类（分为重大缺陷、重要缺陷和一般缺陷），要求企业分清轻重缓急、分门别类地加以处置。《内部控制审计指引》旨在规范注册会计师对企业内部控制审计及评价工作，文件要求注册会计师要以充分事实为依据，以内部控制有效性为重点进行评价，对内部控制当中的重要缺陷要进行识别和确认，对非财务报告内部控制重要缺陷要做出特别说明。

图 3-1 列示了我国的内部控制规范体系的组成：

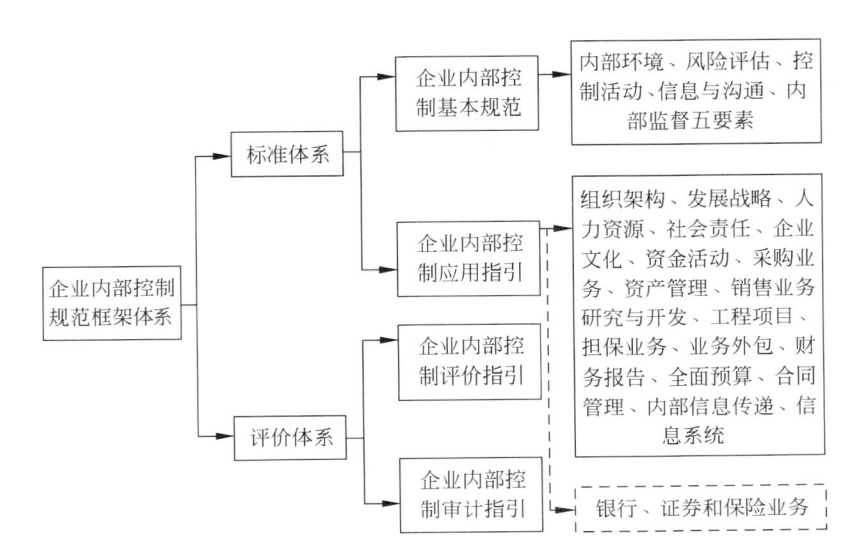

第 3 章 中国内部控制评价制度的演进与现状分析

图 3-1 我国企业内部控制规范框架体系

中国内部控制评价制度的现状分析

近年来,随着我国经济不断发展,企业数量和规模越来越大,企业的发展必然要依靠良好的内部控制制度加以支撑,行业主管部门以及企业都意识到了强化内部管理和内部控制的重要性,在内部控制管理和内部控制评价方面都进行了深入的探索和研究,立足国内实际,充分借鉴国际经验,无论是在理论还是在实践方面都取得了长足进步。但中国的内部控制制度建设起步较晚,内部控制评价体系相对不健全,基础还相当薄弱,在理论和实践方面都存在许多问题,需要进一步研究和探索。当前国内内部控制评价体系建设主要呈现出以下特点:

一是初步形成了内部控制评价制度体系。中国内部控制体系建设本着制度先行的原则,大力推行规制建设。重视内部控制制度的顶层设计,《企业内部控制基本规范》是一部具有发挥统领作用的内部控制规范性文件,奠定了我国内部控制制度的基本框架。在此基础上,国家有关行业主管部门针对本行业特点推出了一系列具体的内部控制管理制度及评价制度,提高了针对性和可操作性。许多企业遵循国家法律规定和行业主管部门要求,立足企业实际,制定符合企业实际的内部控制评价制度。由此,我国基本形成了层次分明、相互衔接的内部控制管理和评价框架体系。

二是内部控制评价制度建设借鉴国际经验,立足国内实际。西方国家企业发展历史悠久,在内部控制建设领域形成了大量的理论研究成果,积累了大量的实践经验,许多最佳实践经过提炼和总结演变成国际规则。我国的内部控制评价制度虽然起步较晚,但利用后发优势,着眼于国际视野,立足于国内实际,探索我国的内部控制评价制度建设。因此,我国的内部控制评价制度从理念、原则和制度框架上基本上与国际规则接轨,符合国际规则和国际惯例的内部控制制度建设不仅使我国企业少走弯路,同时也有利于我国企业走向国际市场,在内部控制制度建设方面接受检验。

三是内部控制目标清晰明确。在我国,不同层次、不同领域的内部控制评价制度以不同的方式和角度阐述内部控制评价的目标,但总体方向趋向一致,大体上可以归纳为"三个方向一条主线"[69]。"三个方向"包括:企业财务会计报告的真实性、可靠性。许多企业的内部控制评价以财务会计报告为重点,评价制度的设计以及所采取的措施都是围绕确保财务会计信息生成、归集、核算、汇总、传递以及信息披露过程都受到

第3章 中国内部控制评价制度的演进与现状分析

有效监督,使财务会计能够真实客观地反映企业的经济活动;评估企业的风险管控能力。内部控制制度的设计强调风险管控能力,评估内部控制制度是否覆盖了风险管理全部流程,特别是主要风险点和风险管理环节的内部控制措施是否充分,使企业面临的主要风险类型都能够得到准确识别和度量,并能够持续监测和采取风险化解或风险缓释措施;评价内部控制在规范企业经营和提高经营业绩方面的作用。评估企业在内部控制制度安排中,是否能够促进企业合规经营,防范违规风险。要通过规范经营提高决策效率和工作效率,降低运营成本,提高企业经营绩效。"一条主线"就是指企业的所有内部控制制度建设以及所采取的内部控制措施最终都归结为一个方面,就是评价内部控制制度的有效性,这是检验内部控制科学合理性的唯一标准。

四是企业内部评价与外部评价并行。企业不断加强内部控制建设有其内在的动力和积极性,通过对其内部控制制度和内部控制水平的评价,及时识别经营管理当中存在的重大制度缺陷和管理漏洞,并有针对性地采取改进措施,有利于企业防范风险和提高经营业绩。但在有些情况下,对内部控制进行客观评价与企业的经营管理目标和业绩导向存在冲突,由企业主导的内部控制评价并不完全能够做到客观公正,因此需要引进独立第三方——注册会计师的评价,《企业内部控制审计指引》也对此提出了明确要求。注册会计师不仅要对企业内部控制制度建设和控制水平进行审计,同时也要对企业董事会、高管层进行的内部控制评价报告进行核查,并发表明确意见。由于外部审计的制约作用,能够使企业董事会以及高管层的内部控制评价更加客观,同时也提高了评价结果的公信力。

但从总体上看,我国的企业内部控制评价工作仍存在许多不足和缺

陷,使评价水平受到影响。主要表现在:

一是内部控制评价制度建设滞后。我国企业内部控制建设滞后于企业发展,而内部控制评价制度又滞后于内部控制总体制度建设。国家主管部门就企业内部控制制度建设出台了部分规章制度,使我国企业内部控制建设有了统一的标准和规范。但从总体上看,这些规章制度仍属于宏观层面的制度规范,规定了内部控制的基本原则和工作方向,具有广泛的适用性,但缺乏具体针对性,需要各行业主管部门以上述文件为基础,结合行业特点和实际,制定操作性更强的实施细则,为本行业内部控制评价工作提供参照和指导。但在实际工作中,行业主管部门出台的具体内部控制评价办法并不多见。

二是内部控制评价方法滞后。内部控制建设本身就是一个非常复杂的工程,要对其做出评价并非易事。在内部控制评价要素当中,有些要素能够进行量化分析,有些要素只能够进行定性分析,而且每个评价要素的重要性以及在综合评价体系当中的权重难以准确把握和计量,要形成一个普通公认、科学合理的评价体系存在很大困难。理论界对此问题进行了广泛研究和探索,见仁见智,提出了多种内部控制评价模式和方法,但大都存在较大缺陷,经不起理论推敲和实践检验。

三是评价结果难以准确分类。按照《企业内部控制规范》的划分方法,企业内部控制缺陷按问题严重程度可以划分为重大缺陷、重要缺陷以及一般缺陷,并对这些定义的基本含义进行了一般性描述。由于办法具有普遍适用性,无法针对实际情形给出具体的评价标准,赋予了评价人员自由裁量的空间。但在实际工作中,由于评价人员业务素质良莠不齐,对定义理解不一,对缺陷的分类做法五花八门,而对内部控制缺陷不能准确分类就无法分门别类有针对性地采取预防和纠正措施。

四是评价方法不具有前瞻性。在我国现行的内部控制评价制度中,几乎所有的评价要素都是针对企业当前的内部控制状况。企业的经营管理应当具有前瞻性,前瞻性的管理战略有利于企业根据经营环节和政策变化及时调整经营策略,有利于帮助企业抓住商机,有利于帮助企业及早识别和规避风险,前瞻性管理理念应当渗透到企业管理的各个环节,包括对内部控制的评价。在某种意义上,内部控制评价的作用不仅仅在于识别当期风险和问题,而更在于为企业未来发展提供内部控制保障和支持。

五是评价结果信息披露不够充分。通过上市公司发布的年报可以发现,大量企业对其内部控制评价情况仅做了有限度的信息披露。究其原因,一方面管理规则对企业内部控制评价信息披露只是做出原则性规定,没有提出具体的标准和要求。另一方面,许多企业进行内部控制评价的初衷是发现内部控制缺陷和改善经营管理水平,属于内部管理需要,缺乏对外信息披露的积极性。企业内部控制评价情况如果不对外进行信息披露或者进行有限披露,就会造成企业外部利益相关者与企业内部信息不对称,而且弱化了外部监督作用。

中美内部控制评价制度的差异对比

美国的企业管理制度比较发达,在理论研究和实践创新方面始终处于世界前列,在企业内部控制管理和内部控制评价制度建设方面同样被许多国家视为范例和标杆。为了更好地了解我国内部控制评价制度发展的现状,本部分内容将中国内部控制评价体系建设与美国进行比较,通过对比寻找主要差异,为我国内部控制制度建设提供可资借鉴的经验。

1. 责任主体不同

两国内部控制评价主体认定的差异性是由于两国上市公司的股权结构分布不同所导致的。美国的 SOX 法案第 404 节提出了管理层要对内部控制进行评价,要求公司管理层在年度财务报告中要描述他们在建立和维护一个针对财务报告的内部控制程序中的责任;对与财务报告相关的内部控制有效性以一个公认架构进行评价(例如 COSO 内控架构);同时要求外部审计人员对管理层评价的有效性作出评价[70]。2003 年,美国证券交易委员会发布了一项指引,旨在推动和落实 SOX 法案第 404 节的相关要求。指引明确要求由企业管理层负责对企业内部控制体系建设进行评价,并提出了具体的评价标准和评价要求。这一要求符合美国企业实际。美国上市企业通常股权比较分散,众多的中小股东很难对企业内部控制建设施加影响和发挥作用。同时,美国企业董事长和首席执行官通常由一人兼任,由董事会负责企业内部控制评价则缺乏独立性,因此,由企业管理层承担内部控制评价工作有其合理性。

根据《企业内部控制评价指引》的规定,我国对企业内部控制有效性进行评价以及形成评价报告,这项工作则由企业董事会或类似机构承担,董事会对企业内部控制建设以及内部控制评价报告的真实性和完整性负有最终责任。与美国不同,在我国的企业发展实践中,企业董事长与首席执行官通常情况下分设,并且我国企业股权集中情况比较普遍,股权董事在董事会当中具有重要的影响力,发挥着重要的作用。因此,在我国要求企业董事会负责企业内部控制建设以及内部控制评价工作有其必然性。

第3章 中国内部控制评价制度的演进与现状分析

2. 评价标准不同

早在2003年,美国证券交易委员会就对企业内部控制评价标准做出了明确规定,要求企业内部控制评价标准应当遵循由控制标准委员会制定的《内部控制——整合框架》要求[71]。美国控制标准委员会制定的《内部控制——整合框架》把内部控制划分为五个相互关联的要素,分别是:控制环境、风险评估、控制活动、信息与沟通、监控。每个要素都有三个目标:财务报告目标、经营目标和合规性目标。这三个目标与五个要素贯穿于企业的各业务单位和各个层面的业务活动中。《内部控制——整合框架》的五个要素与三个目标之间是相互关联的。目标是企业努力达到的结果,要素则说明了如何才能达到这些目标。一方面,五个要素缺一不可,都必须存在并有效运行,以使企业内部控制有效率;另一方面,五个要素都必须完全融入企业经营活动中,以使要素有效地发挥作用并使企业达到目标。此后,美国证券交易委员会(SEC)、美国注册会计师协会(AICPA)以及公众公司会计监督委员会(PCAOB)在各自发表的内部控制相关文件中,均对《内部控制——整合框架》表示认同,认为该框架符合国际内部控制准则以及美国企业实际,可以作为美国企业内部控制评价的基本标准。

我国财政部等五部门联合发布的《企业内部控制规范》获得了广泛认同,在业界被认为是我国企业内部控制评价的基本标准。《企业内部控制基本规范》在起草过程中也是充分借鉴了国际规则,包括美国内部控制标准委员会制定的《内部控制——整合框架》。《企业内部控制规范》借鉴了国际规则的基本理念、原则和基本方法,但同时结合我国国情注入了一些新的元素,将国际规则当中抽象的、宏观的原则转化为明确的、具体的标准,增强了实用性和可操作性。同时,在《企业内部控制规范》基础上又研究起草和颁布了多项配套性指引,形成了层次分明的内部控制法规体系,使评价标准更加细化具体。其中包括了《企业内部控制评价指引》,该《指引》在第二章中通过以下维度提出了内部控制评价的标准:一是评价内部控制的全面性,《指引》要求企业要对控制环境、风险评估、控制活动、信息与沟通以及内部监督等要素系统、全面地展开评价。二是评价内部控制的有效性,企业要从内部控制制度设计(符合性)以及制度运行有效性(实质性)两个方面做出评价。三是评价内部控制制度的可操作性,要求企业以《企业内部控制基本规范》为蓝本,建立符合企业实际的内部控制制度。此外,《指引》还专门针对企业集团提出了内部控制评价的基本标准。我国提出的这套内部控制评价标准获得了业界的广泛认可,认为这套标准抓住了企业管理的核心与实质,是董事会及高管层强化企业内部管理和防范风险的重要抓手。在2008年南非内部控制国际研讨会上,有专家专门引述了我国的企业内部控制评价标准,认为这套评价标准目标清晰,标准明确,体现风险管理理念,强调控制效果,具有针对性和可操作性,可视作是中国管理当局从强化企业管理方面对国际金融危机的"积极应对措施"。

3. 评价方法不同

美国对内部控制的评价一般要经过以下几个阶段:一是前期准备阶段,即根据内部控制评价周期进行评价工作立项,如果认为影响内部控制的环境或关键要素发生了变化,也可随时进行立项;二是项目规划阶段,即根据立项确定的评价工作任务明确评价组成人员,制定时间和费用预算,明确工作方法和步骤等;三是控制设计分析,即对照企业的业务流程,对内部控制流程进行分解和分析,从中识别出重要的控制环节和措施要素,确定评价的重点;四是控制测试,根据控制目标,运用各种测

第3章 中国内部控制评价制度的演进与现状分析

试方法对内部控制流程和控制要素展开分析和评价;五是形成内部控制评价报告,对评价事实和结论进行总结和归纳,特别是对于评价过程当中识别出的内部控制缺陷要记录在案,并附有具体的支持性事实资料。根据美国证券交易委员会于2007年颁布的《企业管理层内部控制评价释义指引》[72]要求,对内部控制的评价要遵循自上而下原则以及风险导向原则,具体可分为三个步骤:第一步始于企业最高层面,分析和把握企业的业务发展策略以及风险管理战略,企业内部管理和内部控制都要服务和服从于战略目标;第二步是对企业重要的交易及账户进行评价,分析这些交易及账户的控制目标,对现有内部控制措施能否实现控制目标做出判断;第三步是运用适当的方法,对照控制目标和控制措施开展测试并做出相应的评价。

美国企业内部控制评价主要采用流程图法、抽样法、穿行测试法、叙述法、矩阵表格法等方法。所谓的流程图法即用流程图的方式描述企业内部控制系统的程序和过程,对交易过程和管理过程进行图形化表示,通常用水平流程图描述内部控制所涉及的部门及其所承担的工作和相应责任,用垂直流程图表示某一部门或某项工作的工作任务步骤分解。所谓的抽样法,是指通过对样本的属性判断,确定样本参数和样本规模,在错误率允许的范围内对内部控制总体状况做出推断。所谓的穿行测试法,是指企业将初始数据输入内部控制流程,跟踪数据的全部流程以及主要环节,将数据运行结果与最初的设计目标进行比照,从中发现内部控制存在的缺陷。以上三种方法是美国内部控制评价当中常用的方法,而叙述法以及矩阵法使用相对较少。叙述法是指用文字说明的方式对企业内部控制评价情况进行描述,其优点是简便易行,使用范围比较广泛,可以对评价情况进行深入细致的描述。但缺陷也显而易见,内部控制的许多细节问题无法用语言进行准确描述,特别是对于规模较大的企业难以用语言表述,而且容易引起歧义和误解。正因如此,美国企业通常情况下将该方法与调查问卷法合并使用。内部控制矩阵表格法是指通过建立内部控制点与控制目标以及风险点对应关系矩阵,分析和评判企业实现控制目标以及对风险的控制能力。美国首席财务官理事会制定的《执行指引》以及美国审计局(GAO)制定的《财务审计手册》都曾提到这种方法。这种评价方法的优点是能够将大量的企业信息进行归集整理和提炼,将有关信息关联起来表达不同要素之间的联系和逻辑关系,并且信息容易更新和维护,具有较强的灵活性和拓展性。但缺点是矩阵表格表达内容复杂,对交易流程与内部控制流程不易进行直接比较,因此这种方法使用频率不高。

根据《企业内部控制评价指引》要求,我国企业内部控制评价的基本方法包括访谈、专题讨论、实地验证、调查问卷、穿行测试以及抽样和比较分析等方法,依据详细、准确的数据和其他文字性支持资料,对企业内部控制进行测试并做出相应评价,特别是要注重分析和评价企业内部控制领域存在的重要缺陷和不足。要求在评价过程中要做好评价工作底稿,重要支持性资料要留档,以备将来验证。《企业内部控制评价指引》中涉及的内部控制评价方法主要分为定性方法和定量方法两种,根据相关资料的统计结果,我国定性和定量评价方法运用情况如图 3-2 所示。

根据图形可以看出,我国企业的内部控制评价更多地采用了定性分析方法。在定性评价方法当中,较常见的评价方式包括调查问卷法、穿行测试法以及抽样法等。调查问卷法是指企业针对内部控制现状通过编制调查问卷,就企业内部控制关键环节、存在主要问题以及改进建议

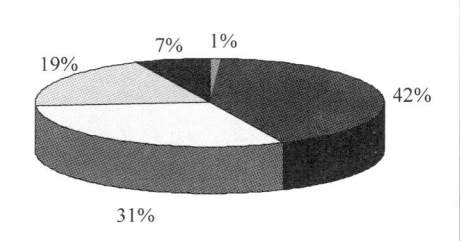

第3章 中国内部控制评价制度的演进与现状分析

图中数据：42%、31%、19%、7%、1%

图例：
- 经常单独使用定量方法
- 偶尔使用定量方法，主要采用定性方法
- 多数采用定性方法，偶尔采用定性与定量相结合的方法
- 经常采用定性与定量相结合的方法
- 其他形式

图 3-2　我国定性和定量评价方法运用的选择情况

等向各个层面员工征求意见，并根据员工反馈结果做出内部控制评价。这种方法的优点是便于操作，提高工作效率，并且一线员工反馈的内部控制信息更加符合实际，缺点是对调查问卷提出了较高要求，如果问卷设计得不科学，就无法得到期望的反馈结果。穿行测试法是通过对某些数据或其他信息全程追踪，从而对所涉及的控制环节以及控制有效性做出判断，该方法的优点是能够更加便捷地分析内部控制流程和基本环节，缺点是对个别数据和信息进行跟踪分析有可能会导致以偏概全。抽样法是指从企业的总体样本当中抽取一定样本，通过对样本的分析，由个体推断总体，对内部控制的有效性做出评价。这种方法也是简便易行，便于操作，但缺点是样本的选取存在随机性，如果样本属性不能真实反映业务性质以及固有风险水平，就无法对业务总体做出准确判断和评价。引导会议法以及详细评价法也属于定性评价方法的范畴。引导会议法是指企业管理层召集各个层面员工，共同就企业内部管理与内部控制的某些重要问题进行集中讨论，识别内部控制存在的重要缺陷，研究梳理业务管理与控制流程、提高内部控制水平的方式和途径。详细分析法是指企业管理层将法律或主管部门颁布的内部控制相关法规作为参

照系,结合企业管理实际,详细分解和细化管理流程,纠正内部控制缺陷,提高内部控制的有效性。引导会议法与详细分析法理论上可行,但在实践当中操作复杂,因此很少使用。

  定量分析方法在我国企业应用程度相对较低,通常采用的方法包括经济数量分析法以及层次分析法。数量分析法是指对内部控制相关要素所带来的成本和收益进行比对分析,判断其对内部控制的贡献,并通过建立相应的指标评价体系,将对所有评价要素分析结果汇总,综合分析其对内部控制有效性的影响。该种方法的优点是能够将定性指标进行量化处理,从而构建能够反映内部控制总体有效性的评价体系,弱化定性评价当中的人为主观因素影响。但该方法对于各项定量指标权重的分配缺乏可靠依据,说服力不强,存在较大争议,在实际工作中很少采用。层次分析法是指针对多重决策目标的问题,通过构建相应的评价体系,将决策目标分解成不同层次的多维目标,并针对不同目标设置相应的评价指标,运用模糊量化处理方式对其进行层次排序以及总排序,从而形成多方案优化决策系统。与经济数量分析法一样,层次分析法也能够将定性指标进行量化处理,与定量指标共同形成一个总体评价方案。但该方法涉及指标较多,程序复杂,通过何种方式对定性指标进行量化处理并对所有指标进行合理排序,是一个具有挑战性和需要深入研究的问题。数据包络分析以及人工神经网络法在定量分析方法中也经常提到[73],数据包络分析是对多投入、多产出的多个决策单元的效率进行评价的方法,人工神经网络法是一种应用类似于人类大脑神经突触连接的结构进行信息处理的数学模型,这两种方法程序复杂,未经过科学验证和实践检验,处于研究和探索阶段,尚未得到广泛应用。

第3章 中国内部控制评价制度的演进与现状分析

中国内部控制评价制度的发展趋势

我国内部控制评价制度建设尚处于初级发展阶段,无论是理论研究还是实践应用都滞后于欧美发达国家。但随着我国经济的快速发展以及企业规模的不断壮大,对企业内部管理和内部控制评价提出了更高的要求,国家行业主管部门、业界以及研究部门充分借鉴国际规则和发达国家经验,在内部控制评价领域展开了深入研究和探索,取得了许多理论研究成果,我国内部控制制度研究呈现出新的发展趋势。

1. 对内部控制评价的重视程度进一步提高

我国绝大多数企业过去都是依据基本规范和应用指引的规定建立内部控制制度,企业的内部控制制度一般都是以企业内部规章制度的形式予以公布。对于已经建立的内部控制制度是否符合企业的实际发展情况,是否得到了有效的执行,则是很多企业不愿意正视的问题,而且很多单位都认为有些企业高管人员不支持,评价工作困难。出现这种情况的原因当然一方面在于我国目前没有一套统一的内部控制评价标准体系,但是更主要的原因在于企业的一些高管人员从心里就认为没有必要进行内部控制的评价工作,或者认为评价成本过高,而收益短期之内难以体现出来。随着中国企业管理制度的不断发展和深化,国际化程度日益提高,国家主管部门以及业界充分认识到,通过构建科学合理的内部控制评价制度有利于企业及时、准确识别内部控制缺陷和采取纠正行动,有利于促进规范经营和提升经营绩效,符合企业的长远发展利益,因此企业建立和健全内部控制制度存在内生动力,对内部控制评价制度建设更加重视。

2. 内部控制评价主体向多元化发展

内部控制主体是否具有独立性决定了评价结果是否能够做到客观公正,是否具有层次性决定了评价结果是否能够全面地反映企业内部控制的实际,因此内部控制评价主体的确定对评价结果会产生重要影响。随着企业管理制度以及内部控制理论的发展,内部控制评价主体呈现出多元化特征:企业董事会对企业发展负有最终责任,通过开展内部控制评价,使企业内部管理更加契合企业的业务发展战略和风险管理战略;管理层通过内部控制评价,可以纠正内部管理的重要缺陷,规范经营行为,降低经营成本和提高经营效益,符合其自身利益;内部审计进行内部控制评价,是其履行职责的重要方面,通过严格专业的内部审计,及时向董事会以及高管层报告内部控制评价情况,为改善企业管理提供积极和有价值的建议;外部审计超脱于企业管理和企业利益,具有独立性,对内部控制的评价能够做到更加客观和公正;企业各层级员工处于经营管理和业务第一线,更加熟悉企业的业务流程以及管理与控制状况,能够更准确地识别内部控制缺陷,提出的改善管理意见更具有针对性;政府主管部门对企业进行内部控制评价,是其履行行业监管职能的重要方式,同时,通过参与企业内部控制评价活动,能够使得政府管理部门制定的内部控制管理规则更加科学合理,符合企业管理实际,更好地引领企业发展。从国际经验看,许多国家都在不断丰富企业内部控制评价主体,注重发挥不同层面的积极作用,并各有所侧重。例如美国萨班斯法案、美国证券交易委员会都要求,上市企业聘用的注册会计师以及企业管理层都要对其内部控制有效性做出评价;英国管理当局则要求企业董事会负责审核企业财务控制的有效性,并对企业的内部管理和内部控制负有最终责任。企业高管层开展的内部控制评价应当侧重企业面临的重要风险,并估计企业内部控制措施抵御风险的充分性与有效性。外部审计要对企业董事会做出的内部控制评价进行审查,并对其符合性做出审计声明;加拿大的控制标准委员会要求,应当吸收各方面因素参与内部控制评价,评价工作由董事会以及高管层主导,但所有员工都要参加。

从我国内部控制评价开展情况看,内部控制评价主体主要是企业内部审计部门以及中层管理人员,董事会与一线员工对评价工作的参与度相对较低,尚没有形成多角度、多层面积极参与的全员内部控制评价体系。与其他许多国家不同,我国上市企业股权结构相对集中,大股东在企业中占有重要地位,对于企业能够发挥重要影响和作用,没有董事会主导或参与的内部控制评价必然缺乏权威性。企业高管层也是内部控制评价的重要主体,但由于其管理职责以及业务绩效考核与内部控制评价在某种程度上存在职能冲突,存在影响评价工作公正性的客观因素。企业内部审计部门直接向董事会负责,权威性不够,对内部控制的评价也会影响其独立性和客观性。因此,强化外部审计职能,增强广大员工对内部控制评价的参与度,充分发挥行业主管部门的职能和作用,构筑全方位、多角度的企业内部控制评价体系,促进评价主体多元化,这是我国企业内部控制评价发展的必然方向。

3. 进一步明确和细化内部控制评价标准

企业内部控制评价体系建设必须遵循制度先行的原则,如果缺乏明确的评价标准,必然导致评价工作陷入混乱。从国际经验来看,许多国家都高度重视内部控制评价标准制度建设,为企业内部控制评价工作的开展提供了良好的标杆和参照系。例如加拿大控制标准委员会从基本目标、职责承诺、能力建设以及监督学习等方面制定了有效内部控制的20条标准,在规范企业内部控制评价方面发挥了重要作用。目前,我国企业在内部控制建设方面主要遵循《企业内部控制基本规范》以及相配套的相关内部控制指引,但这些规章制度对内部控制评价仅做了原则性规定,主要发挥政策导向作用,并没有提供具体的、操作性强的内部控制评价标准。在实际工作中,我国理论界以及业界对内部控制存在多种理解和认识,在同一概念下对内部控制评价形成了多种解释,根据其工作目标和需求赋予了内部控制评价多种内涵,产生理论分歧和实践混乱的根本原因就在于缺乏一套统一的内部控制评价标准。因此,行业主管部门履行职能,充分借鉴国际规则和经验,制定出一套符合我国实际的内部控制评价标准,这是我国内部控制制度建设发展的必然要求。

4. 内部控制评价方法多元化

内部控制是一个动态的管理过程,这就决定了对其有效性进行评价也必然是一个复杂的过程,需要考虑多种因素,运用多种方法,统筹兼顾,形成科学合理的综合评价体系。在我国的内部控制评价工作中更多地使用定性评价方法,而对定量评价方法使用相对较少。定性评价方法是通过评价人员的专业判断并以文字描述的方法,对企业内部控制有效性做出评价。定性评价依靠评价人员的判断,从形式上表现出具有一定的主观性,但如果评价人员所做出的判断都有准确和翔实的数据和事实做依托,从某种意见上讲这种判断又具有客观性。在发展趋势上,鉴于内部控制评价工作的复杂性,评价人员根据其管理知识以及对企业经营和风险状况的了解,对企业内部控制情况的判断可能比复杂数学模型更为可靠,更贴近企业实际,更值得信任。但存在的问题是,要构建统一的企业内部控制综合评价体系,就必须使定性评价与定量评价能够相互兼容,具有一定的可比性。许多研究人员在这方面进行了深入探索,运用多种方法,将定性评价指标进行量化处理,使之能够与定量评价指标实现兼容和相互比较,并与定量指标有机结合,共同形成了企业内部控制综合评价体系。

5. 进一步规范内部控制评价信息披露

企业进行内部控制评价具有双重目标,一方面是通过内部控制评价帮助企业了解内部控制状况,改善经营管理水平,增强风险控制能力,促进合规经营。另一方面,也要通过公开和充分的信息披露,帮助企业利益相关者了解和掌握企业生产经营状况和风险状况,最大程度地实现信息对称,这一点对于上市企业来讲尤为重要。美国于2002年发布的萨班斯法案对企业公开披露内部控制报告提出了明确要求,证券交易委员会随后又公布了财务报告内部控制公开信息披露的具体操作规则,使法案要求落到实处。

企业通过内部控制评价完善其内部管理具有内在动力,但对于对外公开披露相关信息则缺乏动力,必须依靠法律约束。在我国相关法律中,对企业内部控制评价报告信息披露只是提出了原则性要求,但对于信息披露的内容、格式、列报等没有做出具体要求,缺乏统一、明确的披露标准,导致企业在内部控制评价信息披露中内容繁简不一,标准不同,存在较大差异。因此,行业主管部门出台内部控制评价信息披露标准,规范披露行为,势在必行。

第 4 章　中国上市公司内部控制评价体系的构建基础

内部控制评价是一个复杂、动态的过程,评价主体与客体、评价要素及其影响程度、评价程序、评价标准以及评价方法等都会对评价结果产生影响,并且各种因素相互交织、相互影响、相互作用,共同决定内部控制的评价结果。因此,内部控制评价体系是否科学,直接关系到评价结果是否客观合理,是否能够真实、全面、客观地反映企业内部控制实际状况。本章内容从内部控制评价的目标与程序、评价主体与客体的确定、内部控制评价标准等几方面,介绍了企业内部控制体系的构建。

内部控制评价目标及评价环节

内部控制评价目标

工作目标决定工作方法与步骤,内部控制评价目标的确定决定了评价体系的建设方向。业界普遍形成共识,企业内部控制评价的总体目标是评估内部控制的有效性,具体又可分解为如下分项目标:一是评价企业发展战略目标的执行情况。内部控制应当成为企业实现发展战略目标的重要抓手,在内部控制评价当中,要重点评估内部控制体系建设以及所采取的各项内部控制措施与发展战略目标的契合性,内部控制建设要支持和服务于发展战略目标的实现;二是评价内部控制措施对风险的控制能力。内部控制应当在企业防范和化解风险方面发挥重要作用,内部控制措施要有利于及时识别风险,准确度量风险,全程监控风险和对风险进行缓释;三是评价内部控制在规范企业经营行为方面的作用。通过内部控制建设,应当促进企业规范经营,遵守国家各项法律法规,生产经营活动严格遵守企业管理制度、工作标准以及工作流程,提高经营效率,降低经营成本,约束企业和员工行为;四是评价内部控制的纠错机制。企业各层级人员及其行为都要受到监督与约束,经营管理活动中发生的重要缺陷、问题能够及时得到纠正,在接受监督方面不存在管理真空和例外行为;五是评价内部控制的反舞弊能力。通过严密的内部控制制度,要有利于促进企业规范经营,使所有重要经营行为都受到监控,防止各类舞弊行为和案件的发生,保障企业经营安全;六是评价企业高管层及员工的工作能力与工作水平。通过内部控制体系科学合理地评价企业高管层及员工工作绩效,特别是要评估企业激励约束机制的合理性,对企业和员工行为要形成正向激励,鼓励员工树立长期业绩观,从管理制度、风险控制、产品设计与开发、营销策略等方面夯实长远发展基础;七是评价企业信息的真实性、完整性和及时性。企业的经营管理信息应当有序传递并能够得到及时响应和反馈,尤其是财务会计报告信息要真实、全面、完整,并能够按照法律要求以及企业需要进行公开信息披露。

内部控制评价环节

内部控制评价环节取决于评价的实施方式,现在的内部控制评价基本上都是建立在内控五要素的基础上由企业管理层进行的自我评价,但是这种自我评价的可信度究竟有多大,为何众多内部控制评价"好"的公司却频频出现问题,这就说明现有的评价模式存在很大的缺陷,不能有效地披露内部控制存在的问题。所以本书旨在建立一套由第三方实施的评价体系,站在第三方的角度上来客观地评价企业的内部控制。以此为基点,内部控制评价环节就包括这样几个部分,如图4-1所示:

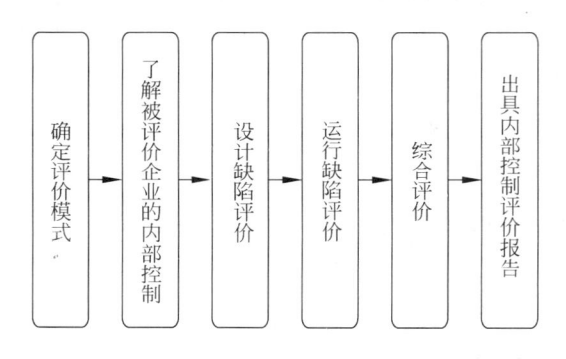

确定评价模式 → 了解被评价企业的内部控制 → 设计缺陷评价 → 运行缺陷评价 → 综合评价 → 出具内部控制评价报告

图 4-1 内部控制评价环节

(1)确定评价模式

所谓内部控制评价模式,是指与内部控制评价方式方法相关的一系列制度安排,在某种意义上,内部控制模式决定内部控制评价程序,并对评价结果产生重要影响。内部控制评价大致可以划分为以下几种模式:

一是权变模式[74]。该模式是由威廉·大内(William Ouchi)于1979年提出,具体包括三种评价方法:第一种是市场控制方法,是指对于企业可以采用市场报价的环节(例如采购和销售),评价企业是否遵循市场定价原则对企业的生产成本予以控制;第二种是制度控制,评价企业在特定生产经营环境和技术条件下,是否按照制定规定的业务流程进行操作并采取相应的控制措施;第三种是团队控制,是指在对从事某项工作的员工不能单独做出评价的情况下,对整个团队的工作绩效做出总体评价。该种方式主要是评估企业的团队工作精神和合作能力,并非常规的内部控制评价方式。

二是四层控制评价模式。罗伯特·西蒙(Robert Simons)于1994年提出了四层控制评价模式,该模式围绕企业发展战略分层次设计了内部控制评价体系[75]。第一层次是边界控制评价,将企业视作一个经济单元,明确和界定企业经营活动的边界,超出预定边界则视为内部控制失效;第二层是诊断控制评价,指的是评价人员对照企业的发展战略目标,识别出为实现发展目标尚未完成的工作任务,对内部控制机制进行及时校正,促进工作任务按时按质完成;第三层是信念控制评价,该机制是一个肯定系统,评估企业的激励约束机制是否具有正向激励导向作用,能否鼓励企业员工自觉地践行企业经营理念,通过自身行为实现企业核心价值与个人价值的统一;第四层是交互控制评价,该层次评价着眼于企业未来发展,评估企业能否围绕企业发展战略目标,管理者与员工共同参与决策,针对企业发展过程中面临的各种风险和不确定性,及时修正内部控制机制和发展战略,使企业发展顺应经济环境的变化。

三是系统性评价模式。惠特利(Whitley)于1999年按照控制方法划分提出了三种内部控制评价模式[76]。包括:官僚型控制评价系统,该评价系统采用自上而下的方法,评价高层管理的指令能否顺畅地传达至每一层级员工,并且这些指令都能够形成书面的制度和程序;产出型控制评价系统,该项评价方法以财务指标为主线,评价各个层级的员工工作绩效完成情况;委托型控制评价系统,评价的主要内容是员工的工作参与度,员工的长期个人利益是否与企业的长期利益兼容。

四是控制要素评价模式。莫钱特(Merchant)于2003年以评价要素为基础提出了三种内部控制评价模式[77]。首先是人员管理评价,主要评估内容是分析企业员工个人目标与企业发展目标的兼容性,通过机制设计使企业利益同时符合员工个人利益,具体方法包括员工招聘及选拔任用、员工职业生涯计划等,并通过岗位轮换、绩效奖励等方式使员工个人价值得到实现,为企业创造更大价值;其次是员工行为评价,评估企业能否对员工行为进行约束和规范,使员工个人行为有利于企业实现工作目标,具体方式包括对员工行为进行限定、纪律监督检查、对员工行为开展评估以及采取适当的冗员政策等;另外一种是结果控制评价,是指评估企业员工个人行为结果对企业产生的影响,从而对员工提出相应的期望(包括不期望员工出现的行为),具体可以通过奖惩制度来实现。

(2)了解被评价企业的内部控制

要对企业内部控制进行评价,首先必须对企业的内部控制状况有全面、深入、准确的把握和了解。对企业的了解通常包括以下几个方面:一是企业性质。企业的行业属性、股权结构以及股东背景等因素都会对企业的内部控制模式产生影响,上市企业以及非上市企业在内部控制以及内部控制信息披露方面也存在不同的管理要求;二是企业的公司治理。企业的管理框架、各层级权力与责任的界定、报告路线以及企业的激励约束机制等,是企业内部控制的重要决定因素;三是企业的风险管理。不同的企业面临的风险类型不同,风险严重程度不同,对风险管理制度的要求不同,对内部控制建设也提出了不同需求;四是企业管理制度与管理标准。制度与标准是内部控制的基础,是反映内部控制健全性和完善程度的标杆,如果没有制度基础,内部控制就失去了依据;五是企业外部环境。外生因素影响内生因素,外部环境的变化对企业管理产生影响并形成干预。外部环境包括人文社会环境、政治环境、经济环境、法制环境、信用环境等;六是企业文化建设。企业文化是指企业经济活动当中

第4章 中国上市公司内部控制评价体系的构建基础

形成的为全体员工所认同和遵守的共同价值观念,包括企业精神、管理理念、工作作风、道德准则、团队精神以及发展目标等,企业文化体现在企业经营管理以及经济活动的各个层面和环节,也包括企业的内部控制活动;七是员工素质。在企业经营中,人是决定性因素,高素质员工通过其专业能力、合作精神以及勤奋工作弥补内部控制体系存在的缺陷和不足,而低素质的员工对于健全的内部控制制度也可能置若罔闻,因此员工素质是决定内部控制有效性的关键因素。

对企业内部控制状况的了解,可以通过以下方式进行[78]:一是走访座谈。走访座谈的对象包括企业董事会、高管层以及各层级员工,企业的内部审计以及外部审计人员,企业的行业主管部门等,通过走访座谈了解企业的风险管理和内部控制情况,对内部控制的充分性和有效性做出初步判断;二是查阅相关资料。查阅的相关资料包括企业的管理制度、工作标准与工作程序、财务会计报告及相关风险管理分析报告等,对企业内部控制制度建设的全面性、充分性、适当性等做出判断;三是实地观察。通过深入企业实际,实地观察企业经营活动的运转过程,分析和把握风险管理以及内部控制的关键环节。对于企业已经发生的严重内部控制问题或风险事件,也可以采用倒查的方式,分析产生问题的原因和关键环节。

(3) 设计缺陷评价

按照形成原因划分,内部控制缺陷分为设计缺陷和运行缺陷两种类型。所谓的设计缺陷,是指在内部控制机制中缺少重要的控制环节,导致内部控制目标无法实现。此外,由于设计存在缺陷,即使内部控制机制正常运行也会导致无法实现内部控制目标,这种情形也可归结为内部控制运行缺陷。

在掌握企业内部控制情况基础上，评价人员首先要对内部控制设计缺陷进行评价，这一评价过程称为健全性测试，主要工作目标是对企业内部控制进行符合性验证，查验内部控制制度以及内部控制措施的完整性。这一过程主要分为以下步骤：

首先，评价人员应按照企业内部控制评价基本标准，对照内部控制的整个流程和环节进行逐项核查。评价人员要将核查中发现的重要内部控制缺陷分门别类进行整理、登记和汇总，留下书面记录。在书面记录中应当详细描述内部控制缺陷的基本情形，可能产生的主要风险及其影响，针对该项缺陷可以采取何种补偿性或纠正性措施。

其次，评价人员经过评估和判断，如果认为在现有机制下采取补偿性或纠正性措施效果有限，尚不足以弥补内部控制缺陷造成的负面影响，就应当对存在缺陷的性质、表现形式以及可能造成的后果做出详细说明。根据评价人员的评价和说明，企业董事会以及高管层应当考虑在合适的时机对内部控制机制做出深刻调整，以适应风险管理和内部控制的需要。

最后，评价人员在对内部控制全部流程做出甄别和判断的基础上，形成内部控制评价报告，对企业内部控制的充分性和有效性做出判断。应当指出的是，随着外部形势的变化以及企业的发展，企业面临的风险也在不断发生演变，对内部控制会提出新的需求，企业应当建立相应工作机制，对内部控制状况定期展开评价，使内部控制机制适应企业的发展需要。

（4）运行缺陷评价

所谓运行缺陷，是指内部控制机制没有按照预定目标和设计意图运行，从而造成内部控制失效。造成运行缺陷的可能原因主要包括：一是

第4章 中国上市公司内部控制评价体系的构建基础

由于授权不清晰,员工在实际工作中没有履行职责;二是由于员工业务素质较差,对内部控制制度缺乏准确的理解,没有按照规定落实内部控制措施;三是员工由于其他个人意图(例如舞弊案件)有意违反规定。

运行缺陷评价也称为符合性测试[79],是对内部控制制度落实情况以及执行效果进行验证,评估内部控制的有效性。通过运行缺陷评价要重点查清三类问题:一是各项内部控制制度在实际工作当中落实情况,是否存在执行偏差或扭曲现象。如果内部控制制度没有得到很好落实,还要查清具体原因;二是内部控制制度是否一贯得到执行。企业生产经营的连续性决定了内部控制制度也必须持续跟进发挥作用,制度执行存在真空或停顿都可能使企业或员工行为失去约束,形成风险事件或其他问题;三是对于内部控制失效要明确落实责任。根据运行缺陷发生的领域和原因,要追溯相关部门或管理人员的责任,这样做不仅仅是惩罚或要求其承担责任,更重要的是督促部门或管理人员意识到问题的严重性,及时采取纠正性措施,填补管理漏洞。运行缺陷评价大体上可以分为三个方面:

一是对财务会计凭证以及相关资料进行核查。财务会计凭证、企业合同文本以及各种交易记录等真实地记载了企业的生产经营活动,通过这些财务会计资料或信息对生产经营活动进行还原,可以真实地反映生产经营和交易活动过程,判断企业执行各项内部控制制度的情况,从中识别和发现内部控制缺陷。

二是对非财务信息进行核查。企业管理活动是一个非常复杂的系统,内部控制渗透到管理的各个方面和环节,不仅反映在财务会计领域,还反映在其他方面,而且其他领域的内部控制缺陷同样会给企业造成损失。只有将财务会计领域与其他领域的内部控制情况综合起来进行分析和观察,统筹兼顾,才能对企业内部控制情况做出完整的评价。

三是进行重新控制核查。除上述两种方法外,评价人员还可以进行重新控制核查。重新控制核查也称为重新执行法,是指内部控制人员采用人工方式或计算机辅助手段,对企业已经发生的生产经营活动按照规定的制度和程序进行重新模拟运行,并与企业实际的经营活动进行比照,从而对企业内部控制制度落实情况做出判断。

（5）综合评价

对企业内部控制的评价分为初步评价和综合评价两个部分。评价人员通过符合性测试和实质性测试对企业的内部控制机制进行评价,识别出设计缺陷以及运行缺陷,这两方面内容属于初步评价。通过初步评价,重点解决以下问题:一是评估企业根据其经营规模、生产经营实际状况以及风险管理要求,应当建立哪些内部控制制度;二是对企业内部控制制度的适应性做出评价,发现内部控制制度真空,指出现行制度的缺陷和不合理性;三是评价内部控制制度执行情况,重要的内部控制措施是否都能够得到有效落实。在初步评价基础上,评价人员最终要形成对企业内部控制状况的总体评价。总体评价是指评价人员根据初步评价情况,通过对所发现的问题进行分门别类分析,对企业内部控制的总体有效性做出判断。综合评价具体分为以下几个步骤:

一是对前期评价材料进行汇集整理。在前期工作的基础上,评价人员对企业经营管理各个领域发现的问题进行整理,按照问题性质、严重程度以及发生领域进行归集和汇总,使企业内部控制存在的问题得到全面反映,为下一步做好综合评价工作打好基础。

二是对内部控制缺陷的可能影响进行分析和评价。具体可以采取两种分析方法。一种是内部控制缺陷对控制点的影响分析,重点分析该

第4章 中国上市公司内部控制评价体系的构建基础

项内部控制缺陷对某个内部控制点或控制环节所产生的影响。例如,"出纳领取银行对账单"就属于一个控制项目,如果出纳在领取银行对账单过程缺乏制度监督和约束,就有可能利用制度漏洞进行舞弊行为,从而影响企业资金安全,对"维护企业资金安全"这一控制点产生不利影响。这种方法属于点对点分析方法,非常直观,易于操作。另外一种方法是分析内部控制缺陷对某个内部控制系统所产生的影响。例如"请购制度"是企业整个采购系统流程当中的一个环节,如果"请购制度"这一内部控制项目存在缺陷,就会对采购系统产生不利影响。这种方法属于点对面的分析方法,需要评价人员对企业生产经营活动和业务流程非常熟悉,如此才能够对某个内部控制项目对某个运行系统的影响做出全面和客观的分析评价。

三是制作工作底稿。工作底稿是形成内部控制评价报告的基础性资料,详细地记录了评价人员在评价过程当中采集的相关数据和文字信息、形成评价结论的基本依据以及工作流程等,不仅为总体评价报告提供了基础素材,而且为证明评价报告基本观点和陈列事实提供支持和证明。

(6) 出具内部控制评价报告

在内部控制评价工作底稿基础上,评价人员要编制正式的内部控制评价报告。内部控制评价报告综合反映企业的内部控制状况,要对企业内部控制是否充分、有效做出基本判断,特别是要注重揭示企业在内部管理以及内部控制方面存在的重要缺陷,并对这些缺陷可能造成的负面影响做出分析和评价。针对评价当中发现的问题,评价人员要有针对性地提出改进和纠正意见,为企业进一步改进内部控制提供依据。内部控制评价报告形成后要及时报送企业董事会、高管层以及相关业务管理部门,在企业高层推动下,相关部门和工作人员具体负责对管理制度、管理流程以及内部控制措施予以完善。内部控制评价报告应以适当的形式进行公开信息披露,使社会公众以及利益相关者了解企业内部控制实际,并使企业行为受到监督。

内部控制评价的主客体界定

内部控制评价的主体

内部控制评价的主体,就是内部控制评价的具体执行人员。从实践上看,有的企业内部控制评价报告主要用于企业改进内部管理与内部控制,有的主要用于外部鉴证,两者不仅在内部控制报告内容各有侧重,在评价主体方面也有所区别。国际上,许多国家的企业内部控制报告都主要用于改善内部管理,这种方式更强调企业内部员工在内部控制评价中的作用,尤其是注重企业董事会与高管层的作用。例如,美国的COSO报告[80]在1992年就指出,企业中的每一个人对内部控制都负有责任,每个人都可以成为内部控制的评价主体。2000年美国颁布的《联邦政府内部控制准则》指出[81],企业组织中的每位员工都是推动内部控制运转的因素,都会对控制系统运行产生影响。萨班斯法案明确要求,由企业高管层负责对财务报告内部控制的有效性负责评估;英国的内部控制制度重视风险控制,要求企业董事会每年对内部控制制度进行审查,重点是评估内部控制对风险的识别和控制能力;加拿大更加重视企业发展战略,要求企业高管层通过定期对内部控制进行评估,推动企业实现战略发展。

第4章 中国上市公司内部控制评价体系的构建基础

通过不同国家对于评价主体的规定,可以看出,各国对于评价主体的规定大同小异,都是站在企业内部控制自我评价的基础之上展开的。实际上,根据评价主体的不同,内部控制评价可以分为两类,即基于内部管理需要的内部评价和基于外部鉴证需要的外部评价。

(1) 基于内部管理需要的内部控制评价主体

我国2010年颁布的《企业内部控制评价指引》要求董事会或类似权力机构对企业的内部控制负最终责任,包括对内部控制的评价工作,要通过评价工作形成评价结论和出具评价报告,对内部控制的有效性做出判断。在我国的企业制度中,主要以"三会一层"作为公司治理的主要架构(包括股东大会、董事会、监事会以及高管层,其中后三者为常设机构)。董事会对企业内部控制的评价工作,主要由其下设的审计委员会来承担。为保障内部控制评价工作的独立性,许多企业的监事会也履行对内部控制评价的工作。高管层出于管理需要,也有必要对内部控制有效性进行评价。因此,基于内部管理需要的内部控制评价主体涉及企业的监事会、董事会、管理层以及内部审计机构四个层次。具体关系如图4-2所示[82]:

① 监事会。按照我国企业管理制度,监事会对股东大会负责,对企业董事会成员、首席执行官以及其他高管人员履行监督责任。股东大会通常赋予监事会特殊的职能和地位,并且其没有业绩考核压力,因此监事会具有较高的独立性,由其负责对企业内部控制进行评价能够做到相对客观。但对于规模庞大的企业,由于监事会缺少基层办事机构,力量有限,对内部控制评价只能着眼于企业宏观管理领域,很难深入到具体的业务流程中,使评价工作受到限制。

② 董事会。企业董事会向股东大会负责,是企业常设的最高决策

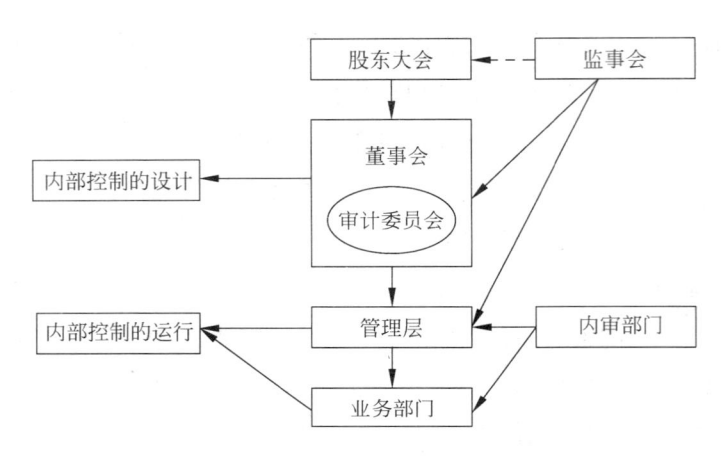

图 4-2　基于内部管理需要的内部控制评价主体关系

机构,为企业经营负最终责任。根据工作需要,董事会可以下设发展战略委员会、风险管理委员会、审计委员会、薪酬管理委员会、提名委员会、关联交易管理委员等专门委员会,具体负责相关条线的日常管理和工作决策,为董事会开展工作提供支持[83]。在风险管理方面,董事会的重要职责是制定企业的风险偏好和风险管理战略,督促管理层建立有效工作机制,对风险进行及时、准确的识别并采取相应的风险控制和缓释措施。在内部控制评价方面,董事会通常通过其下设的审计委员会以及风险管理委员会履行职责。董事会的具体设置如图 4-3 所示：

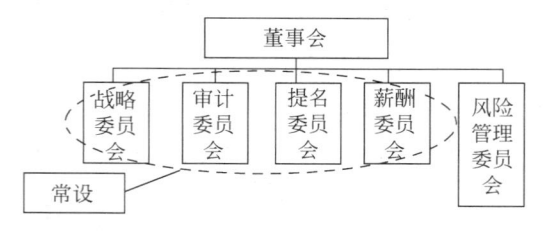

图 4-3　董事会设置

第4章 中国上市公司内部控制评价体系的构建基础

审计委员会是董事会下设机构,履行对企业审计职能,并负责审议和向董事会提交内部控制各项方案、报告。上市公司的审计委员会主席一般应由独立董事担任,非上市公司的审计委员会主席应由独立于企业管理层的人员担任。审计委员会在内部控制建立和实施中承担的职责包括:一是负责对企业内部控制的审计工作。通过对企业内部控制进行审计,审计委员会要将审计结论以及审计过程中发现的重要内部控制缺陷及时向董事会报告,并提出相应的改进建议;二是组织开展内部控制评价,对企业内部控制有效性做出判断;三是负责与董事会其他相关委员会、高管层以及相关管理部门进行沟通协调,落实审计建议。为保障审计委员会有效开展工作,要求审计委员会负责人具有良好的专业背景,独立于企业经营管理,并具有较好的职业道德和操守,能够做到专业和客观公正。

风险管理委员会也属于董事会下设机构,主要职能是代表董事会制定企业风险管理战略,审查风险管理制度的完善性和风险管理的有效性,督促高管层实施风险管理方案(如图4-4)[84]。在选择风险管理委员会召集人时应当考虑利益冲突问题,如果企业董事长同时兼任总经理,则不宜由其担任风险委员会召集人,而应当选择独立董事或者外部董事担任。风险管理委员会负责制定企业风险战略以及重大风险决策,专业性要求较高,风险管理委员会的组成人员中要有具有良好的专业知识和专业背景,熟悉企业的经营管理和运作流程,熟悉风险管理与企业内部控制的专业人员。考虑到风险的复杂性,风险管理委员会人员构成也要考虑到知识多元化问题,例如可以选择具有企业经营管理、风险控制、法律以及会计等专业知识的人员担任风险管理委员会委员。在内部控制以及风险控制评价方面,风险管理委员会主要履行以下职责:一是审议和提交年度报告;二是对内部控制策略、内部控制原则以及主要内部控制制度进行审议并做出决策;三是就重大的风险事项做出决策,提出风险解决方案;四是建立相应的工作机制,对主要业务流程和环节的风险控制标准做出决策;五是构建企业内部控制的组织架构,明晰各管理层次在风险控制方面的职责;六是对企业内部审计部门出具的内部审计报告以及内部控制评价报告提出审核意见;七是完成董事会交办的其他工作事项。

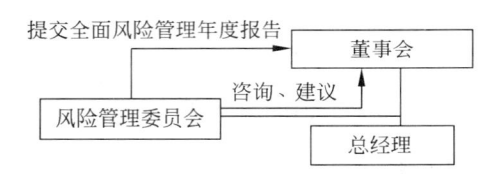

图 4-4　风险管理委员会内控职责

③ 管理层。管理层在董事会领导下工作,并接受监事会的监督,根据企业股东大会以及董事会制定的企业发展战略,具体负责企业的经营管理活动(如图 4-5)[85]。管理层在企业内部控制建设方面担负重要责任,一方面要严格落实董事会以及监事会提出的内部控制纠正和改进要求,另一方面也要组织开展内部控制评价,及时发现管理漏洞和风险隐患,并根据发现的问题更新和补充管理制度,督促各业务部门和人员严格遵守各项内部控制制度和风险管理制度,保障企业安全稳健运营。

④ 内部审计机构。内部审计机构履行监督检查职能,在促进企业稳健经营和防范风险方面发挥重要作用。为保障内部审计机构履行职责,应当为其提供充足的资源保证,包括为其配备具有专业背景和工作能力,与其岗位职责相匹配的工作人员。内部审计机构开展工作,在资源保障以及管理关系上要具有相对独立性,防止其他方面干扰审计工作

第 4 章 中国上市公司内部控制评价体系的构建基础

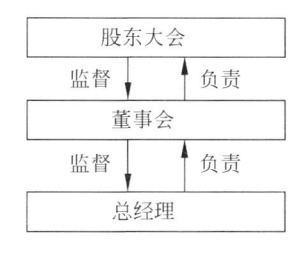

```
        股东大会
      监督 ↓ ↑ 负责
         董事会
      监督 ↓ ↑ 负责
         总经理
```

图 4-5 内部控制工作责任

和影响审计结论。在企业内部控制建设中,企业内部审计机构的主要职责包括[86]:一是就企业内部控制基本框架、内部控制制度建设提出工作建议,对内部控制措施落实情况开展监督检查;二是对内部控制进行评价,针对发现的主要缺陷和不足提出处理意见和改进建议;三是完成董事会交办的其他工作事项。内部审计机构虽然也是企业的内设机构,但通常直接接受审计委员会领导,按照审计委员会的委托和要求对企业经营管理相关领域开展审计工作,审计结论也直接向审计委员会进行报告。审计部门直接接受审计委员会领导,不受管理层的影响和制约,有助于增强其工作独立性。但审计的目的最终是保障企业安全稳健运营,因此企业审计部门通常采用双重报告路线,审计报告同时报送董事会和高管层,帮助高管层及时发现管理问题和采取纠正措施,提高管理和控制的有效性。

(2)基于外部鉴证需要的内部控制评价主体

为了保证内部控制评价的客观公允性,美国 SOX 法案第 404 款规定除了管理层要对财务报告的内部控制进行报告外,同时还要求注册会计师要对管理层的评估进行认证和报告[87]。所以,国外对上市公司内部控制有效性的评价主要是以管理层出具的评价报告以及会计师事务所出具的内部控制审计报告为依据。

我国2010年颁布的《企业内部控制审计指引》除规定董事会对企业内部控制进行评价，同时还要求注册会计师对内部控制的有效性发表审计意见。指引要求，注册会计师应当对企业内部审计人员、内部控制评价人员和其他相关人员的专业能力和客观性进行充分评价，与某项控制相关的风险越高，就意味着该项控制措施的有效性越低，注册会计师应当更多地对该项控制亲自进行测试。对于识别出的内部控制缺陷，注册会计师需要先评价其所识别出的各项内部控制缺陷的严重程度，以此确定这些缺陷单独或组合起来，是否构成重大缺陷。

随着现代企业制度的发展，企业内部控制建设不仅仅是企业内部管理问题，同时关系到投资者以及其他利益相关者的利益，日益受到广泛关注和重视。企业利益相关者希望通过客观公正的内部控制评价报告，了解企业的内部控制和风险管理水平，并通过企业间横向比较选择有利的投资对象或交易对手，以降低自身的交易风险。因此，基于外部鉴证需要，以注册会计师作为内部控制评价主体是世界各国建立健全内控制度发展的必然趋势。随着内控评价机制的不断完善，其他的企业利益相关者——企业潜在的投资者、债权人以及政府机构等，都将会成为内部控制的评价主体。

内部控制评价的客体

内部控制评价的客体是指内部控制评价的对象和评价内容。美国萨班斯法案要求企业管理层对内部控制的有效性进行评估，英国要求董事会对企业与重要风险相关联的内部控制充分性和有效性进行评估，我国的《企业内部控制指引》则要求对企业内部控制制度设计以及运行的有效性进行评估。因此，在内部控制评价客体方面，国内外相关管理规

第4章 中国上市公司内部控制评价体系的构建基础

则都只是提出了原则导向,而没有提出具体的评价对象和内容。

本书认为,对于内部控制评价的客体,具体来讲,可以包括这样几个方面:

(1) 企业战略的实施

企业战略是企业最高层次的目标,它指导和制约着企业战术目标的实现,科学合理的企业战略能够引导企业向正确的方向发展,反之,战略出现偏差会导致企业发展迷失方向。企业战略包括企业的竞争战略、营销战略、发展战略、品牌战略、融资战略、技术开发战略、人才开发战略、资源开发战略等。企业所有的活动都应该围绕着战略目标的实现而进行,内部控制首先必须有助于实现企业的战略目标。

(2) 经营效率与效果

良好的内部控制有利于企业提高经营效率和经营绩效。从改善经营效率与效果的角度,对内部控制的评价主要包括以下几方面内容:一是企业的组织架构是否有利于提高工作效率。企业组织架构过于简单固然不利于工作开展,但也并非越复杂越好,合理的组织架构应当符合企业管理实际,职责边界清晰,权责明确,报告路线清楚,相互协调配合,每个部门以及工作岗位都非常清楚自身的工作职责。二是有利于充分运用资源。良好的内部控制措施,应当促进企业降低管理成本和人工成本,节约生产成本,提高各种资源的使用效率,从而提高经营绩效;三是有利于信息沟通。上级管理部门的管理指令能够顺畅地传递到下级管理部门和相应岗位工作人员,下级管理部门的管理信息能够顺畅地传递到上级管理部门,不会造成冗长的信息传递时滞和信息漏损,接收信息的部门和人员能够迅速做出响应。四是形成正向的激励与约束机制。激励与约束机制也属于内部控制的范畴,通过构建正向激励与约束机制,能够对优秀员工进行奖励,对落后员工进行惩罚,并使员工的个人利益与企业利益实现兼容,对符合企业长远发展利益的员工行为进行鼓励。

(3) 财务报告及管理信息的真实性、可靠性与完整性

内部控制在经济业务过程中采取了程序控制、手续控制和凭证编号、复核、核对等措施,可以使经济业务和会计处理相互联系、相互制约,从而做到内部相互监督,防止错误和舞弊的发生。同时即使发生了错误,也易于自动检查和纠正。实际上,人们建立内部牵制制度的初衷就是为了防范错误和经济舞弊。通过内部牵制,各部门和人员之间相互审查、核对和制衡,避免一个人控制一项交易的所有环节,既可以防止员工的舞弊行为,也能减少虚假财务报告的发生。

(4) 资产的安全与完整

企业的资产,包括有形资产和无形资产,会因为盗窃、滥用和意外损坏而遭受损失。在内部控制实行过程中,不相容业务的分工使授权人与执行人,执行人与记账人,保管、出纳与会计人员,总账和明细账等得以分开,从而形成一种内部相互牵制的关系;同时加上限制接近财产及内部定期盘点、核对制度等管理规定,在企业财产的收、付、存、用等环节中就建立起了一个严密的控制系统和完整的监控链条,可以有效地制止浪费,防止各种贪污舞弊行为,确保企业财产物资的安全与完整。从一般意义上讲,健全的内部控制,总是可以堵塞漏洞、消除隐患,防止企业资产因浪费、盗窃、无效率使用、不当经营决策等原因而导致损失。

(5) 遵循国家法律法规和有关监管要求的情况

现实中,企业的经济活动涉及各个方面的经济利益,从某种意义上讲,经济交易实质上就是利益的交换。因此,为了维护正常的交易秩序,

防止交易关系人出于自我利益的考虑而不正当地损害其他人的利益,同时也为了降低整个社会的经济运行成本,国家有关部门和企业,都制定了相应的法规、制度、条例以便对有关经济行为加以管理和规范。然而,实际中守法与违法、规范与不规范却是一对孪生兄弟,在企业经营过程和社会经济活动中总是存在着违反法规、制度的现象,因此国家有关法规、制度的落实必须靠内部控制的有效执行来保证。从这种意义上讲,内部控制制度实际上是保证其他制度得以实行的保证性制度安排。

这五个方面作为内部控制评价的客体,实际上也是内部控制评价的目标,内部控制设计与运行是否有效,最终要落实到内部控制的五个具体目标有没有得以实现上来。

内部控制评价的标准

所谓标准,就是人们衡量事物的准则和尺度。内部控制评价标准则是企业将追求的价值目标和工作目标条理化和规范化,是企业价值观念、经营管理理念的具体体现。明确评价标准是开展内部控制评价的基本前提,缺乏评价标准,对企业内部控制评价就没有参照系和依据。标准具有可参照性,可以作为衡量具体行为的一把标尺,检验经济活动是否出现偏差。标准具有可操作性,是在合格条件下公司员工通过努力可以达到的工作目标。标准具有可验证性,依据标准所采取的经济活动以及生产出来的产品是否符合设计要求,是对标准的验证,事实上标准也正是经过多次验证和校正才形成的。强化内部控制是抵御经营风险的重要屏障,是促进科学管理的重要手段,是确保经济安全运行的重要方式,是增强市场竞争力的重要条件。

目前,有关内部控制评价标准有许多不同观点,归纳起来,主要有两大类:一是以内部控制目标作为内部控制评价标准。COSO报告指出,内部控制目标大体上可以划分为三类[88]:第一类是以企业绩效为基本控制目标,包括企业盈利情况以及资产安全性等。第二类以企业财务会计报告为控制目标,主要是通过内部控制确保财务会计数据和报表真实可靠。第三类是合规性目标,通过内部控制活动使企业的经营活动符合法律、主管部门监管要求以及企业自身制定的管理规章制度。二是以内部控制要素作为评价标准。COSO报告指出,对于企业所设定的内部控制评价目标,只有在对内部控制五要素做出评价的基础上才能得出内部控制有效的结论,缺少任何一个要素都不能合乎逻辑地得出控制有效的结论。这两类内部控制标准的根本区别在于评价的角度和指标变量选取的不同。以内部控制要素为基础构建的内部控制指标关注的重点在于企业是否建立实施了内部控制体系,指标变量的选取来源于企业出具的内部控制自我评价报告及会计师事务所出具的内部控制审计报告;以实现内部控制目标为基础构建的内部控制评价指标关注的重点在于企业实现内部控制体系的有效性,指标变量的选取来源于企业的战略、经营、报告、合规及资产安全各个方面,能够全面反映企业内部控制体系实施的效果。

2010年以前,在我国内部控制实践中,内部控制系统建设一般是参照2001年财政部颁布的《内部会计控制规范》系列进行的,内部控制评价的内容以企业会计控制为主,对其他业务领域的控制也与会计控制相关。注册会计师的审核业务是参照《内部控制审核指导意见》进行的。指导意见要求注册会计师应该在了解内部控制各要素的基础上,根据内

第4章 中国上市公司内部控制评价体系的构建基础

部控制能否防止和发现会计报表有关认定的重大错报,评价内部控制设计的合理性。在评价内部控制设计的合理性时,注册会计师应该关注内部控制整体能否实现控制目标,而不应该孤立地关注特定的内部控制。2010年,《内部控制评价指引》出台以后,规范了内部控制评价的程序和评价报告,为企业内部控制的自我评价提供了更具可行性的参照标准。

目前,学术界及实务界对内部控制的评价绝大部分都是采用以内部控制要素为基础的思路。存在的问题是,许多企业虽然以内控五要素为主要内容进行内部控制评价,但评价的出发点是如何做好企业内部控制信息公开披露,而没有将内部控制有效性作为评价工作的出发点和工作目标,工作目标的偏差影响了评价效果,所得出的评价结论也不能真正地反映企业内部控制现状。同时,一些行业的主管部门和监管部门对内部控制评价也仅是提出了原则性要求,而没有提供具体的评价标准和评价方法。由于缺乏统一的评价标准和评价规范,许多企业按照其自身理解制定内部控制评价标准和评价方法,不仅使评价工作的科学性与合理性难以得到保证,而且不同企业之间也难以进行横向比较。根据深圳迪博企业风险管理技术有限公司发布的《中国上市公司2012年内部控制白皮书》的统计资料[89],截止到2012年4月30日,迪博公司选取了沪深两市2340家上市公司作为样本,统计出其中有1844家出具了内部控制自我评价报告,占上市公司总样本量的78.8%。如图4-6所示。

在披露内部控制自我评价报告的上市公司当中,除一家上市公司未出具评价结论外,其他上市公司均认为自身内部控制体系完善,没有重要缺陷,仅2家上市公司认为自身的内部控制体系未得到有效实施,占总样本量的0.11%。如图4-7所示。

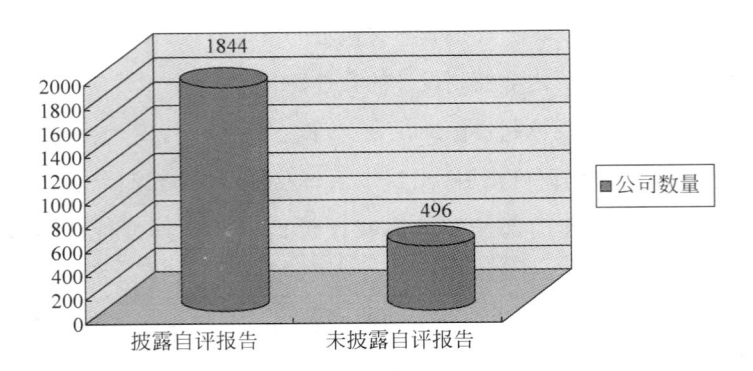

图 4-6 2011 年上市公司披露内部控制自我评价报告的状况

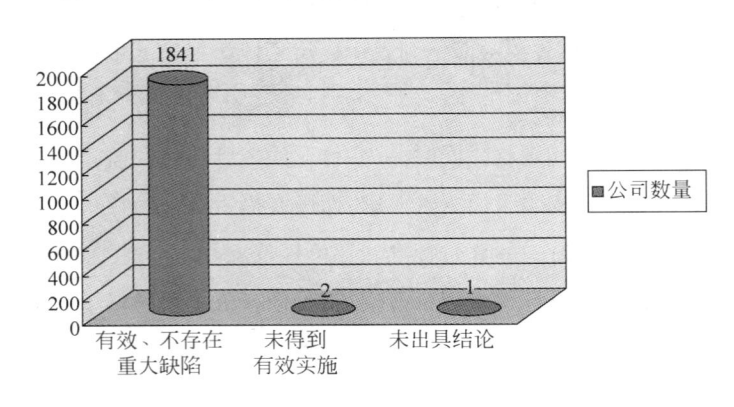

图 4-7 2011 年内部控制自我评价报告的结论

截至 2011 年年底,迪博公司选取的 2340 家上市公司,其中有 40% 的上市公司(941 家)对外披露了会计师事务所出具的内部控制审计报告,其他上市公司未聘请会计师事务所对其内部控制情况进行审计并出具相关报告。如图 4-8 所示。

在 941 家披露了会计师事务所出具的内部控制审计报告的上市公司中,会计师事务所对 936 家上市公司的内部控制体系出具的为标准无

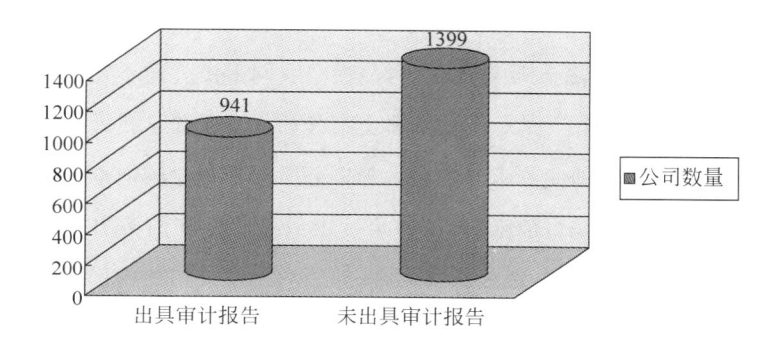

第4章 中国上市公司内部控制评价体系的构建基础

图4-8 2011年会计师事务所出具内部控制审计报告的情况

保留意见,占总样本量的99.47%;4家上市公司的内部控制体系被会计师事务所出具了带强调事项段的无保留意见,占总样本量的0.43%;1家上市公司的内部控制体系被会计师事务所出具了否定意见,占总样本量的0.11%,如图4-9所示。

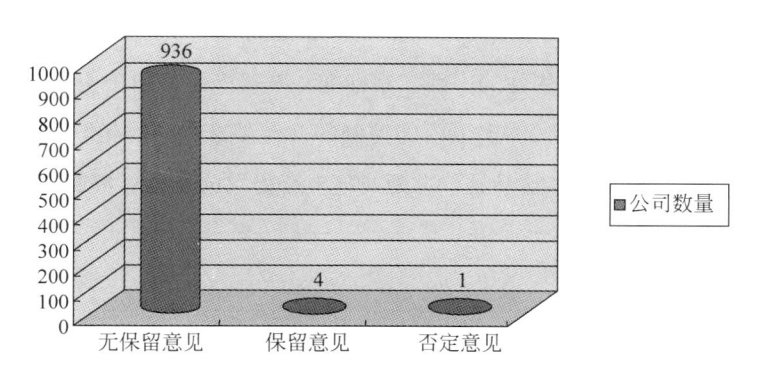

图4-9 2011年内部控制审计报告中内部控制有效性的审计意见

根据这些数据可知,我国上市公司自愿披露内部控制缺陷的比例非常低,远远小于1%,而美国相对于我国的上市公司而言,自愿披露内部控制缺陷的比例基本能达到13.8%左右[90]。这个数据对比并不是说我国上市公司的内部控制质量比美国好,而是我国上市公司不愿意披露内部控制存在的缺陷。所以,仅仅依靠上市公司自身做的自我评价其准确度还是有待商榷,即使要求外部会计师事务所对于企业的内部控制评价报告进行审计,但是目前来讲,这种审计也只是停留在财务方面的内部控制之上。对于外部利益相关者而言,如何对上市公司的内部控制进行横向比较,如何为上市公司的内部控制的有效性进行优先排序,还是需要有一套统一的可供操作的评价标准。这套评价标准应该是既对内又对外,企业既可以利用此标准做自我评价,外部的利益相关者也可以利用这套评判标准给每一个所关心的上市公司打分,这样就有了一个横向比较的基础。

对于内部控制的评价标准,本书认为分为一般标准和具体标准两个层次更为合理。一般标准是指在企业内部控制管理实践活动当中提炼出来的,具有普遍适用性的内部控制标准。一般标准适用于企业经营管理的各个方面和环节,体现了内部控制的共性要求;具体标准是指针对企业经营管理和生产活动某个方面或环节所提出的特殊标准和要求,具有特定的适用领域。

内部控制评价的一般标准

内部控制的一般标准,就是内部控制制度设计中应当实现的内部控制目标,对所有企业而言具有广泛的适用性。所谓内部控制的目标是指内部控制所要达到的预期效果和所要完成的控制任务。这一目标可以概括为实现企业的可持续发展以及企业价值最大化,即通过内部控制使企业一要生存、二要发展、三要获利。其中生存是最基本的要求,如果企

第4章 中国上市公司内部控制评价体系的构建基础

业不能生存,其他所有的追求都无从谈起;发展不只是生存的简单延续,而且必须有量的扩张和质的提高,从一个小企业变成大企业,从一个生产和经营能力弱的企业变成一个生产和经营能力强的企业;获利是企业最根本的目的,从投资者的立场讲,如果企业不能给他们带来利润,那么企业的生存和发展都是无意义的,也是没有必要的。所以,衡量内部控制是否有效果的一般标准就是要看内部控制能否保证企业的生存、发展和获利。

内部控制评价的具体标准

内部控制评价的具体标准是一般标准的具体化,是企业实施内部控制所要完成的具体目标、具体任务。内部控制评价具体标准是一般标准的基础,一般标准是具体标准的升华。企业内部或者外部人员在对内部控制进行评价时,通常依据标准为切入点。体现企业管理特点的具体标准能够生动、具体地反映出企业内部控制实际,并且具有很强的可操作性。只有对具体标准有了深刻的认识和把握,才能对企业内部控制状况以及控制能力做出初步判断。根据对具体标准的认识和判断,结合一般标准的制度建设和执行情况,才能够对企业内部控制有效性作出完整的评价。

《企业内部控制基本规范》指出,企业建立与实施内部控制体系的具体目标是"合理保证企业经营管理合法合规,资产安全,财务报告及相关信息真实完整,提高经营效率效果,促进企业实现发展战略"。所以,以内部控制的五个具体目标为基础来评判上市公司内部控制的有效性更能综合反映上市公司内部控制水平与风险管控能力。

内部控制评价的程序

内部控制评价应当遵循相应的评价程序。内部控制评价的程序主要包括形成评价工作方案、建立内部控制评价工作组、识别内部控制评价重要缺陷、形成内部控制评价结果以及撰写内部控制评价报告等。

确定内部控制评价部门

通常情况下,一般由企业内部审计部门负责内部控制评价工作,也可以由企业指定其他具有类似功能的部门负责此项工作。内部控制评价部门要顺利完成内部控制评价工作,必须具备相应的工作条件。主要包括:

一是内部控制评价部门得到充分授权,能够相对独立地建立和健全内部控制制度,能够有效地履行对内部控制运行情况进行监督的职能。如果内部控制评价部门缺乏独立性,或者履行职能缺乏制度依据,就会受到各种因素的掣肘,很难客观、公正地对企业内部控制情况做出评价。

二是内部控制评价人员应当具有较高的业务素质和职业道德。内部控制评价人员应当具有较高的专业能力,通过运用其专业知识对企业内部控制运行情况做出真实、全面、准确的分析和判断,避免对内部控制状况做出片面甚至错误的评价,从而提出错误的改进意见。内部控制评价人员应当具有良好的道德素养和职业操守,不滥用公权,能够依据工作制度和工作标准对内部控制运行情况做出公正的判断和评价,不能出于个人目的,蓄意放大问题严重性或者对发现的严重内部控制缺陷进行淡化处理。

第4章 中国上市公司内部控制评价体系的构建基础

三是企业具有良好的内部沟通与协调机制。企业内部控制评价工作与企业其他职能部门具有利益一致性,通过内部控制评价工作能够及时地识别出企业运行当中存在的重要内部控制缺陷,有利于相关职能部门及时采取纠正措施,避免造成经济损失和形成不良后果。但两者之间又存在矛盾和利益冲突,由于工作职能、思想观念以及看问题角度不同,在有些情况下内部控制评价结果还会影响职能部门的工作绩效,因此内部控制评价部门出具的评价结论有时不能得到其他职能部门的认同。因此,企业应当注重形成良好内部文化,并通过建立良好的内部沟通与协调机制,帮助内部控制评价部门与其他部门形成更多共识,使内部控制评价工作真正成为企业不断改进和完善内部控制与内部管理的推动力量。

四是内部控制评价工作能够得到企业董事会和高管层的有力支持。良好的内部控制制度有利于促进企业稳健经营,推动企业加强风险管理和提高经营绩效,因此内部控制评价工作应当得到企业董事会和高管层的高度重视和大力支持。董事会、高管层应当为内部控制评价部门创造良好的履职条件,为其开展工作提供充足的资源保障。当内部控制评价部门与其他职能部门发生意见冲突时,董事会、高管层应当站在公正的立场做出判断,维护内部控制评价部门工作的权威性,为其开展工作创造良好条件。对于内部控制评价当中识别出来的重要内部控制缺陷,企业董事会、高管层应当高度重视,督促相关职能部门采取切实有效的改进措施。

形成内部控制评价工作方案

内部控制评价工作立项后,应当制定详细的工作方案。内部控制评价工作方案应当明确主要工作目标,评价工作的范围,评价工作组构成人员,时间进度安排以及费用预算等内容。

按照评价内容划分,内部控制评价方案分为全面内部控制评价方案以及专项内部控制评价方案两种。全面内部控制评价方案工作范围比较广泛,涵盖企业生产经营活动和业务管理的主要方面,有利于对企业的内部控制状况做出全面评价。但全面内部控制评价工作耗时耗力,工作成本相对较高,许多管理相对成熟的企业以专项内部控制评价为主。专项内部控制评价工作主要针对企业风险程度较高、管理相对薄弱的环节,工作成效较低,但容易取得较好的评价效果。

内部控制评价工作方案形成后,要报经企业董事会或其授权机构核准后予以实施,并作为内部控制评价部门开展工作的依据。

内部控制评价人员构成

企业应当根据内部控制评价的工作任务要求确定评价人员构成。为提高评价工作的科学性和有效性,内部控制评价人员的挑选应当符合工作任务需要,能够胜任该项评价工作。评价人员既可以来自内部控制评价部门,也可以从相关的职能部门挑选富有经验的业务骨干,但如果评价工作涉及某个职能部门,该职能部门派出的评价人员应当回避。

有些企业将内部控制评价列为常规审计的重要内容,请其外部审计师负责内部控制评价工作。但有些企业要求外部审计师不得同时担当内部控制评价职责。

内部控制评价实施

依据工作方案,内部控制评价人员进入现场进行作业,其工作流程主要包括以下几个环节:

一是熟悉基本情况。评价人员进入现场后首先要了解和熟悉被评

第4章 中国上市公司内部控制评价体系的构建基础

价单位的基本情况,了解其工作职能、工作范围、职责与分工、生产经营运行、工作计划落实、内部组织架构等情况,以及近年来内部审计以及内部控制评价情况等。

二是明确工作范围与工作重点。内部控制评价人员根据先期以及进入现场后了解掌握的情况,确定内部控制评价范围,明确评价重点,并确定评价抽样比例。评价组组长根据工作任务以及评价人员的专业特长和工作能力确定具体分工。在内部控制评价过程中,内部控制评价组可以根据工作任务进展情况灵活调整人员分工,并可以在上级部门批准后对评价方案进行适度调整。

三是进行现场内部控制测试。根据确定的工作分工,内部控制评价人员对被评价单位展开测试,检验各项内部控制制度的执行情况和有效性。在作业当中,评价人员应当编制评价工作底稿,对评价情况进行详细记录,特别是对于发现的内部控制缺陷,应当详细列举内部控制缺陷事实及评价依据。在评价过程中,评价人员应当秉持客观公正的原则,既不能刻意夸大问题,也不能有意隐瞒问题或对识别出来的内部控制缺陷进行淡化处理。对于发现的内部控制缺陷,评价人员应当加强与被评价单位的交流与沟通,对内部控制缺陷的事实进行确认。如果评价结论没有得到被评价单位的认可,评价人员有权根据内部控制评价标准和相关规定进行认定。

四是撰写内部控制评价报告。内部控制评价报告应当以工作底稿为基础,所形成的每一项内部控制评价结论,特别是对于内部控制缺陷的描述,必须有翔实的具体事实作为支撑。为确保内部控制评价结论准确和客观,对于内部控制评价报告所列举的相关内容要经过评价人员交叉复核和确认,对于无法准确把握和定性的内部控制问题要交由有关部门进行评判和认定,不能将模棱两可的问题写入内部控制评价报告。内部控制评价报告形成后,评价组组长要签字确认。

五是向被评价单位通报评价结论。内部控制评价报告形成后,评价组应当向被评价单位正式通报评价结论,对于被评价单位不予认同的问题再次进行复核和确认。

六是根据内部控制评价结论和建议提出整改措施。内部控制评价人员应当对评价过程当中发现的问题,按照问题的性质以及严重程度进行梳理和分类,并对问题影响程度进行分析。在此基础上形成明确的内部控制整改意见,要求被评价单位制定明确的整改方案,对于暂时无法整改的问题也应当要求被评价单位制定整改规划。内部控制评价部门还应当对被评价单位的整改落实情况进行监督,以确保所提出的各项内部控制整改要求能够落实到位。

内部控制评价报告撰写及使用

内部控制评价报告是对内部控制评价情况的全面概括和总结,要有齐全的文件要件,按照标准的格式进行撰写。

内部控制评价报告的基本内容

内部控制评价报告包括以下主要内容:

一是董事会声明。董事会应当在内部控制评价报告中声明,董事会以及董事对内部控制评价结论的真实性负责并承担相应责任,声明在评价报告当中没有舞弊和虚假内容,不存在重大遗漏或误导性内容。

二是内部控制评价工作机制。包括企业内部控制评价工作的管理体制、组织形式、工作安排以及信息报告路径等。

三是开展内部控制评价工作的基本依据。内部控制评价工作依据包括国家主管部门制定的各项内部控制法律规章制度和其他规范性文件,也包括企业制定的各项内部控制管理规定。

四是评价范围。内部控制评价的范围既包括被评价对象的范围,例如企业自身,企业内设部门或下属机构等,也包括拟评价的业务范围。内部控制全面评价应当涵盖企业的主要部门和业务领域,能够对企业的内部控制状况做出总体评价,不出现较大遗漏。专项评价主要针对某一特定领域或工作环节,对其内部控制有效性做出评价。

五是内部控制评价的方法。内部控制评价方法是指评价过程中所遵循的基本标准,评价工作的基本流程以及所采取的具体评价方式。评价方法既可以采用定量方法,也可以采用定性方法。考虑到内部控制领域的许多问题无法用定量标准进行准确描述,应当允许和鼓励评价人员根据其掌握的情况,运用其专业知识,在尊重事实和遵循评价标准的基础上,采取定性方法对内部控制状况做出定性分析和判断。

六是内部控制缺陷的识别与确认。在判别和评价内部控制缺陷时,首先要描述在评价过程中所遵循的内部控制评价标准,并表明所采用的内部控制评价标准与往年相比具有一致性。根据内部控制评价标准,要按照问题的严重程度将内部控制缺陷进行梳理分类,具体划分为重大缺陷、重要缺陷以及一般缺陷三类。

七是内部控制缺陷纠正行动。对于上一评价期末所提出来的内部控制问题,要表明企业所采取的纠正行动,并说明所采取的纠正行动能够克服内部控制缺陷。特别是对于识别出来的重大缺陷要有完整的纠正行动方案,如果已经采取了纠正行动,要有充分的理由表明,相关测试样本能够证明内部控制缺陷已经得到纠正,控制系统能够得到有效运行。

八是对内部控制有效性做出评价。内部控制报告要根据内部控制评价情况出具不同情形的评价结论。如果在评价期内没有发现企业存在重大内部控制缺陷,则可以出具企业内部控制有效的结论。如果通过评价发现企业存在重大内部控制缺陷,则要准确描述重大内部控制缺陷的基本情形、形成原因、表现形式以及其可以产生的负面后果,并且不能出具企业内部控制有效的结论和意见。内部控制评价报告形成后至发出期间如果发现企业存在重大内部控制缺陷,内部控制评价部门应当对重大内部控制缺陷展开调查,并根据调查结果重新修正评价报告中内部控制有效性结论。

内部控制评价报告编写

按照不同编制频度,企业内部控制评价报告可以划分为定期评价报告和不定期评价报告两种类型。定期评价报告通常是指每年常规进行的一次全面内部控制评价,该项评价以每年年底为评价基准日,评价报告以企业董事会名义对外发布,是企业每年度对其内部控制状况一次全面、系统的评价。而不定期评价是指不依固定频率,针对特定部门或特定业务领域开展的内部控制评价,该类评价报告没有固定的编制时间以及频率要求,而是视具体情况而定。

按照评价主体划分,内部控制评价报告分为单个企业以及与企业集团两种类型。评价主体为单个企业的,内部控制评价报告则以该企业为基础,对其内部控制状况进行评价并编制相应的内部控制评价报告。如果评价主体针对企业集团,则应将企业集团母公司及其所有附属机构统一作为评价对象,分析和评价整个企业集团的内部控制运行情况,并相

第4章 中国上市公司内部控制评价体系的构建基础

应地撰写内部控制评价报告。

内部控制评价报告的报送与使用

企业董事会要对内部控制评价报告进行把关,经董事会核准后方可对外披露。根据主管部门规定,上市公司的年度内部控制评价报告应当以适当的方式进行公开披露,便于投资者以及社会公众了解企业内部控制运行情况,并接受监督。对于非上市企业没有明确的内部控制评价公开信息披露要求,但企业主管部门以及监管部门通过要求企业报送,便于其及时了解和掌握企业内部控制运行状况。

企业内部控制评价报告形成后,会存在很多的报告使用者。

一是政府监管部门。政府监管部门通过内部控制评价报告可以掌握企业的内部控制运行情况,分析和判断企业重大内部控制缺陷对企业自身以及整个行业和市场所产生的负面影响,督促企业制定整改方案,及时采取纠正措施,避免造成风险外溢。此外,政府监管部门通过阅读大量的企业内部控制评价报告,可以从中发现带有苗头、规律性或普遍性的问题,通过制定和修改完善规章制度,加强行业管理与监管。

二是投资者。投资者和其他利益相关者与企业存在信息不对称,通过企业内部控制评价报告可以更加深入地了解企业内部控制运行情况,判断其是否存在重大内部控制缺陷,是否存在重大风险隐患,并将这些信息作为向企业投资或者其他交易活动的重要参考和依据。

三是中介机构。中介机构通过了解掌握企业内部控制情况,定期或不定期发布针对单个企业或行业性的企业内部控制评价分析报告,为投资者、其他利益相关者以及社会公众提供信息服务。

内部控制评价指标的设计原则及思路

要对内部控制进行评价,必须建立一套科学合理的评价指标体系。本书尝试站在第三方的角度,以内部控制的五个目标为基础构建内部控制评价指标。以往对内部控制评价指标体系的研究,多以 COSO 框架中内部控制五要素为基础构建评价指标体系,存在的主要缺陷是无法在各评价要素之间建立联系,并且在实现内部控制目标方面体现不够充分。本书在 COSO 基本框架基础上,尝试以内部控制目标为评价要素,通过技术方法在各评价要素间建立有机联系,在分项研究评价要素的基础上对企业内部控制目标情况以及内部控制有效性情况做出判断,探索内部控制评价体系建设的新路径。

设计原则

在设计内部控制评价指标时应该具体把握以下几项原则:

(1) 客观性

客观性也称为真实性,这是设计内部控制评价指标时的首要原则。内部控制评价指标应该根据上市公司设计和运行的内部控制体系的实际情况,全面、真实、客观、公正地评价其内部控制水平和风险管理控制的能力,准确地揭示经营管理的风险状况,如实反映内部控制设计与运行的有效性。为了保证客观性的落实,本研究在设计指标时尽量采用量化指标。但是有些指标如企业合法合规和保证财务报告的真实性,根本无法用数据表示,只能进行定性描述。所以,本书在获取这些定性指标后,会利用数学方法做一些处理,最终成为可量化的指标,这样能尽量减少人为因素主观判断的影响,保证评价结果的客观性。

(2) 全面性

全面性是指评价指标应该包括内部控制设计与运行的评价,能够涵盖企业及其所属单位的各种业务和事项。评价指标的设计和选择应当充分,能够覆盖到企业经营管理以及业务活动的主要方面,通过这些指标能够对企业内部控制有效性做出相对完整的评价和判断,不会出现重要遗漏。同时,评价指标的选择应当具有必要性。评价指标不是多多益善,过多的评价指标容易使评价内容重叠,增加评价成本。因此,在评价指标选择方面应当注意在充分性与必要性之间进行权衡,在满足评价需求的基础上,尽量对评价指标进行简化处理。评价指标具有动态性,在某一阶段评价指标体系具有充分性和必要性,但随着企业经营形势和风险形势的变化,内部控制评价的内容也要进行相应变动,需要对指标体系进行动态修正和调整。

(3) 经济性

内部控制评价需要耗费成本,因此评价指标的选择应当遵循经济性原则。企业对内部控制进行评价的成本,不仅包括在评价过程中所花费的人力成本、时间成本以及资金成本,而且包括企业为实现过高内部控制标准所付出的代价。因此,内部控制评价指标的经济性体现在,一方面内部控制评价指标应当在满足需求的基础上尽量简化,另一方面,内部控制评价指标的选择以及控制标准的制定应当符合企业实际,标准过低影响控制效果,标准过高则增加控制成本。

(4) 可比性

内部控制指标的设计应该具有普遍的统计意义,既要全面反映上市公司的内部控制情况,又要适合不同上市公司之间的对比,这样衡量出的内部控制水平才能实现时间上的比较和空间上的比较,确保内部控制指数具有横向和纵向的可比性。才能有利于外部利益相关者决策的制定。

(5) 可操作性

为了使指标体系能够适用于更多的上市公司,所以在选取指标变量时以数量化的指标为主,尽量减少定性评价指标,以减轻评价噪声和工作强度。对于评价数据,都以上市公司公开披露的信息和公开发布的资料为基础,不用单独调查取证,避免了主观因素的干扰同时也降低了获取资料的难度。

设计思路

要对内部控制进行科学评价,必须设计出一套科学合理的评价指标体系,通过评价指标反映出企业的内部控制总体状况。

(1) 基本思路

企业内部控制涉及企业生产经营的方方面面,科学选取评价指标是做好内部控制评价工作的关键环节。评价指标体系建立的过程,实际上也是对企业经营管理流程和基本环节进行分析梳理的过程。本书所提出的内部控制评价指标体系建设的基本思路是:首先,要以内部控制评价目标为出发点,从企业经营管理的大量数据和相关信息中提炼出对内部控制目标产生影响的各种因素,并按照影响程度对指标进行筛选。其次,要对所筛选的评价指标进行分析,分析各种影响因素之间的内在联系,为构建评价体系打下基础。最后,根据不同评价指标的内在联系,划分成不同的指标层次,形成评价指标体系。内部控制评价指标体系的构建涉及两个重要环节,一个是如何选取评价指标,二是如何对这些指标分配相应的权重。

第4章 中国上市公司内部控制评价体系的构建基础

① 评价指标的确定方法

确定评价指标的过程,实际上就是对与企业生产经营相关的数据和信息进行对比,分析各种因素之间的相互联系和影响,并按照其内在联系和逻辑关系进行梳理,形成层次分明的指标体系。评价指标的确定,一方面要考虑评价要素与内部控制评价目标的关联性,评价要素只有与评价目标存在关联性才能够确定为评价指标,并且关联性越强,评价指标的层次越高。另一方面要考虑评价指标在整个评价体系当中的重要性,重要的评价指标应当分配更高的指标权重。分析评价指标对评价体系的影响,既要看单个指标对整个评价体系的影响程度,也要看各层指标对评价体系的影响。在构建评价指标体系过程中,定量指标相对容易处理,为使定性指标与整个评价体系兼容,必须对其进行量化处理,使定性指标与定量指标一样能够进行归集和处理,在评价体系当中得到量化反映。

根据深圳迪博企业风险管理技术有限公司发布的《中国上市公司2012年内部控制白皮书》的统计资料可以发现,我国上市公司对内部控制的存在性描述较多,对其合理性与有效性的披露则较少或者干脆回避。而评价企业内部控制通常要从内部控制的存在性、合理性和有效性等方面予以展开。内部控制评价指标设计所需要的信息离不开上市公司公开披露的信息与数据,但是因为上市公司对于自身内部控制的合理性与有效性的披露程度很低,无法为研究提供有效的信息,所以,对于内部控制评价指标的设计必须要从其他途径入手。

当前,学术界对于内部控制评价绝大部分都是以五要素作为评价标准。如影响比较大的深圳迪博企业风险管理技术有限公司连续4年发布的《中国上市公司内部控制白皮书》的统计资料都是建立在内控五要素的评价基础上的。但是对于五要素的评价,只能站在企业自我评价的基础上,而且能够量化的指标少。如果第三方想对上市公司的内部控制情况进行横向比较的话,那么五要素指标就只能依赖于专家打分,主观性过强,得出的评价结论可比性差。

根据财政部《企业内部控制基本规范》的要求,企业建立与实施内部控制的目的是"促进企业实现发展战略、提高企业经营效率和效果、合理保证企业资产安全、经营管理合法合规、财务报告及相关信息真实完整"。企业内部控制是否规范有效,必然会表现于企业经营业绩、财务状况以及其他管理成果中,而企业发生的负面事件则从反面反映了内部控制的缺陷。

所以,本书将以内部控制的五个基本目标,包括企业战略、经营、财务报告、合法合规以及资产安全为基础,构建内部控制评价指标,来设计综合反映上市公司内部控制水平与风险管控能力的内部控制指标体系。以内部控制五个基本目标为基础构建的评价指标体系相对于五要素的评价体系来讲,指标在量化方面更容易一些,减少了主观赋值的因素,便于横向比较,也便于第三方对企业内部控制的实施效果进行评价。

② 指标权重的确定方法

每个评价指标对内部控制评价体系具有不同的影响力,应当通过分配不同权重体现出差别,对于对内部控制影响较大的评价指标要分配较高权重;反之,对于重要性较低的评价指标要分配较低的权重,通过权重分配使不同评价指标对最终评价结果产生不同的影响。然而,评价指标权重的确定具有一定的复杂性,受多种因素影响,例如评价要素在实现内部控制目标方面所发挥的作用、行业主管部门的监管要求、评价要素的社会价值判断标准、评价人员的专业能力等。内部控制评价指标体系

第 4 章 中国上市公司内部控制评价体系的构建基础

的设计存在多种方法,但许多方法都存在严重缺陷,不能够准确反映企业内部控制实际。本书采用层次分析法设计评价指标体系,认为该方法更加客观和科学合理,能够相对准确地对企业内部控制状况做出准确评价。

对一个要素进行评价通常比较简单,但如果要同时对多个要素进行评价则非常困难,特别是对多种不同类型要素进行比较分析和评价,首先必须解决方法论问题。20 世纪 70 年代,美国著名运筹学家斯塔蒂创建了层次分析法(analytic hierarchy process,AHP),旨在解决多种不同要素的分析比较和评价问题。层次分析法解决多维决策准则所提供的方法是,在明确决策目标的基础上,识别出决策目标的重要影响因素,并对各种影响因素之间的内在联系进行分析。然后通过构建模型,将相关影响因素进行数学化表达,并形成最终分析评价结果。在该种方法中,存在如何对定性因素进行量化问题,否则就无法将定量因素与定性因素进行有机归并处理。斯塔蒂所提供的方法是,通过人的主观判断对定性因素进行人为赋值和量化处理,从而使定性因素与定量因素有了比对基础。具体而言,就是将决策问题进行归类分解,形成目标层、准则层以及方案层,并将其中的定性指标进行量化处理,推演出最终的评价结果。层次分析法的建立,为多维评价要素、无明确结构特征的复杂决策问题提供了有效的解决方法和途径。

层次分析法通过这样几个步骤来确定评价指标的权重:

第一步,构建层次模型。通常要分为三个层次:第一层叫作目标层,也就是解决问题的目的,即层次分析最终要达到的目标;第二层叫作准则层,是目标层的归属指标,由上一层指标分解得出,是对上一层指标的细化和解释;第三层叫作指标层,指标层属于指标体系中的最低层次和分析单元[92]。

第二步,构造判断矩阵,即 $C = (c_{ij})$。c_{ij}表示 X_i 与 X_j 关于某个评价指标的相对重要性程度之比的赋值。为了将比较判断定量化,层次分析法引入了 1-9 标度法(如表 4-1 所示)[93],并写成判断矩阵形式。

表 4-1 判断矩阵标度及其含义①

序 号	重要性等级	c_{ij}赋值
1	i,j 两元素同等重要	1
2	i 元素比 j 元素稍微重要	3
3	i 元素比 j 元素明显重要	5
4	i 元素比 j 元素强烈重要	7
5	i 元素比 j 元素极端重要	9
6	i 元素比 j 元素稍微不重要	1/3
7	i 元素比 j 元素明显不重要	1/5
8	i 元素比 j 元素强烈不重要	1/7
9	i 元素比 j 元素极端不重要	1/9

一般来说,构造的判断矩阵取如下形式[94]:

B_k	C_1	C_2	$\cdots$	C_N
C_1	C_{11}	C_{12}	$\cdots$	C_{1N}
C_2	C_{21}	C_{22}	$\cdots$	C_{2N}
$\cdots$	$\cdots$	$\cdots$	$\cdots$	$\cdots$
C_N	CN_1	CN_2	$\cdots$	CN_N

---

① 注:$c_{ij} = (2,4,6,8,1/2,1/4,1/6,1/8)$ 表示重要性等级介于 $c_{ij} = (1,3,5,7,9,1/3,1/5,1/7,1/9)$。这些数字是根据人们进行定性分析的直觉和判断力而确定的。

第4章 中国上市公司内部控制评价体系的构建基础

矩阵 $C = (c_{ij})$ 的元素满足：

$$\begin{cases} c_{ij} > 0 \\ c_{ij} = 1/c_{ji} \, (i \neq j) \\ c_{ij} = 1 \, (i, j = 1, 2, \cdots, n) \end{cases}$$

第三步，对判断矩阵进行一致性检验。判断矩阵的建立，使得判断思维数学化，简化了问题的分析，能够帮助决策者按照同向思维进行判断，并保持判断结果的一致性。所谓判断结果的一致性，是指分析人员按照持续和同向的思维方法，对评价要素按照重要性进行有序排列，使判断结果符合判断逻辑和判断思路，不会在各项判断之间形成思路混乱和判断结果的不一致。在实践当中，判断思维不一致的问题经常存在，由于人们的知识背景不同，分析问题的视角和方法不同，形成片面的分析判断结论在所难免，特别是对于复杂问题更容易产生判断偏差。但由于事物具有其内在规律性和逻辑性，只要能够科学合理地把握事物的内在逻辑，在总体上保持判断的一致性是有可能的。例如，在 $A > B, B > C$ 的条件下，推断出 $A > C$ 是符合逻辑的判断结论，反之这种判断就违反基本常识和规律。为了避免和减少判断偏差，保证判断和分析结论合理可靠，有必要对判断矩阵的一致性进行验证。根据矩阵理论可以得到这样的结论[95]，即如果 $\lambda_1, \lambda_2, \cdots, \lambda_n$ 是满足 $A_x = \lambda_x$ 的数，即矩阵 A 的特征根，并且对于所有 $c_{ij} = 1$，有 $\sum_{i=1}^{n} \lambda_i = n$，则当矩阵具有完全一致性时，$\lambda_1 = \lambda_{max} = n$，其余特征根均为零；而当矩阵 C 不具有完全一致性时，则有 $\lambda_1 = \lambda_{max} > n$，其余特征根 $\lambda_1, \lambda_2, \cdots, \lambda_n$ 有如下关系：$\sum_{i=2}^{n} \lambda_i = n - \lambda_{max}$。所以当判断矩阵不能保证具有完全一致性时，相应判断矩阵的特征根也将发生变化，这样就可以用判断矩阵的特征根来判断一致性程度。因此，在层次分析法中引入判断矩阵最大特征根以外的其余特征根的负数平均值,作为度量判断矩阵偏离一致性的指标,即用 $CI = \dfrac{\lambda_{max} - n}{n - 1}$ 来检查决策者判断思维的一致性。CI 值越大,表明判断矩阵偏离完全一致性的程度越大;CI 值越小(接近于 0),表明判断矩阵的一致性越好。对于不同阶的判断矩阵,人们判断的一致误差不同,其 CI 值的要求也不同。衡量不同阶判断矩阵是否具有满意的一致性,还需要用到平均随机一致性指标 RI 值。对于 1-9 阶判断矩阵,RI 的值分别如表 4-2 所示[96]:

表 4-2 平均随机一致性指标

1	2	3	4	5	6	7	8	9
0	0	0.58	0.9	1.12	1.24	1.32	1.41	1.45

对于 1、2 阶矩阵,RI 只是形式上的,因为 1、2 阶矩阵总是具有完全一致性。当阶数大于 2 时,判断矩阵的一致性指标 CI 与同阶平均随机一致性指标 RI 之比称为随机一致性比率,记为 CR。当 $CR = \dfrac{CI}{RI} < 0.1$ 时,即认为判断矩阵具有满意的一致性,否则就需要重新赋值,仔细修正,直至一致性检验通过为止。

第四步,确定指标权重 w_j。经过一致性检验的矩阵 C,计算出的最大特征根能够满足 $\lambda_{max} = n$,其所对应的唯一非负特征向量经过归一化处理后得到各个指标的权重向量 $W = (w_1, w_2, \cdots, w_n)$。

(2) 指标数据来源渠道

内部控制评价指标以内部控制五个基本目标为基础来建立,五个目标是否得以实现,除了企业自身的主观评价以外,外部的政府监管以及资本市场的反应也成为对上市公司内部控制实施效果评价的重要信息

第4章 中国上市公司内部控制评价体系的构建基础

来源渠道。基于建立指标体系的需要,有必要对这些信息来源渠道做一个介绍:

① 政府监管。之所以强调政府监管是一个信息来源渠道,是因为在我国有关政府部门和监管机构是推动上市公司实施内部控制的主导力量,它们负责监督上市公司是否按照规范要求进行内部控制体系的建设和信息披露工作。监管机构的主要任务是监管,是对上市公司违反法律法规或没有履行相应义务的事项进行处罚,而不负责对其进行常规评价。但是这类处罚信息是反映上市公司内部控制实施效果的重要信息,对于合法合规以及确保财务报告真实可靠的目标的实现是一种特殊的评价方式。

② 资本市场反馈。法玛[97]认为,在一个有效的证券市场中,证券价格总能及时、准确、充分地反映所有相关信息,即信息完全反映在价格中。证券价格既能充分反映该证券的基本因素和风险因素,也能反映该证券的预期收益,也就是说其即时市场价格是该证券真实价值的最优估计。这就是证券市场有效性假说。根据该假说,如果上市公司的内部控制失效,那必然会在上市公司的股票价格上反映出来。

光明乳业股份有限公司是目前国内最大规模的乳制品生产、销售企业之一。作为国家级农业产业化重点龙头企业,光明乳业长期以来秉承"创新生活、共享健康"的企业使命,始终以领先变革的首创精神,锐意进取、不断创新,在打造中国新鲜品第一品牌的事业中取得了一定的成绩,给客户传递了企业严格控制的理念。然而2012年6月15日上午,颖上县两所小学部分学生在食用学校发放的营养餐后,出现呕吐等不适症状。据学生介绍,当天喝的牛奶有酸味,像米糊一样。事发后,当地政府将出现不适症状学生全部送往医院,被怀疑为罪魁祸首的牛奶送去检验。据初步调查,两所学校学生食用的是光明乳业企业配送的 2012 年 6 月 2 日生产批次的牛奶。该事件被媒体曝光以后,光明股价放量跌 5.21%。截止到 2012 年 6 月 20 日,光明的最低报 9.15 元,跌逾 6%。尾盘股价小幅回升,收报报 9.27 元,跌幅 5.21%(如图 4-10 所示),产品销售也陷入苦战。①

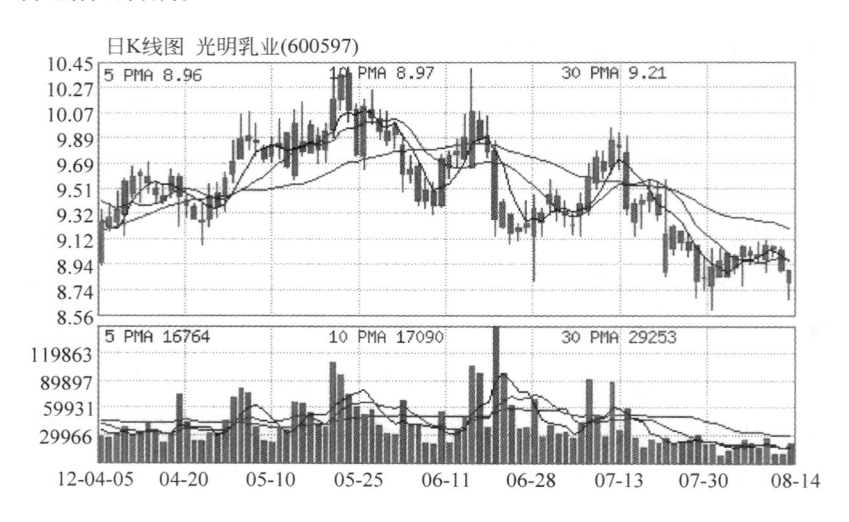

图 4-10 "光明乳业"股价走势(2012 年 4 月 5 日至 2012 年 8 月 14 日)

该事件反映了两方面的重要信息:一是内部控制并不局限于财务报告的控制,非财务报告的控制失败也将传导至财务环节;二是资本市场的反应能够从侧面验证内部控制缺陷的后果。所以,跟踪资本市场的重大反应事件能够对上市公司的合法合规目标进行检验评价。

③ 内部控制审计。主要是指外部会计师事务所受企业或第三方(例如企业的主管部门或监管部门)委托,按照约定的基准日对企业的

---

① 人民网:www.people.com.cn。

第4章　中国上市公司内部控制评价体系的构建基础

内部控制制度及其执行情况进行审计。我国《内部控制审计指引》要求,注册会计师应该对财务报告内部控制的有效性发表审计意见,对非财务报告内部控制的重大缺陷要增加"非财务报告内部控制重大缺陷描述段"进行披露。

财务报告内部控制是为了保证财务报告及相关信息的真实可靠以及用于保护资产安全的内部控制中与财务报告可靠性目标相关的控制。非财务报告内部控制,是指除财务报告内部控制之外的其他控制,如产品质量、人力资源政策、战略目标等。

注册会计师发表的审计意见,是我国内部控制规范建设的一项强制性的制度安排,其审计意见就是一种具有强约束力的外部评价。所以,注册会计师的内部控制审计报告作为评价信息的一个重要来源渠道,注册会计师披露的内部控制重大缺陷会成为评价模型中构建修正指数的重要依据。

④ 内部控制评价报告。财政部发布的《企业内部控制评价指引》要求,在实施内部控制基本规范以后,上市公司董事会应当每年组织开展内部控制评价,并对外公开披露评价结论。公开披露的内部控制评价报告至少要包括以下内容:一是董事会声明。在声明中董事会要确认所披露的各项信息真实可靠,董事会对其真实性承担责任;二是内部控制评价工作说明。介绍企业内部控制管理架构,以及各项内部控制工作的开展情况;三是评价依据。描述企业在内部控制评价当中所遵循的法律、法规、指引以及其他各类规范性文件,包括企业内部制定的各项内部控制规定,为评价工作提供依据;四是评价范围。介绍内部评价覆盖了哪些业务部门和业务环节;五是评价工作所遵循的方法和程序;六是内部控制缺陷。按照与上一年度一致的评价标准所识别出来的内部控制缺

陷,并按照《企业内部控制评价指引》的界定将内部控制缺陷划分为重大缺陷、重要缺陷以及一般缺陷;七是改进措施。针对所发现的内部控制缺陷,计划采取哪些措施对这些缺陷进行弥补和纠正,在改进方案中要提供明确的工作时间表和工作步骤;八是评价结论。如果在内部控制评价当中没有发现重大缺陷,可以形成内部控制有效的结论。相反,如果存在重大缺陷,则不允许出具内部控制有效结论,并应当具体描述重大缺陷的存在领域、形成原因、影响后果以及准备采取的纠正措施。

由企业自身开展内部控制评价,其评价客观性难以完全得到保障,但是由于强制性的外部审计,所以其可靠性也得到了大幅度提高。而且与其他的评价相比,上市公司的内部控制评价报告所提供的信息量是最丰富的,披露的很多信息是外部人员无法获知的,所以对于战略目标的实现、经营效率效果的考察等都是重要的参照标准。

第5章 中国上市公司内部控制评价指标体系的建立及实证分析

根据内部控制的目标,企业建立内部控制体系就是为了实现可持续发展,达到企业价值的最大化,而这个目标的实现,依赖于企业经营效率的提高、财产的安全保证以及经营的合法合规等。所以本书拟站在第三方的角度上,通过对企业各个层次目标的分析,来建立适合我国国情的内部控制评价指标体系。

内部控制评价指标体系的建立

内部控制指标变量的确定

内部控制评价指标变量以内部控制目标为基础建立。具体分为三个层次,包括:

(1) 目标层

目标层是企业实施内部控制要达到的最终目的,也叫内部控制的总体目标。这一目标可以概括为实现企业的可持续发展从而达到企业价值的最大化,即通过内部控制使企业生存、发展进而获利。目标层是企业发展的顶层目标设计,发挥提纲挈领的作用,企业的一切经营管理活动都要围绕总体目标进行,企业的发展战略以及经营管理活动是否有利于促进总体目标的实现,这是检验和衡量企业行为的标尺。

(2) 准则层

企业的基本目标需要具体目标的实施来完成,内部控制的基本目标是内部控制总体目标的细化。内部控制的基本目标可以分为以下五项:

① 经营效率和效果的提高。管理出效益,企业通过完善经营管理和不断提高内部控制水平,有助于提高经营效率和经营效益。企业的经营活动,实质上是对风险与收益进行平衡的过程,企业在追逐利润的同时必然要承担相应的风险,要取得高额回报率就要承担更大的风险。因此,企业的盈利模式以及风险偏好要与企业的风险管理与内部控制水平相适应,内部控制要在防范风险和控制风险方面发挥作用。通过严格的内部控制与内部管理,不仅有利于企业降低生产经营成本,同时有利于企业减少或避免经营损失,从而提高经济效益。

② 资产安全。内部控制在保障企业资产安全方面发挥着重要作用。通过严格的内部控制措施,使企业部门和员工的行为受到监督和制约,防止企业资产被侵占、挪用、盗窃。同时,内部控制制度要求企业要有正确的资产估值方法和程序,防止资产被低估价值,造成资产流失和资产损失。

③ 财务报告及相关信息真实完整。财务报告是企业经营活动、经营风险和经营绩效的综合反映,是企业管理者进行生产经营决策的基础,是投资者向企业进行投资、银行向企业发放贷款、其他经济单位与企业进行交易活动的决策依据。通过内部控制制度,要保障会计报告信息真实、完整、可靠,并按管理要求及时对外进行信息披露。

④ 促进企业合规经营。促进企业合规经营是内部控制建设的一个

第5章 中国上市公司内部控制评价指标体系的建立及实证分析

重要目标,企业要将国家法律、主管部门规章以及企业管理制度固化在生产经营流程中,使生产经营活动合乎规制要求,依法开展经营活动,避免非法经营和非法获利。

⑤ 促进企业实现发展战略。发展战略是一种方向和规划,要靠具体措施来加以落实。内部控制活动要紧紧围绕企业发展战略,促进企业和员工行为符合企业发展方向,对出现的偏差要能够及时进行纠正,保障发展战略目标的实现。

准则层指标处于评价指标体系的中间层次,既是总体目标的分解和具体诠释,又是下一层指标的基础和概括,起到承上启下的作用。在准则层五项评价指标当中,资产安全、促进企业合规经营以及财务报告及相关信息真实完整是基础性指标,我国对内部控制的评价工作最初就是从这三项指标开始起步的。而提高企业经营效率和效果、促进企业实现发展战略这两项指标,是在充分认识到内部控制重要性的基础上,经过进一步延展才形成的。

(3) 指标层

指标层指的是准则层的具体分类指标。这部分指标是在准则层评价指标的基础上,经过进一步分解和细化形成的。指标层是基础性指标,因而与风险管理与内部控制环节结合得更加直接、更加紧密。具体包括:

① 经营目标变量

内部控制是企业实现管理和经营目标的方式和手段。实践表明,内部控制水平与企业经营绩效具有内在关联性,主要体现在两个方面。一是有助于企业提高生产经营效率。良好的内部控制有助于企业优化决策和管理架构,拉直报告关系,明确管理与生产标准,明晰生产与经营责任,从而降低管理成本与生产经营成本,提高管理效率和生产经营效率。二是内部控制有助于企业防范风险,降低损失。企业在生产经营过程中面临许多风险和不确定性因素,良好的内部控制制度有助于企业及时地识别风险、测量风险、监控风险和管理风险,通过有效的风险管理防止或降低经营损失,促进企业经营目标的实现。因此,加强内部控制有利于促进企业提高经营绩效,反过来经营绩效在一定程度上也反映出企业的内部控制水平。而总资产报酬率和股东权益报酬率能够直接反映和检验企业经营绩效,所以本书选取这两个指标作为评价企业内部控制经营目标实现程度的目标变量。

总资产周转率[98]反映的是企业的营运能力。营运能力反映了企业的资金周转状况,对此进行分析,可以了解企业的营业状况及经营管理水平。资金周转状况好,说明企业的经营管理水平高,资金利用效率高。企业的资金周转状况与供、产、销各个经营环节密切相关,任何一个环节出现问题,都会影响企业资金的正常周转。资金只有顺利地通过各个经营环节,才能完成一次循环。在供、产、销各环节中,销售有着特殊的意义。因为产品只有销售出去,才能实现其价值,收回最初投入的资金,顺利地完成一次资金周转。这样,就可以通过产品销售情况与企业资金占用量来分析企业的资金周转状况,评价企业的经营效率。之所以选择总资产周转率,是因为总资产涵盖的内容最为广泛。总资产周转率也称总资产利用率,是企业销售收入与资产平均总额的比率。这个比率可以用来分析企业全部资产的使用效率。如果这个指标低,说明企业利用其资产进行经营的效率较差,会影响企业的获利能力。所以这个指标用来衡量企业的经营效率应该比较合适。

股东权益报酬率[99]是衡量企业的获利能力的指标。获利能力是企

第5章 中国上市公司内部控制评价指标体系的建立及实证分析

业赚取利润的能力。盈利是企业的重要经营目标,是企业生存和发展的物质基础。获利能力分析是企业财务分析的重要组成部分,也是评价企业经营管理水平的重要依据。股东权益报酬率,也称净资产收益率、净值报酬率或者所有者权益报酬率,它是一定时期企业的净利润与股东权益平均总额的比率。它可以用来衡量企业的经营效果。经营效果好,企业获利能力高,股东权益报酬率就高,企业离股东财富最大化的财务管理目标就越近。

② 资产安全变量

所谓资产安全,就是企业要防止由于决策失误或者资产毁损等现象导致的资产损失。影响资产安全的因素以及表现形式多种多样,例如企业资产被盗,生产资料浪费,废品率较高,企业资产或产品低价出售,以及未预期负债等,都可以造成企业的资产损失和减值。除有形资产外,对企业无形资产的侵害也被归结为资产损失。

内部控制与企业资产安全同样具有内在关联性。通过完善的内部控制制度,有利于企业避免或减少浪费和损失,减小决策失误的概率,从而维护企业的资产安全。本书通过资产减值损失率和资产意外损失率两项指标来反映企业的资产安全性。

$$资产减值损失率 = \frac{资产减值损失}{平均资产总额}$$

之所以用这个指标是因为 2006 年,我国发布新的企业会计准则以后,对于资产减值专门做了细化。资产减值是指资产的可收回金额低于其账面价值。这里的资产既包括流动资产,也包括长期资产,具体有存货、应收账款、固定资产、长期股权投资、无形资产等常见项目,另外,像在建工程、工程物资、生产性生物资产、持有至到期投资、以成本模式计量的投资性房地产等项目的减值损失也包含在内[100]。当企业的资产市价在当期发生大幅度的下跌,或者有证据表明资产已经陈旧或其实体已经损坏等情况需要对资产计提减值准备。所以这个指标可以反映企业由于经营无效或者决策失误等原因而导致的资产贬值损失。而且这个指标也比较容易获取。会计准则要求企业应当在附注中披露当期确定的各项资产减值损失的金额以及计提的各项资产减值准备的累计金额,并且这个数据也会出现在利润表中。

$$资产意外损失率 = \frac{营业外支出}{平均资产总额}$$

营业外支出指的是企业发生的与日常活动无直接关系的各项损失。具体包括:非流动资产处置损失,即固定资产处置损失和无形资产的出售损失;非货币性资产交换损失是指固定资产、无形资产在交换过程中公允价值小于账面价值的差额;债务重组损失指重组债权的账面价值与受让资产公允价值的差额;非常损失,指企业由于客观因素(如自然灾害等)所造成的损失。这些内容反映了企业由于管理不善所导致的资产损失。当然,营业外支出还包括公益性捐赠支出和罚款支出等,但是因为这些情况在企业中发生的概率相对较小,而且我们只要保证可比性,这个指标就可以说明企业在资产管理当中存在的问题。同样,因为这个指标可以直接来源于财务报告,所以数据的获取比较容易。

③ 财务报告变量

企业内部控制的第三个目标就是要合理保证财务报告及相关信息的真实完整。财务报告是投资者及其他利益相关者与企业交易进行活动的重要参考依据,必须做到客观、真实和完整。内部控制制度在保障财务报告质量方面应当发挥重要的作用,财务报告信息生成、统计核算、

第 5 章 中国上市公司内部控制评价指标体系的建立及实证分析

复核监督以及信息披露等环节和工作流程要严格遵守内部控制标准。除利益相关者外,企业主管部门和监管部门也要重视财务报告质量,使财务报告能够客观真实地反映企业经营活动和经营成果。从国际经验看,为了保证财务报告的真实可靠,企业主管部门通常明确要求作为中介机构的会计师事务所对企业财务报告进行审计,并出具审计报告。衡量财务报告及相关信息的真实完整,本书从这样两个方面选取指标变量:一是注册会计师对财务报告发表的审计意见;二是上市公司进行的财务重述。

注册会计师对财务报告的审计意见在一定程度上反映了上市公司财务报告的可靠性。注册会计师要审查企业的财务报表是否在重大方面公允地反映了被审计者的财务状况、经营成果和现金流量情况。我国注册会计师对于财务报表审计发表的审计意见类型分为 5 种,包括[101]:标准的无保留意见,说明审计师认为被审计者编制的财务报表已经按照适用的会计准则的规定编制并且在所有重大方面公允地反映了被审计者的财务状况、经营成果和现金流量情况;带强调事项段的无保留意见,说明审计师认为被审计者编制的财务报告符合相关会计准则的要求,并在所有重大方面公允地反映了被审计者的财务状况、经营成果和现金流量情况,但是存在需要说明的事项,例如对持续经营能力产生重大疑虑或重大不确定事项等;保留意见,说明审计师认为财务报表整体是公允的,但是存在影响重大的错报;否定意见,说明审计师认为财务报表整体是不公允的或没有按照适用的会计准则的规定编制;无法表示意见,说明审计师的审计范围受到了限制,且其可能产生的影响是重大而广泛的,审计师不能获取充分的审计证据。对财务报告的真实可靠性进行评价时,根据这五档审计意见,因为其都属于定性指标,所以需要采用数学方法进行无量纲化的处理,使之定量化,得出不同的分值。

第二个评价指标是上市公司的财务重述。财务重述指的是上市公司在发现并纠正前期财务报告的差错时,重新表述以前公布的财务报告的行为。许多学者研究指出,财务重述的发生在资本市场上会引起很多负面的效应,造成了资本市场的损失,并给上市公司带来一系列不利的经济后果;财务重述作为企业盈余操纵行为的表现,其发生反映了公司治理机制的缺陷和治理效率的低下。我国财务重述制度才刚刚起步,它是在财务报表中差错信息更正的会计实践中逐步发展并确立的。自从有效资本市场假说提出来以后,高效的会计信息质量一直被视为是保证证券市场有效性的关键。财务报告作为上市公司对外披露信息的主要载体,是投资者获得公司信息的重要途径。财务重述本意在于通过提供更为准确完善的信息来保护投资者,但财务报告重新表述表明前期财务报告的低质量和不可信,因此会造成严重的经济后果。财务重述发生的频率以及重述内容的偏离程度在一定程度上反映出企业的内部控制状况,如果内部控制缺陷长期没有得到纠正,就有可能导致财务重述现象反复发生。鉴于此,本书将企业是否存在财务重述以及财务重述发生频率作为评判上市公司财务报告质量的一个变量指标。当然,财务重述信息的获得要依赖于企业报表附注的披露,也属于定性指标,在对上市公司内控情况进行评价时,还是需要进行无量纲化的处理,使之定量化,以便计算分值。

④ 合规目标变量

企业是社会经济组织当中的基本单元,它的经营活动会涉及各个方面的利益关系,所以从某种意义上来讲,经济交易实质上就是利益的交换。因此,为了维护正常的交易秩序,防止交易关系人出于自我利益的

第5章 中国上市公司内部控制评价指标体系的建立及实证分析

考虑而不正当地损害其他人的利益,同时也为了降低整个社会的经济运行成本,国家有关部门和企业,都制定了相应的法规、制度、条例等以便对有关经济行为加以管理和规范。国家以及主管部门颁布的各项管理规定,以及企业制定的各项内部管理规定,或者出于宏观经济管理和行业规范的需要,或者出于加强内部管理、防范风险和投资者保护等方面需要,遵守这些制度规定应当成为企业的自觉行动,并且有益于企业的良性发展,也是企业必须履行的义务。但在实际工作当中,许多企业由于利益驱动,缺乏经营守法合规意识,违规经营问题比较突出。违规经营不仅使企业经营失范,而且容易使企业增加经营风险和蒙受损失,损害企业的根本利益和市场形象。内部控制制度应当在促进企业合规经营方面发挥重要作用,通过将国家法律法规、部门规章以及企业内部管理规定融入企业内部控制制度和控制标准,使合规经营成为企业经营管理和生产活动当中的自觉行动,促进企业健康稳定发展。基于上述考虑,本书将企业违法违规事项的公开信息披露以及被诉事项作为内部控制评价的重要因素。

上市公司的违法违规事项包括上市公司本身及其高管人员的违法违规事件,无论哪种情况,都表明企业内部控制存在缺陷。这些信息可以从监管部门的相应网站获取,当然也都属于定性指标,仍然需要做无量纲化的处理,使之数量化。

上市公司涉及的诉讼事件包括两种情况:一种是公司主动发起的诉讼事件,例如企业主动提起法律诉讼,向其债务人追缴欠款,这种行为属于企业依法维护自身权益,对内部管理具有积极意义,不会对企业的声誉造成损害,所以一般主动诉讼不作为判断合规与否的依据;再有一类就是公司被诉事项。公司被诉一般表明公司的内部控制存在缺陷,公司被诉之后可能导致重大财务风险和声誉风险。诉讼之后公司往往面临着还债或清欠，对公司经营影响较大，所以把被诉事项作为评判合规与否的一个检验指标。

⑤ 战略目标变量

战略是对未来发展的长远谋划，企业发展战略目标是企业最高层次的目标，是规划企业发展的顶层制度设计。所谓企业发展战略目标，是指企业依托其资源和优势，顺应形势的发展变化，选择适应企业发展的经营模式，形成发展优势，增强核心竞争力。业务发展战略之所以重要，是因为发展战略目标从宏观上驾驭企业的发展，企业的经营管理、业务模式和发展方向都要服务和服从于战略目标的实现。战略目标具有统领性，企业要根据其战略目标规划其经营目标、资产安全目标、报告目标以及合规目标；反过来，这些具体目标的实施有助于推动总体战略目标的实现。企业发展战略目标具有差异性和相对稳定的特点，每个企业由于所处环境不同，资源禀赋和发展条件不同，其发展战略目标存在很大差异。企业发展战略目标一旦确定，要保持相对稳定，因为战略目标发生重大变化会产生较大的变更成本。但如果外部环境以及企业自身条件发生较大变化，应当允许企业对其发展战略目标进行调整。同样，企业内部控制建设也要紧紧围绕其发展战略目标，各项内部控制制度和控制措施要有利于推进总体发展战略目标的实现。

企业发展战略目标存在差异，但也存在许多共性。几乎所有的企业都希望能够获得持续和稳定的增长，其自身价值得到市场的认可和承认。因此，本书用企业价值和可持续增长率两个指标来分析企业的竞争优势，将其作为衡量战略目标的分析要素和目标变量。

在管理学领域，企业价值可以被定义为企业遵循价值规律，通过以价值为核心的管理,使所有与企业有利益关系的个人或者组织如股东、债权人、管理者、普通员工、政府等均能获得满意回报的能力。显然,企业的价值越高,企业给予其利益相关者回报的能力也就越高。而这个价值是可以通过其经济定义加以计量的。我们所使用的企业价值指的是企业全部资产的总体价值,也称为:"企业实体价值"。企业实体价值是股权价值与债务价值之和。股权价值在这里不是所有者权益的会计价值(账面价值),而是股权的平均市场价值。债务价值也不是它们的会计价值(账面价值),而是债务的公平市场价值,即:

企业实体价值 = 股权市值 + 净债务市值[102](其中,非流通股权市值用流通股股价代替计算)

在战略分析中,常常会用到价值评估。战略分析就是通过使用定价模型来说明经营设想和发现这些设想可能创造的价值,目的就是评价企业目前和今后增加股东财富的关键因素是什么。价值评估在战略分析中起核心作用。所以,我们以企业价值指标作为衡量战略目标实现程度的一个关键指标,企业价值越大,在一定程度上可以说明企业的战略目标实施的效果越好。

第二个衡量企业战略目标的变量是可持续增长率。可持续增长率是指企业在不额外增加资源,维持当前运营效率,以及不改变财务制度的条件下,所能取得的最大增长率[103]。计算企业的可持续增长率,需要设定一系列假设条件,例如,企业在一定期间内不打算改变当前的资本结构;企业的股利支付比率维持不变;企业没有发售新股计划,无意吸收新的股东加入。但企业可以通过借款或者发债的形式增加资金来源;企业的销售利润率保持合理水平并不会产生大的波动,能够支付运营成本和债务利息;企业的资产(资金)周转率不发生大的变化。对于大多数企业而言,这些假设条件在通常情况下能够成立。原因在于,企业增发新股并非易事,国际上历史统计资料表明,上市企业平均每二十年才有增发新股的机会,在我国上市企业增发新股也要受到严格的条件限制,并且审批条件严格,程序复杂。此外,企业的经营效率以及财务制度也应该保持稳定,成熟的企业不会轻易地加以改变。在上述条件下,企业的可持续增长率等同于实际增长率。

可持续增长率就是企业销售所能增长的最大比率。限制销售增长的是企业的资产,限制资产增长的是资金的来源(包括负债和股东权益)。在不改变经营效率和财务政策的情况下(即企业平衡增长),限制资产增长的就是股东权益的增长率[104]。所以可持续增长率可以这样计算:

$$\text{可持续增长率} = \text{股东权益增长率}$$

$$= \frac{\text{股东权益本期增加}}{\text{期初股东权益}}$$

$$= \frac{\text{本期净利润} \times \text{本期收益留存率}}{\text{期初股东权益}}$$

$$= \frac{\text{本期净利润}}{\text{本期销售}} \times \frac{\text{本期销售}}{\text{期末总资产}} \times \frac{\text{期末总资产}}{\text{期初股东权益}}$$

$$\times \text{期初权益期末总资产乘数}$$

$$= \text{销售净利率} \times \text{总资产周转率} \times \text{收益留存率}$$

$$\times \text{期初权益期末总资产乘数}$$

可持续增长率是企业当前经营效率和财务政策决定的内在增长能力。实际上一个理智的企业在增长率问题上并没有很大的回旋余地,尤其是从长期来看更是如此。一些企业由于发展过快陷入危机甚至破产,另一些企业由于增长太慢遇到困难甚至被其他企业收购,这说明不当的

第5章 中国上市公司内部控制评价指标体系的建立及实证分析

增长足以毁掉一个企业[105]。所以我们通过可持续增长率来衡量企业战略目标的制定与实施情况，避免企业的战略目标制定得过于激进或者过于保守的极端情况出现，保证企业的稳步发展。

内部控制评价指标变量的无量纲化处理

对于所选取的内部控制评价指标，既有定量指标又有定性指标。所以在对上市公司进行综合评价前，对于评价指标的类型要进行一致化处理。指标处理中要保持同趋势化，以保证指标间的可比性。对于经营效率指标，越大越好；而对于资产安全指标，则肯定越小越好。而且像财务报告指标以及合规性指标，则都属于定性指标，所以这些指标都需要事先进行处理，使定性指标转变为定量指标，对于定量指标，由于其性质和量纲也有所不同，所以也需要排除这种单位不同以及数值数量级间的悬殊差别所带来的影响，因此，无量纲化处理是建立指标体系的先决条件。无量纲化，也称作数据的标准化、规格化，是一种通过数学变换来消除原始变量量纲影响的方法[106]。无量纲化的方法有直线型无量纲化方法、折线型无量纲化方法和曲线型无量纲化方法三种。直线型无量纲化方法的基本思想是假定实际指标和评价指标之间存在着线性关系，实际指标的变化将引起评价指标一个相应的比例变化。代表方法有：阈值法、标准化法（Z-score 法）、比重法等；折线型无量纲化方法常用的有凸折线型、凹折线型和三折线型三种类型。曲线型无量纲化方法适用于事物发展阶段性的临界点不很明显，而前中后各期发展情况截然不同，也就是说指标值变化对事物发展水平的影响是逐渐变化的，而非突变的情况。

本书拟采用直线型无量纲化方法中的标准化法（Z-score 法）。标准化法是将某个上市公司内部控制评价指标的数值与整体的平均水平进行对比,然后再除以标准差对数值进行无量纲化处理。采用标准化的方法能够直观地反映出上市公司的内部控制水平,使得内部控制指数具有横向可比性。标准化(Z-score)公式为[107]:

$$y_i = \frac{x_i - \bar{x}}{s}$$

上式中:

$$\bar{x} = \frac{1}{n}\sum_{i=1}^{n} x_i$$

$$s = \sqrt{\frac{1}{n-1}\sum_{i=1}^{n}(x_i - \bar{x})^2}$$

其中,y_i 表示上市公司内部控制评价指标 x_i 无量纲化后的数值;

x_i 表示上市公司某一个内部控制评价指标;

$\bar{x}$ 表示上市公司某一个内部控制评价指标的平均值;

s 表示上市公司内部控制评价指标 x_i 的标准差。

根据统计学的原理,要对多组不同量纲数据进行比较,就需要先将它们标准化转化成无量纲的标准化数据。通过这种数学变换可以进行多种不同量纲数据的比较,为模型的建立奠定基础。

内部控制评价指标权重的确定

根据上一部分的内容,企业实施内部控制的目标就是为了实现企业的可持续发展,达到企业价值的最大化。这一目标的实现可以从这样五个方面来检验,包括企业经营目标、资产安全目标、财务报告真实目标、合法合规目标以及企业战略目标。每一层级的目标又包括两个具体的评价指标,经营目标完成的好坏以总资产周转率和股东权益报酬率来衡量;资产安全包括资产减值损失率和资产意外损失率;财务报告真实目

第5章 中国上市公司内部控制评价指标体系的建立及实证分析

标包括会计师事务所出具的审计意见以及上市公司的财务重述事件;合法合规包括上市公司的违法违规事项以及被诉事项;战略目标则由企业价值和可持续增长率这两个指标来衡量。根据上述指标,建立的内部控制评价层次结构如图 5-1 所示:

```
目标层              企业生存、发展、获利 A

准则层    经营目标$B_1$  资产安全$B_2$  财务报告$B_3$  合法合规$B_4$  企业战略$B_5$

指标层    总资产周转率$C_{11}$  股东权益报酬率$C_{12}$  资产减值损失率$C_{21}$  资产意外损失率$C_{22}$  审计意见$C_{31}$  财务重述$C_{32}$  违法违规事项$C_{41}$  被诉事项$C_{42}$  企业价值$C_{51}$  可持续增长率$C_{52}$
```

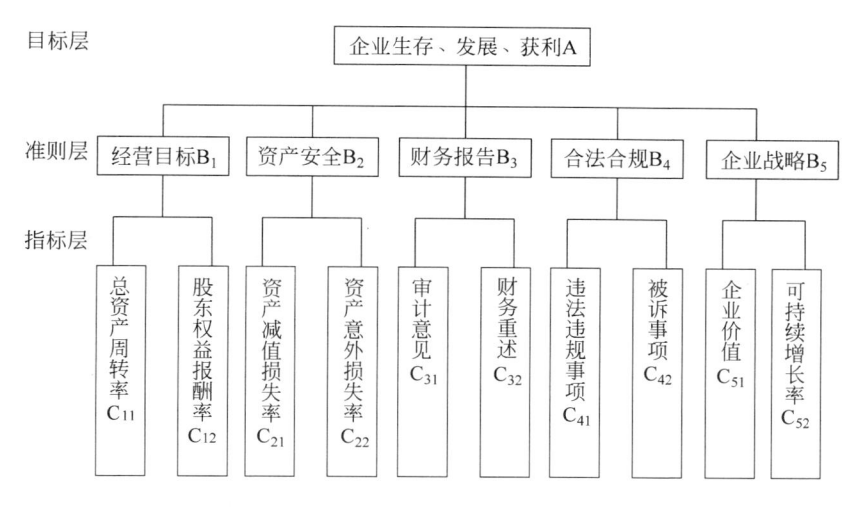

图 5-1 上市公司内部控制评价指标层次分析结构

根据层次分析法,凡是涉及较复杂的决策问题,一般来讲其判断矩阵都是经由多位专家填写咨询表之后形成的。专家咨询的本质,在于把专家渊博的知识和丰富的经验,借助于对众多相关因素的两两比较,转化成决策所需的有用信息。本书通过对多个企业的总会计师、总审计师以及一些中高层管理人员的调研,依据作者的判断对指标判断矩阵的标度值进行赋值[1],并借助于 MCE 软件来计算判断矩阵的最大特征值、特

---

[1] 在确定指标重要性时充分考虑了各因素之间的关系,虽然不可避免地带有一定的主观性,但是因为参考了大量企业相关人员的意见,所以也具有一定的应用价值。

征向量以及一致性指标,计算过程如下所示:

(1) 企业生存、发展、获利——目标层权重

表 5-1　判断矩阵 A-B

企业生存、发展、获利 A	经营目标 B_1	资产安全 B_2	财务报告 B_3	合法合规 B_4	企业战略 B_5
经营目标 B_1	1	1/6	1/3	1/5	1/7
资产安全 B_2	6	1	5	3	1/2
财务报告 B_3	3	1/5	1	1/2	1/6
合法合规 B_4	5	1/3	2	1	1/4
企业战略 B_5	7	2	6	4	1
单层权重	0.0386	0.3003	0.0770	0.1352	0.4489

一致性检验:$\lambda_{max}=5.1838$;$CI=0.0460$;$RI=1.12$;$CR=0.0410<0.1$

表 5-2　准则层最终权重

企业生存、发展、获利 A	最终权重	综合排序
经营目标 B_1	0.0386	5
资产安全 B_2	0.3003	2
财务报告 B_3	0.0770	4
合法合规 B_4	0.1352	3
企业战略 B_5	0.4489	1

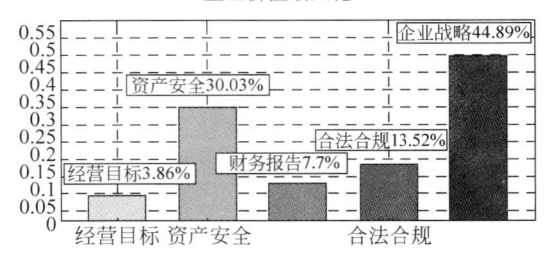

图 5-2　准则层权重

（2）经营目标各指标层权重

表 5-3　判断矩阵 B_1-C_1

经营目标 B_1	总资产周转率 C_{11}	股东权益报酬率 C_{12}
总资产周转率 C_{11}	1	1/5
股东权益报酬率 C_{12}	5	1
单层权重	0.1667	0.8333

一致性检验：$\lambda_{max} = 2.0000; CI = 0.0000; RI = 1E-6; CR = 0$

表 5-4　经营目标指标层最终权重

经营目标 B_1	最 终 权 重	综 合 排 序
总资产周转率 C_{11}	0.1667	2
股东权益报酬率 C_{12}	0.8333	1

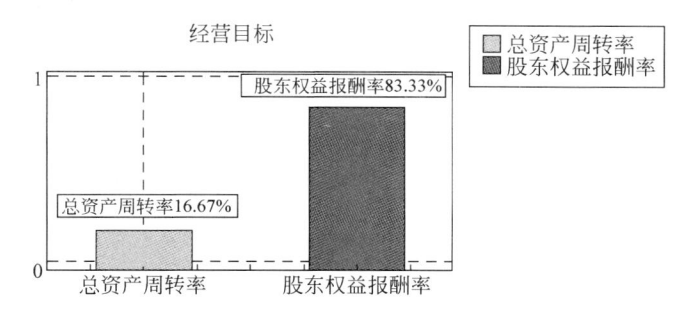

图 5-3　经营目标指标层权重

（3）资产安全各指标层权重

表 5-5　判断矩阵 B_2-C_2

资产安全 B_2	资产减值损失率 C_{21}	资产意外损失率 C_{22}
资产减值损失率 C_{21}	1	1/3
资产意外损失率 C_{22}	3	1
单层权重	0.2500	0.7500

一致性检验：$\lambda_{max} = 2; CI = 0; RI = 1E-6; CR = 0$

表 5-6 资产安全指标层最终权重

资产安全 B_2	最终权重	综合排序
资产减值损失率 C_{21}	0.2500	2
资产意外损失率 C_{22}	0.7500	1

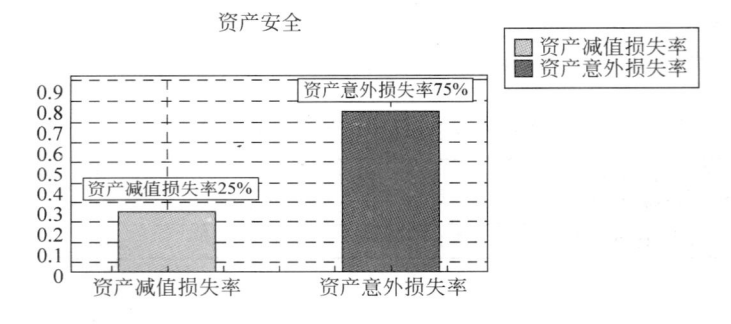

图 5-4 资产安全指标层权重图

（4）财务报告各指标层权重

表 5-7 判断矩阵 B_3-C_3

财务报告 B_3	审计意见 C_{31}	财务重述 C_{32}
审计意见 C_{31}	1	3
财务重述 C_{32}	1/3	1
单层权重	0.7500	0.2500

一致性检验：$\lambda_{max}=2;CI=0;RI=1E-6;CR=0$

表 5-8 财务报告指标层最终权重

财务报告 B_3	最终权重	综合排序
审计意见 C_{31}	0.7500	1
财务重述 C_{32}	0.2500	2

第5章 中国上市公司内部控制评价指标体系的建立及实证分析

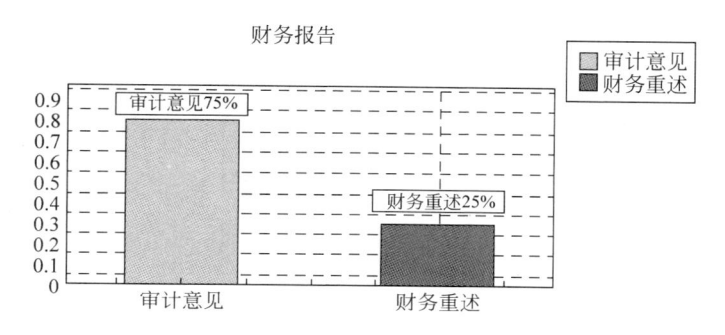

图 5-5 财务报告指标层权重图

（5）合法合规各指标层权重

表 5-9 判断矩阵 B_4-C_4

合法合规 B_4	违法违规事项 C_{41}	被诉事项 C_{42}
违法违规事项 C_{41}	1	3
被诉事项 C_{42}	1/3	1
单层权重	0.7500	0.2500

一致性检验：$\lambda_{max}=2; CI=0; RI=1E-6; CR=0$

表 5-10 财务报告指标层最终权重

合法合规 B_4	最 终 权 重	综 合 排 序
违法违规事项 C_{41}	0.7500	1
被诉事项 C_{42}	0.2500	2

（6）企业战略各指标层权重

表 5-11 判断矩阵 B_5-C_5

企业战略 B_5	企业价值 C_{51}	可持续增长率 C_{52}
企业价值 C_{51}	1	4
可持续增长率 C_{52}	1/4	1
单层权重	0.8000	0.2000

一致性检验：$\lambda_{max}=2; CI=0; RI=1E-6; CR=0$

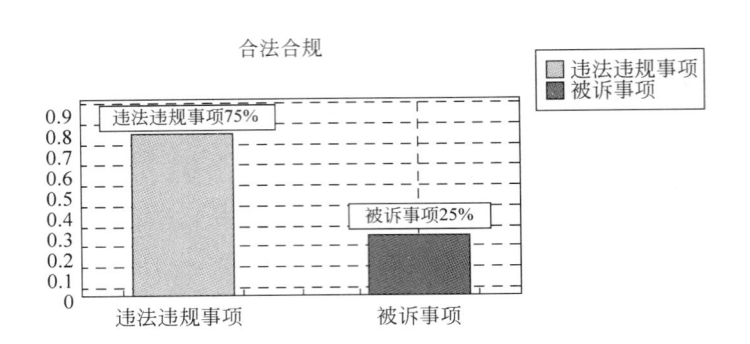

图 5-6 合法合规指标层权重图

表 5-12 企业战略指标层最终权重

企业战略 B_5	最终权重	综合排序
企业价值 C_{51}	0.8000	1
可持续增长率 C_{52}	0.2000	2

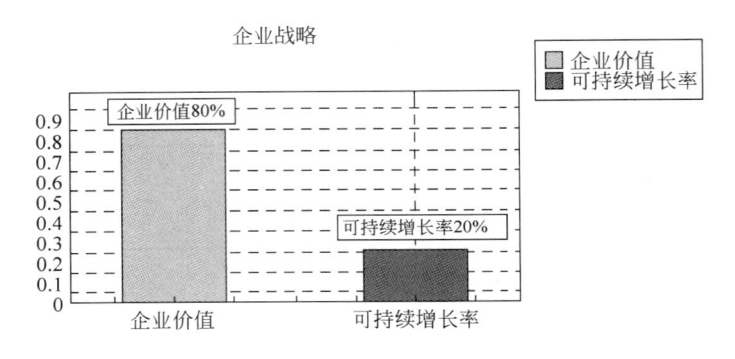

图 5-7 企业战略指标层权重图

由判断矩阵可求得层次单排序为：

$$(a_1, a_2, a_3, a_4, a_5) = (0.0386, 0.3003, 0.0770, 0.1352, 0.4489)$$

$$b_1 = (0.1667, 0.8333)$$

第5章 中国上市公司内部控制评价指标体系的建立及实证分析

$$b_2 = (0.2500, 0.7500)$$
$$b_3 = (0.7500, 0.2500)$$
$$b_4 = (0.7500, 0.2500)$$
$$b_5 = (0.8000, 0.2000)$$

同理,可求得层次总排序为:

$$W_1 = (0.0064, 0.0322)$$
$$W_2 = (0.0751, 0.2252)$$
$$W_3 = (0.0578, 0.0193)$$
$$W_4 = (0.1014, 0.0338)$$
$$W_5 = (0.3591, 0.0898)$$

内部控制评价指标模型

通过上面的分析计算过程,依据上述步骤中选取的内部控制指数变量、内部控制指数变量无量纲化后的数值以及利用层次分析法得出的权重,建立起适用于我国上市公司的内部控制综合评价模型体系,并将根据本模型来计算上市公司的内部控制评价指数,具体的综合评价模型如下所示:

$$ICI = \sum W_i \times Y_i$$

其中:ICI 为上市公司的内部控制综合评价指数

W_i 为第 i 个指标的权重;

Y_i 为无量纲化的评价指标。

将具体数值代入以后,可以得到最终的综合评价指标模型为:

$ICI = 0.0064 \times TATR + 0.0322 \times ROE + 0.0751 \times AILR + 0.2252 \times ULRA + 0.0578 \times AO + 0.0193 \times FR + 0.1014 \times LM + 0.0338 \times PM +$

$0.3591 \times EV + 0.0898 \times SGR$

其中：$TATR$ 为总资产周转率；

ROE 为股东权益报酬率；

$AILR$ 为资产减值损失率；

$ULRA$ 为资产意外损失率；

AO 为审计意见；

FR 为财务重述；

LM 为违法违规事项；

PM 为被诉事项；

EV 为企业价值；

SGR 为可持续增长率。

通过此综合评价模型，按 ICI 的大小将企业排序，ICI 值越大，企业的内部控制情况越好。

这里给出的内部控制综合评价模型既可以用于横向比较，即对不同企业的内部控制情况进行排序，也可用于纵向比较，即对某一企业若干年的内部控制情况进行排序。

我国上市公司内部控制评价的实证分析

为应对国际金融危机影响，我国对企业内部控制规范体系建设提出了新要求。2011年年初，在境内外同时上市的企业要率先执行新的内部控制标准，一年后在上海证券交易所以及深圳证券交易所主板上市的企业也要执行新标准，条件成熟后，新标准执行范围扩大至创业板以及中小板上市企业。主管部门鼓励非上市企业参照执行新的内部控制标

第5章 中国上市公司内部控制评价指标体系的建立及实证分析

准,大中型非上市企业可提前实施。主管部门要求,执行内部控制新标准的企业要按照要求对其内部控制有效性进行自我评价,评估结果要进行公开信息披露。企业聘请的会计师事务所也应当对企业内部控制情况进行审计,重点是评价内部控制的有效性,审计结束后要出具相应的审计意见和审计报告。政府主管部门也要开展监督检查工作,按照新标准对企业内部控制情况做出评价。内部控制新标准的出台,将推动我国上市企业以及非上市企业加强内部控制建设,提高经营管理水平。

那么,截至现在将近两年的时间了,内部控制规范体系的实施情况如何呢?为了进一步验证内部控制评价指标模型的有效性,同时也是为了研究我国上市公司内部控制的实施情况,在本章对截止到2012年4月30日前在沪、深证券交易所A股上市公司中已披露2011年年报的2341家公司的内部控制水平进行评价。

为了能够全面地评价上市公司的内部控制水平,并保证收集数据的完整性,本书主要通过手工收集的方式,收集截止到2012年4月30日的上市公司的公开资料,包括上市公司年度财务报表、财务报表附注、内部控制评价报告、内部控制审计(鉴证)报告、社会责任报告等定期公告、临时公告以及上市公司涉及的处罚和重大事件等。上市公司的基本资料主要来源于CSMAR数据库。本书采用Excel软件来进行数据分析与整理,计算2011年上市公司的内部控制评价指数。

上市公司内部控制总体状况评价

如表5-13所示,本研究所计算出来的内部控制评价指数得分,均值为0.81,最大值为1016.59,最小值为-1164.33,相差2180.92分。在指数计算过程中,有些公司的某些数据没有公布,则在取值中以零来代表无量纲化后的结果,即在总指数计算过程中,这一无数据指标被排除在计算数值之外,不再参与最终数据的计算,这样能够保证各个公司指标计算的横向可比性。

表 5-13 样本上市公司内部控制评价指数总体描述性统计

	公司数量	均值	中位数	最大值	最小值	极差	标准差
内部控制评价指数	2341	0.81	0.80	1016.59	-1164.33	2180.92	48.86

计算出来的上市公司的内部控制评价指数如图 5-8 所示,内部控制评价指数以 0 为中轴线,大部分上市公司的内控评价指数都位于 -100 到 100 的区域范围之内。

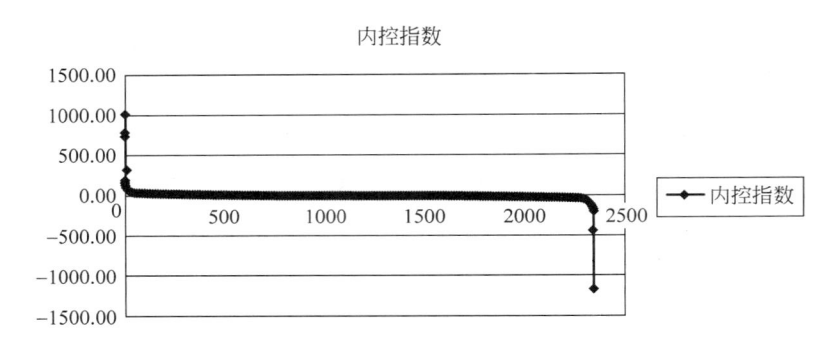

图 5-8 内部控制评价指数分布

根据上市公司内部控制评价指数的计算情况,内控评价指数位于 0 到 100 之间的有 1274 家上市公司,占样本总量的 54.42%;位于 100 到 200 之间的有 10 家,所占比重为 0.43%;位于 200 到 300 之间的有 1 家,所占比重为 0.04%;得分在 700—800 的有 3 家,占 0.13%;得分在 1000

第5章 中国上市公司内部控制评价指标体系的建立及实证分析

以上的有一家,比重为0.04%;分值在-100分到0之间的有1035家,占样本总量的44.21%;得分在-200到-100之间的有14家,占样本总量的0.61%;分值在-300到-200之间、-500到-400之间以及分值在-1000分以下的各有1家,各占0.04%。如图5-9所示:

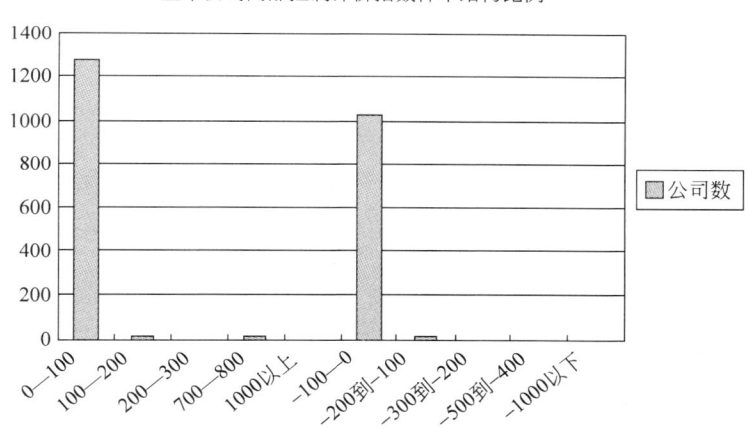

上市公司内部控制评价指数样本结构比例

图5-9 上市公司内部控制评价指数样本结构比例

针对2341家沪深上市样本公司,从总体分布图(见图5-10)可以看到,在以均值为0.81,标准差为48.86的正态分布中,出现了大约分别为以100和-100为峰值的左右两个偏度,很直观地反映了我国上市公司内部控制得分的两个大体集中区间。整体的评价指数分布呈现出正态分布的趋势,但是也说明我国的上市公司内部控制存在两极分化的现象,表明有一些内部控制比较薄弱的公司亟待加强内部控制建设,提高内部控制的水平。

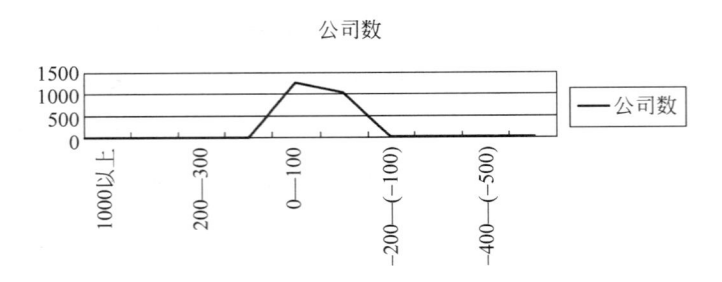

图 5-10　上市公司内部控制评价指数正态分布情况

行业归属与内部控制评价指数的相关性

不同行业由于其经营方式、生产的产品或者提供的服务等方面的差异性较大,所以不同行业的上市公司的内部控制水平存在的差异也比较大。在统计学中,30 个样本数量就属于大样本,就可以具有普遍的代表性,所以本书选取了 2341 家上市公司中内部控制评价指数列前三十位的公司,结果发现排名前三十的上市公司中大部分都属于金融行业,占到了 16 家,如表 5-14 所示:

表 5-14　上市公司内部控制评价指数前 30 强

排名	股票代码	公司名称	内控评价指数	行业
1	601398	中国工商银行股份有限公司	1016.59	金融、保险业
2	601288	中国农业银行股份有限公司	767.89	金融、保险业
3	601988	中国银行股份有限公司	756.57	金融、保险业
4	601939	中国建设银行股份有限公司	744.45	金融、保险业
5	601328	交通银行股份有限公司	298.87	金融、保险业
6	600036	招商银行股份有限公司	194.08	金融、保险业
7	601998	中信银行股份有限公司	186.72	金融、保险业
8	600000	上海浦东发展银行股份有限公司	183.06	金融、保险业

第5章 中国上市公司内部控制评价指标体系的建立及实证分析

续表

排名	股票代码	公司名称	内控评价指数	行业
9	601166	兴业银行股份有限公司	169.55	金融、保险业
10	600016	中国民生银行股份有限公司	155.41	金融、保险业
11	601318	中国平安保险(集团)股份有限公司	152.80	金融、保险业
12	601857	中国石油天然气股份有限公司	144.42	采掘业
13	000805	江苏炎黄在线物流股份有限公司	127.45	交通运输、仓储业
14	601818	中国光大银行股份有限公司	120.65	金融、保险业
15	601628	中国人寿保险股份有限公司	114.63	金融、保险业
16	000001	深圳发展银行股份有限公司	98.17	金融、保险业
17	600015	华夏银行股份有限公司	91.84	金融、保险业
18	000603	盛达矿业股份有限公司	83.37	采掘业
19	600111	内蒙古包钢稀土(集团)高科技股份有限公司	71.19	采掘业
20	300183	青岛东软载波科技股份有限公司	70.13	信息技术业
21	601169	北京银行股份有限公司	69.94	金融、保险业
22	600636	上海三爱富新材料股份有限公司	60.43	石油化学塑料塑胶
23	002601	河南佰利联化学股份有限公司	57.69	石油化学塑料塑胶
24	002651	成都利君实业股份有限公司	56.66	机械设备仪表
25	000411	浙江英特集团股份有限公司	55.53	批发和零售贸易
26	000555	深圳市太光电信股份有限公司	54.68	信息技术业
27	600031	三一重工股份有限公司	54.44	机械设备仪表
28	002006	浙江精功科技股份有限公司	54.33	机械设备仪表
29	601336	新华人寿保险股份有限公司	52.16	金融、保险业
30	600340	华夏幸福基业投资开发股份有限公司	50.74	房地产业

金融企业内部控制评价指数普遍较高,出现这种结果并非偶然。金融行业从事经营货币与信用,其所承担的风险要远远高于其他行业,如果没有严密的内部控制制度就会发生严重损失,酿成金融风险。我国金融业股份制改革以来,公司治理、内部管理与内部控制明显加强,风险管控措施不断强化,不良资产大幅度下降,各类案件数量大幅减少,这些经营成果都得益于金融业良好的内部控制制度。行业主管部门也发挥了重要作用。近年来,金融业主管部门颁布了大量部门监管规章,对金融业内部管理与内部控制提出了严格的监管要求,抑制金融业的冒险和投资行为,从外部推动金融企业不断加强管理,促进金融业健康和稳健发展。

市场价值与内部控制评价指数的相关性

根据 CSMAR 数据库得到的上市公司市场价值的数据资料,列示了排名前 30 位的上市公司,通过计算这 30 家上市公司的内部控制评价指数,可以发现,企业市值位列前 30 的上市公司其内部控制评价指数排名基本也在前 30 位之内,一共有 18 家。如表 5-15 所示。

表 5-15 上市公司市值 30 强

股票代码	公司名称	市场价值	内部控制评价指数	内部控制评价指数排名
601398	中国工商银行股份有限公司	15545913111310.00	1016.59	1
601288	中国农业银行股份有限公司	11712577870030.00	767.89	2
601988	中国银行股份有限公司	11585242137700.00	756.57	3
601939	中国建设银行股份有限公司	11425250205530.00	744.45	4
601328	交通银行股份有限公司	4470618558990.00	298.87	5
600036	招商银行股份有限公司	2828361973600.00	194.08	6

第5章 中国上市公司内部控制评价指标体系的建立及实证分析

续表

股票代码	公司名称	市场价值	内部控制评价指数	内部控制评价指数排名
601998	中信银行股份有限公司	2710895211990.00	186.72	7
600000	上海浦东发展银行股份有限公司	2680143448310.00	183.06	8
601166	兴业银行股份有限公司	2416614867400.00	169.55	9
601318	中国平安保险(集团)股份有限公司	2259397947860.00	152.8	11
601857	中国石油天然气股份有限公司	2243686037950.00	144.42	12
600016	中国民生银行股份有限公司	2214245978060.00	155.41	10
601628	中国人寿保险股份有限公司	1747936069200.00	114.63	15
601818	中国光大银行股份有限公司	1744857228200.00	120.65	14
000001	深圳发展银行股份有限公司	1255182171990.00	98.17	16
600015	华夏银行股份有限公司	1250142631225.74	91.84	17
600028	中国石油化工股份有限公司	1008308425960.00	40.94	42
601169	北京银行股份有限公司	962119472260.00	69.94	21
601601	中国太平洋保险(集团)股份有限公司	608802507000.00	38.7	45
601088	中国神华能源股份有限公司	511242991400.00	38.94	43
601336	新华人寿保险股份有限公司	429421509800.00	52.16	29
601668	中国建筑股份有限公司	425006725000.00	35.4	53
601390	中国中铁股份有限公司	391825291200.00	27.25	84
600050	中国联合网络通信股份有限公司	347551496462.00	17.06	204
601186	中国铁建股份有限公司	343142411450.00	26.94	86
600104	上海汽车集团股份有限公司	308620876751.92	35.88	52
601618	中国冶金科工股份有限公司	295626154000.00	1.13	1133
601009	南京银行股份有限公司	286240092040.00	23.3	117
000002	万科企业股份有限公司	272109879516.52	26.93	87
002142	宁波银行股份有限公司	266649284050.00	24.11	108

利用 EXCEL 软件,可以绘制出企业市场价值与内部控制评价指数之间的拟合图(图 5-11)以及计算出二者的相关系数为 0.999385,表明企业市场价值和内部控制评价指数之间的相关关系显著,即良好的内部控制有利于提升企业的市场价值。

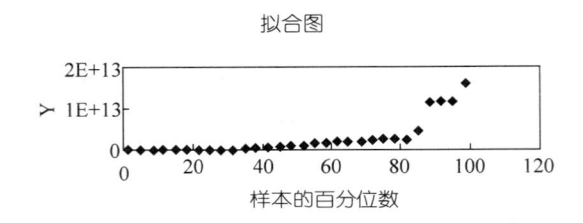

图 5-11 企业价值与内控评价指数拟合情况

财务管理目标与内部控制评价指数的相关性

股东投资于企业,是希望通过企业的良性发展获取合理的回报。在股份公司中,股东财富由其所拥有的股票数量和股票市场价格两方面来决定。通常用来衡量股东财富的指标就是净资产收益率。净资产收益率是一个综合性极强、最有代表性的财务比率,该指标能够直接反映股东投入净资产的回报水平和获利能力。按照杜邦分析体系,这个指标可以分解成销售净利率、总资产周转率和权益乘数三个因式的乘积。进一步分析发现,企业收益水平与企业的融资结构、商品销售数量、资产管理以及成本控制等因素直接相关,这些因素相互联系、相互影响,共同决定企业的收益水平。因此,在股东投入净资产保持不变的条件下,净资产收益率就由上述因素所决定。本书选取了剔除 ST 公司以后的净资产收益率排名前 30 位的上市公司,并且计算出了这 30 家公司的内部控制评价指数,如表 5-16 所示:

第5章 中国上市公司内部控制评价指标体系的建立及实证分析

表 5-16 上市公司净资产收益率前 30 强

股票代码	公司名称	净资产收益率	内部控制评价指数
600111	内蒙古包钢稀土(集团)高科技股份有限公司	86.42%	71
600734	福建实达集团股份有限公司	69.38%	-6
600340	华夏幸福基业投资开发股份有限公司	66.15%	51
600636	上海三爱富新材料股份有限公司	63.16%	60
000411	浙江英特集团股份有限公司	60.01%	56
601515	汕头东风印刷股份有限公司	57.41%	33
600031	三一重工股份有限公司	55.78%	54
300288	贵阳朗玛信息技术股份有限公司	53.37%	46
002653	西藏海思科药业集团股份有限公司	51.16%	46
300291	北京华录百纳影视股份有限公司	49.23%	38
002006	浙江精功科技股份有限公司	48.69%	54
002304	江苏洋河酒厂股份有限公司	47.84%	9
600816	安信信托投资股份有限公司	45.96%	33
000568	泸州老窖股份有限公司	45.80%	21
000049	深圳市德赛电池科技股份有限公司	45.61%	-45
600259	广晟有色金属股份有限公司	45.02%	29
000703	恒逸石化股份有限公司	44.16%	36
600784	鲁银投资集团股份有限公司	43.80%	30
600160	浙江巨化股份有限公司	43.11%	29
000869	烟台张裕葡萄酿酒股份有限公司	43.08%	8
600318	安徽巢东水泥股份有限公司	43.01%	34
000970	北京中科三环高技术股份有限公司	42.69%	32
300285	山东国瓷功能材料股份有限公司	41.63%	33
300283	温州宏丰电工合金股份有限公司	40.66%	30
600066	郑州宇通客车股份有限公司	40.53%	23
600519	贵州茅台酒股份有限公司	40.39%	36
600970	中国中材国际工程股份有限公司	39.87%	16
600547	山东黄金矿业股份有限公司	39.81%	28
300289	北京利德曼生化股份有限公司	37.77%	21
002128	内蒙古霍林河露天煤业股份有限公司	37.60%	15

利用 Excel 软件,可以绘制出企业净资产收益率与内部控制评价指数之间的拟合图(图 5-12)以及计算出二者的相关系数为 0.41889,表明净资产收益率和内部控制评价指数之间存在正相关关系,即良好的内部控制有利于增加股东财富,实现财务管理的目标,吸引外部的潜在投资者。

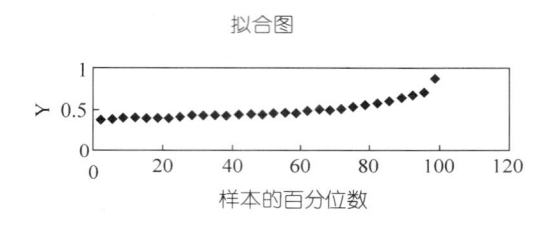

图 5-12 企业净资产收益率与内控评价指数拟合情况

通过对我国上市公司分类选取样本的内部控制评价指数的分析,可以发现我国上市公司内部控制总体水平分布不均、参差不齐,两极分化情况较为严重。从行业分析的角度来讲,每一行业都有一些本行业在内部控制方面做得比较好的标杆企业,行业监管措施越完善,行业的内部控制评价指数均值也就越高,说明行业监管对于内部控制的建设有积极的促进作用。内部控制无论是对于企业自身的发展还是对于外部的利益相关者而言,无疑是有益无害的,内部控制评价指数与上市公司的市场价值相关性几乎接近于 1,说明内部控制实施的效果对于提升企业的市场价值具有举足轻重的地位。对于外部利益相关者,尤其是企业潜在的投资者,内部控制效果与公司股东财富最大化目标的实现也具有正向相关的关系,可以肯定,内部控制做得越好,企业经营相对也就越安全,股东承担的风险也就越低,从公司获利的可能性也就越大。所以内部控制实施效果的好坏对于上市公司的可持续发展具有深远的影响。

第6章　内部控制评价制度的国际经验借鉴

国际上对内部控制进行评价,最早始于审计领域。早在 20 世纪 30 年代,美国在其证券监管法律当中就出现了"会计控制"的概念,要求通过内部控制对会计制度、会计核算以及会计簿记等进行监督和控制。1936 年,美国颁布的《独立注册会计师对财务报告的审查》文件再次明确要求,审计师要将内部控制制度建设以及内部控制制度执行情况纳入审计范围。1939 年年底,美国注册会计师协会颁布的《审计程序文告(一号)》中最早明确,审计师应当对企业的内部控制情况进行审计,所出具的审计报告当中应当包括对内部控制的评价。此后,美国管理当局在相关管理制度中多次重申了这项规定,内部控制已经成为审计工作的基础性内容。美国颁布的这几份文件是审计制度的重要转折,标志着传统上以账表为审计重点开始转向以内部控制为重点,对账表的审计也不仅局限于数据真实和账表平衡,而是将审计的范围和视角切换至内部管理与内部控制,形成了以内部控制为导向的新型审计理念[109]。近些年来,审计功能出现了以风险为导向的发展趋势,但对风险的管理与控制仍然要以内部控制为基础,对风险的审计实质上是对内部控制的审计,对企业风险管理与风险控制水平的检验实质上也是对企业内部控制水平的检验。至 20 世纪 90 年代,内部控制理论又有了创新和发展,美国发布的 COSO 报告中首次提出了构建内部控制的基本框架体系,包括内部控制要实现的三个基本目标以及内部控制组成的五个基本要素,这份报告标志着内部控制已经不局限于审计范围,成为管理学科的一个重要组成部分,为企业形成良好内部治理提供了基本标准和参照系,有力地推动了企业管理水平的提高[110]。

内部控制理论以及内部控制评价体系的发展,是对各国企业内部管理最佳实践的概括和总结,抽象的理论和原则反过来又对企业内部管理提供参照和指导。世界各国内部控制及内部控制评价体系的发展,既遵循了内部控制的基本理论和原则,又各具特色,体现了实践的创新。

美国内部控制评价制度

伴随着产业经济发展和企业管理制度的不断创新,美国建立了系统的相对成熟的内部控制体系,在内部控制法规、内部控制标准、内部控制评价体系建设等方面积累了丰富的经验,成为世界上内部控制管理最为严格的国家之一,其做法和经验为其他许多国家所借鉴。

美国内部控制评价的制度建设

美国公司企业的迅速发展对内部管理和内部控制提出了需求,实践的需要推动了理论的创新和发展,使美国的内部控制评价体系建设在世界范围内保持领先地位,发挥了标杆和引领作用。美国克恩委员会于 1978 年提出了一项动议,提议企业在进行信息披露的过程中,在披露财务数据的同时能够披露内部控制情况,对主管部门对其内部控制评估情况做出解释和说明。在所披露的内部控制信息当中,应当包括企业在内

第 6 章 内部控制评价制度的国际经验借鉴

部控制方面的制度建设情况、内部控制管理以及内部控制领域存在的重要缺陷,企业采取了哪些纠正和改进措施,而且要求独立的外部审计师对企业公布的内部控制评价报告进行确认[111]。70 年代末,美国证券交易委员会发布了一份报告,就企业的管理部门是否应当强制性地要求企业对其财务控制评价情况进行充分信息披露以及是否需要独立的外部审计师对企业出具的内部控制评价进行确认,向社会广泛征求意见,表明美国证券交易委员会要对企业内部控制建设及内部控制评价进一步提出强制性要求。80 年代中期,美国发生了多起大型公司企业破产倒闭的事件,在大量的破产倒闭案例中,无论是企业内部审计还是外部审计都没有指出企业内部控制方面存在的致命缺陷。为此,国会举行了专门的听证会,重点讨论和研究如何通过司法措施对企业如实披露财务报告和内部控制缺陷提出强制性要求,如何确保企业内部控制得到如实评价,所采取的内部控制措施能够有效地发挥作用。两年后,全美反舞弊财务报告委员会(瑞德维委员会)也提出了同样的建议,引起了社会的广泛关注。美国注册会计师协会于 1988 年首次提出了"内部控制体系"与"内部控制结构"的概念①,指出企业内部控制不是单一的和抽象的概念,而是为促进企业实现其工作目标所制定的一系列工作程序以及政策和制度规范,良好的内部控制应当能够引导企业按照预设的制度和程序有序地运行。这个概念的意义在于,率先在内部控制制度当中嵌入了"控制环境"要素,进一步拓宽了内部控制制度和内部控制评价的视角和分析维度,同时为评估企业风险提供了分析要素和分析线索。同年,美国证券交易委员会再一次向社会公众广泛征求意见,在征求意见稿中

---

① 参见美国审计准则第 55 号"关于财务审计当中的内部控制问题"。

提出企业管理层提交的内部控制报告应该包含审计委员会的活动、资产的安全防护、交易的授权记录、内控成本与效益均衡和人力资源政策等内容,这是对瑞德维委员会所提出的内部控制建设工作建议做出的回应。征求意见稿还指出[112],独立的外部审计师有义务对企业的内部控制情况进行审计并提出相应的审计意见。次年,美国审计署提出的一项议案指出,如果存贷款机构要接受紧急援助,必须提交外部审计师以及企业管理当局对其内部控制情况做出的评价报告。由于多种因素干扰,这份议案最终没有通过。

然而,要求企业披露内部控制报告并要求外部审计师对企业内部控制进行审计和评价并非一帆风顺。美国证券交易委员会先后两次做出努力,力图强制性推动企业公开披露内部控制评价报告。美国注册会计师协会(AICPA)、公众监督委员会(POB)和美国政府审计署(GAO)都赞成强制要求公司提供内部控制评价报告并且要求外部独立审计人员进行审计[113]。赞同的观点认为,随着经营环境的日益复杂,企业面临多重风险,不仅风险表现形式复杂,而且多种风险相互交织、相互影响,增加了企业经营的不确定性。在这种形势下,企业只有通过建立健全内部管理和内部控制制度,并通过加强内部控制信息披露以及对内部控制的审计,强化企业董事会及管理层的责任意识和风险意识,增强管理压力,提高对风险的管控能力。美国管理会计师协会以及财务经理协会等组织对外部审计师(注册会计师)审计企业的内部控制持反对态度,认为这种做法无助于提高企业财务报告的质量,反而会增加企业的成本。1982年,华莱士(Wallace)曾经做过一项调查[114],调查结果表明,反对外部审计师(外部会计师)对企业的内部控制进行验证。反对者认为这种做法存在很多弊端:一是增加外部审计师(外部会计师)的工作量并增加企

第 6 章　内部控制评价制度的国际经验借鉴

业成本。审计必须遵循严格的标准和工作程序,并且不同类型企业之间存在较大差异,要制定统一规范的内部控制审计标准和程序并非易事,不仅工作量大,也必然充满争议。审计成本最终由企业负担,增加审计工作量也会导致企业的费用和成本上升。二是加重企业的管理负担。内部控制制度的健全和完善程度要与企业的性质、规模和管理水平相适应,并非越细致越好。外部审计师(外部会计师)为撇清审计责任,倾向于向企业提出更高的内部控制要求,也许这些要求和标准并不符合企业的经营实际,但增加了企业的管理成本。三是会产生信息误导。企业的经营形势以及风险形势不断发生变化,相对稳定的内部控制制度和内部控制程序并非能够及时跟进企业的变化,随时做出调整。横截面式的审计只能表明企业在某一时点的内部控制状况,但企业内部控制审计报告的使用者可能会误认为审计结论是长期有效的,会做出错误的判断。由于存在较大争议,美国证券交易委员会对上市企业公开内部控制评价报告没有提出强制性要求,而是本着自愿原则,从原则导向上鼓励企业更多地披露内部控制评价信息。

但从管理学角度来看,内部控制理论获得了较大发展,并得到了广泛应用。1992 年,美国瑞德维委员会下属的发起组织委员会公布了《内部控制整合框架》(*Internal Control-Integrated Framework*),该文件以 COSO 框架为基础,对内部控制五要素(控制环境、风险评估、控制活动、信息与沟通以及监控)和三个内部控制目标(财务报告目标、经营目标以及合规性目标)进行了详细阐述[115]。内部控制的五个要素相互关联、相互影响、相互交织,并以每个要素为分析维度,分析每个要素实现三个目标的基本方式和途径,从而系统性地提出了内部控制分析与评价的基本框架。

内部控制要素和目标的关系可以用图 6-1 来表示。

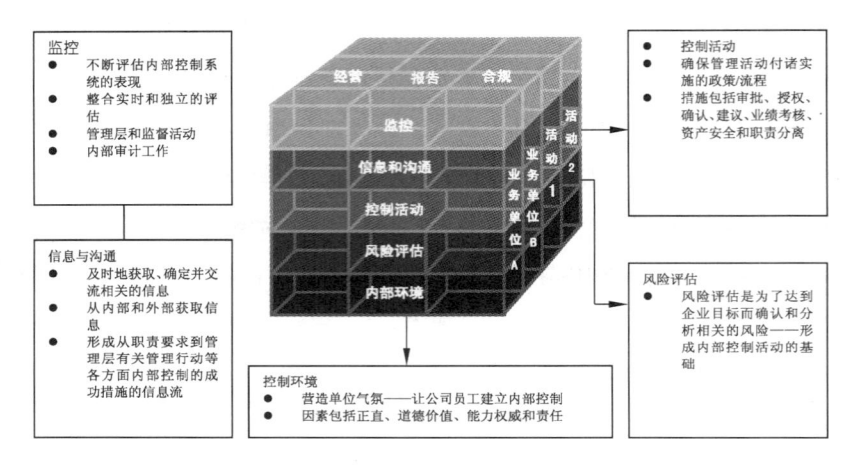

图 6-1 COSO《内部控制整合框架》

在 COSO 框架的影响下,美国内部控制评审准则对内部控制的定义做出了改动,该报告把内部控制定义为一个过程,它与企业的营运活动交织,作为一个整合的系统能够对环境的变化做出反应,它会受到很多方面的影响,像企业的董事会、管理层等都可以施加这种影响,所以需要被监督,是由于企业的基本业务需求才存在的,属于企业本体的一个组成部分。克恩报告、瑞德维报告以及 COSO 报告均提出,检验内部控制的唯一标准就是其是否能够有效地规范业务流程和控制风险,这一点在内部控制评价报告当中应当得到充分反映。这一观点在法律层面也有所体现。上个世纪初期,美国发生了一系列会计舞弊案件,安然事件、世通公司事件及以默克事件在国际社会引起了强烈震动,严重动摇了社会公众对公司财务数据的信任,诱发了诚信危机,也引起了人们对会计数据真实性、财务审计以及信息披露等问题的关注[116]。在此背景下,美国

第6章 内部控制评价制度的国际经验借鉴

于2002年颁布了萨班斯法案,这部法案在企业财务会计以及内部控制领域具有里程碑意义。萨班斯法案针对历史上发生的财务会计丑闻,提出了新的财务会计管理规则,力图通过严格的内部控制标准和控制要求,提高上市公司财务会计数据的可靠性。萨班斯法案将企业过去可以根据其意愿自主选择的做法固化在法律条款当中,成为必须执行的法律标准和强制性要求,在第302节以及第404节中对财务会计的内部控制及其评价提出了详细的执行标准和要求,压缩了企业可以自由裁量的空间。可以想象,萨班斯法案的出台,将带来企业财务会计管理以及内部控制和内部控制评价的根本性改革,极大地提升社会公众对企业财务会计报告和内部管理的信心[117]。作为对萨班斯法案的回应,2002年10月份,美国证券交易委员会制定并颁布了一项新的提案(33-8131号提案),并于次年形成了《关于企业财务报告、内部控制报告以及交易法案定期报告中信息披露的管理规则》,这个规则被称为"2003最终规则",这个规则进一步确认了COSO关于企业内部控制和内部评价的基本框架,并指出企业对企业财务会计内部控制的评价必须遵循这些公认的准则和要求。萨班斯法案之所以备受推崇,被称为具有里程碑意义的法案,是因为这部法案构筑了现代企业财务会计内部控制的基本标准,是企业内部控制建设和内部控制评价的准绳,并形成了内部控制报告和评价的基本体系,对于提高企业内部控制和内部控制评价水平、促进企业加强信息披露和提高透明度,强化企业经营稳健性具有重要意义。

根据萨班斯法案《企业关于财务报告的责任与义务》(第302条)、《企业高管层对内部控制评价基本要求》(第404条)的规定,美国证券交易委员会《关于企业编制财务会计报告内部控制相关指引》(第33-8810号,于2006年6月通过),以及美国社会公众企业会计监督委员会发布的审计准则(第2号,2004年3月),关于上市企业内部控制以及内部控制评价的主要要求包括:上市企业管理层有责任和义务推动企业内部控制建设,对企业财务会计报告内部控制的有效性做出评价,向企业审计委员会报告内部控制评价情况,按照法律规定和内部管理规则做好内部控制评价信息披露工作,根据内部控制评价结果对存在的缺陷采取纠正和改进措施。外部审计师(注册会计师)要按照法律要求、行业标准与行业规范对企业的内部控制情况进行审计,对企业内部控制制度、标准、程序以及执行情况做出评价,形成审计结论[118]。

美国内部控制评价工作的具体实施

(1) 企业内部的自我评价

① 评价依据。企业内部的自我评价主要指的是企业的管理层对财务报告的内部控制评价。美国证券交易委员会要求,上市企业必须按照恰当、公认的内部控制评价标准对其内部控制制度、内部控制要求、内部控制程序以及执行情况做出客观评价,并认为COSO所提出的内部控制评价标准具备这种恰当性和公信力,所有上市企业都应当以COSO标准为基础,结合企业实际,细化内部控制标准,并以此为标杆开展对企业内部控制的评价。

② 评价标准。美国证券交易委员会认为,COSO框架提供了评价企业内部控制有效性的基本标准,这是一个重要的参照系[119]。但由于不同的企业在公司治理、企业性质、所属行业、资产规模、业务复杂程度等方面存在较大差异,很难提供一套广泛适用于所有企业的具体评价标准。不过,证券交易委员会认为内部控制缺陷的数量和严重程度可以作为检验内部控制有效性的重要标准,如果企业存在一个或若干重要内部控制缺陷,就应当确认企业的内部控制失效。证券交易委员会要求,无

第6章　内部控制评价制度的国际经验借鉴

论是通过企业内部评价还是外部审计,一旦识别出企业存在的重要内部控制缺陷,企业应当在内部控制评价报告中对这些缺陷进行充分披露。

③ 评价内容与方法。证券交易委员会认为,对企业内部控制的评价应遵循一些基本的原则和标准,但由于企业千差万别,不应当而且没有必要对内部控制评价的内容和方法做出统一规定,僵化的规定不仅无法适应存在较大差别并且不断发展变化的企业内部控制实际,而且可能导致评价人员专注于固定的评价内容和方法,从而忽略了内部控制评价的重要环节和精神实质,因此在证券交易委员会颁布的各项准则中都没有提供企业内部控制评价的具体内容与评价方法。但证券交易委员会提出了对企业内部控制进行评价的要点,包括:企业应当选择和应用公认的会计准则与会计制度,应当及时准确地对各项交易活动进行确认和簿记,要通过严密的内部控制措施预防和及时识别各种舞弊事件。另外,对于公司在实施评价过程形成有关财务报告内部控制有效性的评价结论时,要求保存证据,这些证据可以用来说明有效的内部控制是否可以用来防止或发现重要错报或遗漏。会计师事务所在对管理层做出的公司财务报告内部控制评价的结论进行审计时也会要求公司形成和保存这样一些证据,为对管理层进行评价提供充分的依据,同时检验管理层内部控制评价报告的合理性与充分性。

(2) 外部机构的内部控制评价

除企业自我评价外,外部审计师(注册会计师)同样履行企业内部控制评价职能。美国公众公司会计监督委员会提出要求(会计准则第2号),外部审计师(注册会计师)在对企业内部控制进行审计和评价时,评价内容应包括以下要点:企业管理层应当通过某种形式和渠道,清晰地表述其在企业内部控制制度建设以及财务会计报告管理方面所承担的责任与义务;企业是否按照公认的原则和标准建立了内部控制体系以及内部控制评价机制,内部控制管理、内部控制标准以及内部控制评价制度建设要符合企业实际需求;内部控制评价报告是否准确、充分地反映了内部控制实际状况,特别是重要的内部控制缺陷是否在评价报告当中进行充分反映;内部控制评价结论是否客观、合理;企业的内部控制能否起到规范经营行业和风险管控作用,要对内部控制的有效性做出判断。这份文件要求,如果企业存在重要内部控制缺陷,就不能够认定企业的内部控制有效。同时,在企业内部控制评价公开信息披露当中应当充分地反映重要的内部控制缺陷。

纵观美国内部控制制度的发展,从中可以看出,美国要求企业采用适当的标准,对内部控制设计和执行的有效性进行评价,注册会计师也应该对于企业内部控制的有效性形成自己的观点。管理当局要求,上市公司在内部控制制度建设方面,要统筹考虑法律法规、监管规章以及企业自身内部管理要求,注册会计师要与企业管理层分别对企业内部控制情况做出评价。评价的对象集中于财务报告内部控制,评价的方法侧重于风险导向,通过内部控制的评价达到有效降低财务报告风险的目的。法律管制、市场约束、内部实施和外部评价构成了内控体系建设有效运作的"四大法宝"。

英国内部控制评价制度

英国在传统上向来注重制度建设,在企业内部控制评价研究方面起步晚于美国,但发展迅速,形成了系统的内部控制评价体系,在许多方面进行了制度创新,成为内部控制评价最佳实践和国际惯例。

第6章 内部控制评价制度的国际经验借鉴

英国内部控制评价的制度建设

20世纪90年代,英国公司治理委员会发布了一系列有关公司治理和内部控制研究的报告,旨在改善本国企业内部控制状况。1991年5月英国卡德伯利委员会宣告成立(该委员会由英国财务报告委员会、伦敦证券交易所以及相关会计协会机构联合组建),该委员会的主要职责是通过深入研究企业财务会计报告以及受托责任,提出企业财务会计报告及其评价机制的一般原则。该委员会成立不久即发布了卡德伯利报告(Cadbury Report),该报告系统地提出了内部控制评价的主要要素和评价方法。为推动和督促企业董事会在企业内部控制建设方面发挥更大作用和履行应尽义务,伦敦股票交易所于1998年年初颁布了《联合标准》(The Combined Code),该文件重点强调了董事会在企业内部控制建设方面应当发挥的作用。同年,伦敦证券交易所联合英格兰以及威尔士特许会计协会,共同成立了特布尔委员会(Turnbull),该委员会通过对大量企业的调查研究和广泛征求意见,于1999年形成了《关于企业董事在内部控制方面的综合指引》(Internal Control: Guidance for Directors on the Combined Code,也称为"特布尔指引")。该指引阐述了内部控制系统与风险的关联,指出董事会建立公司内部控制系统的主要目标是风险管理。2005年,英国对特布尔指引又进行了局部修订。修订后的指引仍然保留和坚持了内部控制的一般原则,但对内部控制的主要内容进行了完善,要求企业董事会在审查内部控制报告以及对内部控制进行评价时,要重点考虑风险评估、控制环境、信息沟通、控制活动监控等问题[120]。

上述各项法律文件以及指引构成了英国关于企业内部控制及内部控制评价的基本框架,成为英国企业在内部控制方面共同遵守的法则。

英国内部控制评价工作的具体实施

英国的内部控制评价制度涵盖内容非常广泛,覆盖了内部控制的所有基本要素和控制环节。但在大部分规则中都重点强调了企业董事会以及外部审计师在内部控制机制建设方面的作用。

(1)董事会在内部控制评价方面的作用

卡德伯利报告提出,企业的董事会应当发表声明,确认他们对企业的内部管理与内部控制负有最终责任,并以董事会的名义公开披露内部控制评价报告以及董事会所采取的内部控制评价方法。《联合标准》也明确指出,企业董事会对内部控制建设及其有效性负有完全责任,董事会每年都应当对企业内部控制情况进行例行审查,判断内部控制是否充分和有效,并向股东报告内部控制评价情况。这份文件要求,董事会例行审查的范围应涵盖企业财务、运营、合规、风险等方面。《关于企业董事在内部控制方面的综合指引》要求企业董事会必须认真审查内部控制制度、内部控制流程以及执行情况,确保各项内部控制措施嵌入企业的风险管理流程,并固化在管理制度当中,成为企业日常管理的重要内容。内部控制措施应能切实发挥作用,对风险识别、风险测量、风险监测以及风险控制各个环节都能够积极和快速响应。要求企业对其内部控制以及风险管理定期进行后评价,对重要控制点以及风险管理关键环节进行筛查,确保控制措施发挥作用。同时,要对企业的内部控制评价报告至少每年进行一次评估,特别是要确认内部控制重要缺陷是否得到充分反映,是否制定了明确的改进方案。该报告还指出,董事会对企业内部控制评价当中要重点考虑以下问题:一是要充分考虑风险评估。在内部控制机制中,内部控制制度以及控制程序要能够帮助企业及时识别风险,评估存在的风险类型以及严重程度,测量风险敞口,为风险管控提供依据;二是充分考虑控制环境。控制环境是制约内部控制有效性的重要因素,要通过对控制环境的评估,对影响内部控制有效性的内外部影响因素做出判断;三是信息沟通。在内部控制机制建设中,要评估信息的充分性、全面性和准确性,建立通畅的信息沟通渠道,形成良性信息反馈机制;四是控制活动的监控。要建立相应的工作机制,由第三方独立对内部控制活动进行后评价和再监督[121]。

内部控制年度评价报告是对一年当中内部控制建设情况的系统回顾与总结,英国管理当局对董事会年度内部控制评价报告提出了特殊要求,要求重点考虑以下问题:一是自上一次年度内部控制评价报告发布以来,企业面临的主要风险类型以及风险严重程度发生了哪些变化,企业经营的内外部环境发生了哪些重要变化,现行的内部控制制度能否适应当前风险管理的需要;二是在上一年度以来,企业内部控制领域又暴露出哪些重要缺陷,这些缺陷导致的影响范围有多大,是否对企业的财务状况和风险状况造成负面影响和冲击;三是企业管理层以及内外部审计部门是否对内部控制进行了再评价和监督,采取了哪些纠正措施,所采取的纠正措施是否能够克服这些重要缺陷;四是针对内部控制领域出现的重要缺陷,董事会是否认真讨论和分析了产生缺陷的原因,并在企业运行机制和制度建设方面采取补救性措施;五是由各个层面完成的内部控制评价报告是否能够及时传递至企业董事会,董事会是否对各项评价结果进行综合分析和判断,有计划、系统地推进内部控制建设。

(2)外部审计师(注册会计师)在内部控制评价中的作用

作为独立第三方,外部审计师(注册会计师)在企业内部控制评价当中的作用受到重视。伦敦股票交易所制定的《上市规则》(*The Listing Rule*)明确提出,企业董事会有责任审查企业内部控制的有效性,外部审计师(注册会计师)同样对企业内部控制以及经董事会确认的内部控制评价报告负有责任,如果外部审计师(外部会计师)认为董事会所发布的内部控制报告没有充分反映实际情况,存在重大缺陷,可以通过补充报告的方式对董事会内部控制评价报告进行修正。英国审计事务委员会(APB)要求,外部审计师对企业内部控制的审查和评价,应充分反映企业内部控制的整个过程,董事会关于内部控制声明当中的重要事项都应当有相应的文字记载材料作为佐证,外部审计师在确认信息准确方面负有责任[122]。

但外部审计师(注册会计师)就董事会发布的内部控制评价报告发表意见的管理要求引起了广泛争议,企业董事会担心他们由于发表了这份声明就会因此承担相应的法律责任,而外部审计师同样担心会承担连带责任。

对比英美两国的内部控制评价模式,从中可以发现,英国的内部控制评价目标具有发散性、多重性、动态性,充分考虑了环境、风险与控制活动的关联,最终评价的重点是评判企业内部控制是否有效。而美国的内部控制评价目标相对单一,就是检验企业内部控制是否符合法规的尺度和管理要求,企业董事会、高管层以及外部审计师的内部控制评价工作以及所承担的责任都紧紧围绕这一目标。

其他国家及国际组织内部控制评价制度

英国与美国的内部管理与内部控制制度独树一帜,许多做法成为企业管理的最佳实践案例,为其他国家所效仿,许多管理规则经过修改完善成为全球内部控制管理的国际惯例和统一原则。近年来,其他许多国

第6章 内部控制评价制度的国际经验借鉴

家在企业内部控制评价方面也进行了深入实践和理论探索,取得了显著成效,其中加拿大与日本的内部控制评价制度建设独具特色。

加拿大内部控制评价制度

加拿大是全球较早制定内部控制标准的国家之一,其内部控制体系建设模式的特点是"强调自律,注重自评,标准明确,体系科学"。

1987年,加拿大海湾公司率先提出了内部控制自我评估(control self-assessment,CSA)制度,开启了加拿大企业开展内部控制自我评价的先河。1992年,加拿大特许会计师协会(CICA)发起成立了控制标准委员会(Criteria of Control Board,COSO),该委员会专门负责制定有关内部控制系统设计、评估和报告的指导性文件。1995年10月,加拿大控制标准委员会起草并发布了《内部控制指引》,系统地阐述了内部控制的基本要素、控制程序、评价标准,被视为国际上内部控制领域的纲领性文件之一,获得了广泛认可。在加拿大控制标准委员会的文件中,内部控制被定义为:"内部控制是企业资源、管理系统、工作流程、企业文化、组织架构以及工作目标的集合体,这些内容构成内部控制的基本要素,这些要素彼此独立,相互联系,共同作用,推动企业发展战略目标的实现。"在内部控制标准委员会看来,内部控制还是一个工作目标、责任承诺、履职能力、信息管理和过程监督的闭环运行过程,并以这一理论为基础,制定了良好内部控制标准的20个行为规范,使内部控制建设有了具体的工作抓手和运行框架[123]。

1999年3月,加拿大标准委员会颁布了《内部控制评价指引》(*Guidance on assessing Control*),这份指引提出了对内部控制进行评价应当遵循的八项基本准则:一是内部控制评价的重点是风险管理与信息沟通。标准委员会认为,有效管控风险是内部控制的核心要义,内部控制制度的设计要紧紧围绕这一目标进行。同时,建立良好的信息管理机制是内部控制建设的另一项重要目标,通过严密的内部控制机制,保障信息生成的可靠性和真实性,并使信息能够真实、顺畅地进行传递和反馈;二是要将企业作为一个整体进行评价。企业的内部管理与内部控制应从企业全局着手考虑,对企业内部控制的评价也应当以企业整体为视角,对企业内部控制进行分割的、不连续的评价无法反映企业的管理全貌;三是企业高管层对内部控制评价负重要责任。董事会对企业管理负有最终责任,但企业高管层是内部控制的具体执行者,具体承担内部控制建设任务。而且高管层对企业内部管理及内部控制情况更加熟悉,由其主导的内部控制评价更有条件做到真实客观;四是要遵循合理的评价程序。正确合理的评价程序能够保证内部控制信息有序传递和集中,各个控制环节能够有效发挥作用,摒除评价过程中可能掺杂的主观因素。而逆程序的内部控制评价使相应内部控制环节失去了制约,会导致信息失真,评价不准确。为规范内部控制评价程序,加拿大控制标准委员会提出了控制程序的10个基本环节,供企业参照执行;五是内部控制评价要符合管理当局的标准和要求。管理当局根据大量的企业经营成功和失败的案例,总结经验和教训,归纳提炼出了内部控制管理和内部控制评价的基本原则,这些原则具有广泛的适用性,符合企业内部控制管理与评价的一般原则,要求所有企业必须遵守;六是内部控制评价应当由具有丰富管理技能和优秀品质的人负责。对内部控制的评估既有定量因素,也有定性因素,有时需要对内部控制状况进行主观判断,只有具有丰富管理知识、熟悉企业生产经营流程的人员才能够做出符合实际的判断。同时,要求内部控制评价人员具有优秀的人格品质和道德水准,在评价过程中不掺杂个人偏见,做到客观公正;七是要及时向董事会报告

第6章 内部控制评价制度的国际经验借鉴

内部控制评价情况和评价结果。董事会是企业经营的最终决策者,要根据企业的内部控制状况和控制水平调整企业的发展战略和风险管理战略。同时,董事会具有较高的权威和推动力,能够针对主要内部控制缺陷提出整改要求和意见;八是要对内部控制纠正行动进行持续跟踪和后评价。要建立相应的制度和工作程序,对评价过程发现的内部控制问题落实整改部门和整改责任,进行持续跟踪和评价,直到问题得到彻底解决。

与其他许多国家不同,加拿大在内部控制评价方面独具一格的做法是,内部控制评价不仅着眼于企业的过去和现状,而是更看重企业的未来。在控制标准委员会提出的内部控制评价框架中,着眼于未来的内部控制评价主要侧重以下几方面:一是评价企业把握发展战略机遇和商机的能力。控制标准委员会认为,具有长远发展眼光的企业应当建立相应的工作机制,定期评估市场环境的变化,根据市场和客户变化前瞻性地调整业务拓展策略,确立自身的专业优势和产品优势,在不断变化的市场竞争中掌握发展先机;二是评价企业未来业绩及影响因素。企业应当积极研究未来的盈利模式(包括主营业务与非主营业务),分析影响盈利可能面临的各种风险因素以及现行风险管理体系的适应性,有针对性地加以改进,为未来业绩发展提供良好的风险管理支撑;三是评价企业对突发事件的应对和处理能力。在企业的发展过程中,面临许多不确定性因素,提前评估突发事件处理能力,制定各种突发事件处置预案,可以做到未雨绸缪,防患于未然。

内部控制标准委员会指出,对企业内部控制评价的标准以及各项指标不是抽象的,而是对具体问题的一般解释和概括,最终应当还原至具体问题当中。委员会鼓励企业把内部控制评价标准以及评价指标进行细化和分解,设计成一系列可能发生的问题,评估这些问题发生的概率,按问题的严重程度等级分别进行模拟情景分析,按图索骥,对照分析内部控制的充分性和有效性。对于内部控制的充分性和有效性,要从多维度进行分析和评判,例如企业的具体经营目标是否服务和服从于企业发展战略目标,企业的风险管理是否与企业的性质和发展模式相适应,企业的文化与经营理念能否发挥正确的导向作用,员工是否能够准确理解企业的经营管理理念并自觉地执行各项内部控制制度。

同美国相比较,加拿大的内部控制评价制度有其局限性:内部控制评价标准过于模式化,标准不够细化和具体;没有像美国一样以立法形式强制性地提出企业内部控制标准和要求,主要依靠企业的自律行为以及市场约束;在制度设计上外部审计师参与较少,对内部控制的评价缺乏客观性。但加拿大的内部控制评价更注重前瞻性地评估企业未来业绩和盈利模式,内部控制评价与企业的风险管理结合得更加紧密,这些做法对其他国家的企业内部控制建设和内部控制评价具有很大的参考意义。

日本内部控制评价制度

与欧美国家相比较,日本的内部控制评价制度建设起步较晚。日本在"二战"以后启动经济恢复计划,企业规模迅速发展壮大,内部管理与内部控制水平成为制约企业进一步发展的瓶颈。在政府强力推动下,日本企业的风险意识和管理意识日益得到强化,内部控制水平不断提升,特别是在21世纪初期,内部控制理论以及制度建设快速发展,为企业的发展提供了有力的管理支撑。

日本在2004年明确提出企业高管层在内部控制方面应当承担的责任,要求企业高管层对财务会计报告形成过程中相关的内部控制是否充

第6章 内部控制评价制度的国际经验借鉴

分予以确认。2006年,日本颁布了《金融商品交易法》(该法于2008年4月1日正式执行),首次将企业内部控制评价以及对审计的相关要求列入法律,业界认为这部法律的作用和意义堪比美国的萨班斯法案。这部法律充分借鉴了美国萨班斯法案的基本要求,适用于日本所有的上市公司,法律的宗旨和目标是通过良好的企业内部控制机制,确保财务会计报告完整和真实可靠,规范资本市场,加强对投资者利益的保护。该法律明确规定,高管层对企业的内部控制制度建设负有重要责任,同时,高管层还应当对内部控制的执行情况和控制效果进行评估,评估报告应当进行归档并记录在案。为保证高管层的评价报告真实可信,法律还要求注册会计师对财务会计报告以及相关的内部控制制度进行审计并提出明确的审计意见。2007年2月,日本企业会计审议会又颁布了《企业财务会计报告内部控制标准及审计原则》和《管理层对企业财务会计报告内部控制评价标准以及相关审计指引》两份文件。这两部法律是《金融商品交易法》的配套文件,连同《金融商品交易法》构成了日本关于企业内部控制评价的基本法律体系和框架[124]。其核心内容如下:

(1) 财务会计报告内部控制的评价

企业管理层在内部控制建设方面承担着重要的责任和义务。在财务报告编制过程中,管理层要确保财务报告信息采集、整理归集、科目核算、报告编制等环节要严格遵守内部控制的一般准则,同时要组织对内部控制进行评价,评价结果要公开披露。评价要从对财务报告可靠性产生影响的重要性观点出发,在此基础上确定评价的基本要素和评价范围。管理层在进行评价之前,应该预先决定财务报告内部控制的构建和运行政策及程序,并记录和保存其状况。在对内部控制有效性进行评价时,管理层要确保对合并财务报告产生重要影响的环节和要素得到充分识别,并对这些控制要素的作用进行评价,在综合考虑各种要素影响的基础上,对企业内部控制状况做出全面评价。在评价过程中,还应考虑评价对象和评价要素对财务报告金额和性质产生影响的重要性,合理确定评价范围。根据这一原则,如果子公司或关联公司对企业总体财务状况没有实质性影响,就没有必要将其作为评价的对象,以免增加管理成本。

内部控制制度是否合理,是否能够在企业管理和风险控制中真正发挥作用,要经过实践的检验。日本管理部门要求,企业管理层应当通过编制"内部控制报告"的方式对内部控制制度、内部控制流程以及内部控制措施进行检验和实施后评价,重点关注与财务会计报告相关的风险控制环节,识别重要内部控制缺陷,自上而下地采取纠正性措施。为了明确责任,高管层对内部控制的验证和评价要形成书面报告并加以妥善保管,一旦未来由于内部控制缺陷导致重大风险事件,要通过倒查机制明确管理层相应的管理责任。

(2) 财务报告内部控制的审计

内外部审计人员在对企业财务会计报表审计过程中,还应当对企业高管层的内部控制评价报告的客观性和完整性进行审计,如果高管层在评价报告当中确认内部控制有效,要仔细核实相应的事实和依据。在审计内容方面,要重点核查管理层编制的内部控制评价报告是否依据一般公认的内部控制评价准则,审计人员要经过亲自审计取证和独立分析判断,在对所有重要控制点进行验证以后,才能够得出内部控制有效的结论。为了判断管理层确定的内部控制评价范围的合理性,审计人员应该对管理层确定该范围的方法及依据进行审核。如果由于客观原因导致管理层对内部控制的某些领域或环节不能够按照制度规定的程序进行

第6章 内部控制评价制度的国际经验借鉴

评价,或者管理层以某种理由将重要的评价要素排除在外,审计人员应当做出独立的判断,分析高管层将某些评价要素排除在外的理由是否合理充分,同时要分析这些排除在外的要素对企业风险管理以及财务会计报告所产生的影响。审计人员应该对管理层进行的全面内部控制评价的适当性进行审核。进行该审核时,审计人员应该充分考虑董事会、监事会或审计委员会、内部审计等经营层面的内部控制构建和运行状况。审计人员对管理层进行的与业务流程相关的内部控制评价的合理性进行审核时,应该充分考虑管理层所进行的全面内部控制的评价状况,在充分了解业务流程的基础上,对管理层是否合理选择确定控制要点进行评价。对于管理层进行评价的各个控制要点,为了判断内部控制的基本要素是否合理发挥功能,审计人员应该取得与客观性、全面性、权利与义务的归属、评价的公允性、期间分配的合理性以及列示的公允性等审计要点相适应的审计证据。在对业务流程中内部控制的基本要素是否发挥功能进行判断时,对内部控制的构建和运行状况(包含信息技术的应对),也应该进行充分的审核。在实施内部控制审计中发现不妥当或违反法律的重大事实的情况下,审计人员在向管理层、董事会及监事或审计委员会报告并要求其采取合理的应对的同时,应该对其对内部控制的有效性产生影响的程度进行审核。

日本的内部控制评价制度与美国趋同,具有很多共性,例如在两国都是以财务会计报告为重点设计内部控制评价要素和评价流程,都是由政府部门统一制定企业内部控制评价的标准和一般规则,都是通过立法形式对企业内部控制建设以及内部控制评价提出强制性管理要求,对于上市企业都要求作为第三方的注册会计师(外部审计师)做出独立的内部控制评价。但与美国相比,日本的内部控制评价内容更加具体和丰富,评价范围更加广泛。在评价对象上,对内部控制制度除进行符合性测试外,日本还更加关注企业经营稳健性,将资产安全列为内部控制评价的重要要素。此外,考虑到管理信息技术在现代企业当中的广泛应用,吸取大量企业由于管理信息系统故障导致的操作风险事件,日本将管理信息技术从其他领域剥离出来,作为独立的内部控制评价要素。

欧美发达国家在企业内部控制管理及内部控制评价方面树立了良好标杆,成为其他国家内部控制建设的重要参照系,其管理实践及管理规则得到广泛推广和运用。许多国家认识到,内部控制是现代企业管理的核心,内部控制质量是企业实现持续发展的重要保障,而加强对内部控制的评价则是不断完善内部控制与内部管理的根本途径,内部控制管理及内部控制评价的重要性被前所未有地推向新的历史高度。但内部控制在不同国家发展很不均衡,例如新加坡遵循管理制度先行原则,于2005年6月份颁布了《公司治理准则2005》,要求上市企业自2007年开始对其内部控制情况开展自我评价工作,但尚没有制定与之相配套的详细实施细则,没有具体的内部控制评价标准和方法,缺乏实际可操作性。中国香港于2005年颁布了《内部控制与风险管理基本框架》,提出了企业内部控制管理及其评价的基本方法,并在相关管理制度当中要求上市企业建立内部控制自我评价制度,向市场公开披露内部控制评价结果。但与其他许多国家相比,中国香港的内部控制标准与评价方法衔接不够。

国际组织的内部控制评价制度

许多国际组织利用其专业优势和信息优势,在企业内部控制管理及内部控制评价方面制定了相关管理规则,例如国际会计师联合会(International Federation of Accountants,IFA)、最高审计机构国际组织

第 6 章 内部控制评价制度的国际经验借鉴

(International Organization of Supreme Audit Institutions,INTOSAI)、国际内部审计师协会(International Institute of Internal Auditors,IIA)和巴塞尔银行监管委员会(The Basel Committee on Banking Supervision,BCBS)等都对内部控制评价问题做出了相关规定。

最高审计机构国际组织(INTOSAI)发布的《内部控制有效性报告指南:最高审计机关执行和评估内部控制的经验》提出,企业应当建立相应的制度安排,要求管理层对其内部控制情况进行定期评价,通过评价及时识别出内部控制方面存在的重要缺陷,以便有针对性地采取纠正行动。在企业内部控制评价中,内部审计师和外部审计师要发挥重要作用,要特别强调在财务会计以及企业业绩审计中内部控制的作用,内部控制要贯穿财务会计管理和业绩审核的各个环节[125]。

国际内部审计师协会(IIA)指出,企业内部审计部门在对其内部控制进行评价时,评价的主要内容应当包括内部控制制度的充分性及有效性。同时,企业高管层履职质量也应纳入测试与评价范围。2002年4月,IIA向纽约证券交易所提出:"上市企业应当高度重视内部审计部门的建设,要保持内部审计部门的独立性,为内部审计部门履职提供充分的资源保障,使内部审计部门能够吸纳和保有优秀专业人才。内部审计部门的运行机制应当能够保障其对企业的内部控制管理实施持续的和专业的评价[126]"。

巴塞尔银行监管委员会于1989年9月颁布了《银行机构内部控制制度的基本框架》(*Framework for the Internal Control Systems in Banking Organizations*),这份文件要求银行监管当局要将银行机构的内部控制制度建设纳入监管重点范围,对银行机构内部控制制度的充分性和有效性进行评价,督促银行机构改善内部控制和内部管理,使内部控制在银行机构管理和控制风险方面发挥重要作用。银行机构的内部审计部门要加强对内部控制评价工作的审查,使之成为内部审计的常规工作。外部审计也要将银行内部控制情况列为审计重点,外审人员要通过与银行机构高管层以及各层级工作人员会谈等方式,深入了解银行机构的实际,使其内部控制评价报告符合实际并富有价值。外部审计与银行高管层的立场不同,观点可能存在分歧,外部审计人员应提供有说服力的观点和事实,以积极的态度提出银行机构改善内部控制建议,以弥补双方观点的差距[127]。

这些国际组织所制定的管理规则对主权国家缺乏强制性约束力,但由于这些规则经过深入理论研究和实践探索,是从大量成功和失败企业案例中总结提炼出来的,是经验和教训的总结,具有很强的说服力和公信力,为许多国家所接受,并为这些国家内部控制管理和内部控制评价制度建设提供导向和指引。

通过对世界各国以及国际组织内部控制评价制度进行对比,从中可以发现,国际上在内部控制评价基本原则方面逐步趋同,但在实际做法方面又存在较大差异。共性主要体现在:一是实行管理层评价与外部审计双重评价体系。管理层内部控制评价制度日益受到重视,原因在于高管层更加熟悉企业的运行环境和运行机制,对内部控制的评价更加贴近企业实际。同时,通过对内部控制进行评价,及时发现缺陷和采取纠正措施,有利于改善企业的经营管理水平,提升企业业绩,符合管理层的长远利益。外部审计的内部控制评价受到重视,原因在于其具有专业性、客观性和独立性,不属于企业的利益相关者,而且外部审计出具的审计意见有法律约束力,具有较强的公信力;二是对内部控制的评价更加重视风险管控能力。良好的风险管理制度有助于企业减少损失和提升经

第6章 内部控制评价制度的国际经验借鉴

营业绩,风险管理已经成为现代企业管理的重要内容。许多企业以风险管理为起点设计内部控制制度,内部控制建设又以提高风险管理水平为落脚点,使内部控制的过程成为企业实施风险管理的过程。差别主要体现在:一是内部控制评价的范围存在差异。部分国家在内部控制评价中,主要关注重点是财务会计报告的质量,所有评价工作都围绕这一中心内容展开。而在其他许多国家中,内部控制评价的范围更加宽泛,涵盖了企业生产和经营活动的各个环节,对财务会计报告的评价仅仅是评价内容的一部分;二是法律约束力不同。一些国家以法规的形式对企业内部控制评价的标准、程序和方法进行了界定,使内部控制评价成为企业必须遵守的一项法律要求。而在其他许多国家,企业内部控制评价并非法律强制性要求,政府管理部门仅仅提供了原则性导向,由企业本着自愿原则自行开展内部控制评价。在这些国家,虽然没有法律硬性规定,但市场约束与激励效应成为企业开展内部控制评价的重要推动力;三是对信息披露的要求不同。在有些国家,内部控制评价报告的主要功能是帮助企业改善内部管理,企业仅是在法律要求范围内对内部控制评价情况进行有限度的披露。而有些国家非常重视企业内部控制评价情况的公开信息披露,提高社会公众及企业利益相关者对企业的了解和认可度,将企业置于社会公众监督之下,使社会力量成为企业的编外监管者。

国际经验的启示

在西方企业管理制度中,内部控制评价日益受到重视,内部控制评价理论和实践均得到了较大发展,呈现出新的发展趋势。通过对西方发达国家内部控制最佳实践进行总结,分析内部控制评价的内在规律和发展方向,可以为我国企业内部控制建设提供可资借鉴的经验。

一是遵循国际内部控制准则。通过分析比较发现,西方发达国家内部控制建设基本上都是以 COSO 框架为基础,在此基础上构建内部控制体系。国际内部控制准则充分吸取了世界各国内部控制建设的经验与教训,能够充分把握内部控制内在本质和规律,具有广泛的代表性。同时,遵循共同的内部控制框架和基本原则,世界各国在内部控制建设领域就有了共同的标准和沟通语言,为内部控制领域的国际合作以及企业境外发展提供了基础。

二是内部控制的内涵与外延进一步拓宽。传统的内部控制以账表审计和会计控制为主,随着内部控制理论与实践的发展,内部控制被赋予了新的使命,内部控制的触角已经延伸至企业管理的各个方面,企业管理的每个环节都可以作为内部控制评价的要素。特别是近年来,内部控制发展呈现出风险导向趋势,内部控制在企业识别风险、度量风险、监测风险以及控制风险方面日益发挥重要作用。

三是重视董事会的作用。企业董事会对企业的经营管理负有最终责任,在内部控制建设以及内部控制评价方面同样发挥重要作用。董事会积极介入和参与内部控制评价工作,从中可以发现和掌握企业内部控制存在的重要缺陷,并运用董事会的权威,协调和推动企业相关部门及时采取纠正和补救措施,防止出现大的风险事件。

四是注重内部控制立法建设。随着经济的发展,企业的外部性不断增强,特别是对于上市企业,企业发展失败不仅损害自身利益,还会危及中小投资者和其他债权人利益。因此,西方发达国家注重内部控制立法建设,在企业内部控制标准、信息披露等方面提出了严格的法律要求。

第6章 内部控制评价制度的国际经验借鉴

五是注重内部控制评价目标管理。近年来,西方发达国家呈现出企业管理由规则导向向原则导向发展的趋势,通过明确管理目标与企业内部控制评价目标,以实现企业内部控制评价目标为出发点,鼓励企业创新方式方法,采用符合企业发展实际的方法加强内部控制建设。

六是强化内部控制评价主体的责任。许多内部控制评价指标难以量化考核,需要评价人员做出主观判断,具有较大的自由裁量空间。为保障内部控制评价工作的公正性与客观性,西方发达国家通过强化评价人员的责任意识,提高内部控制评价的质量。如果内部控制评价工作存在重要缺陷和偏差,评价人员要承担相应责任。同时,在选择内部控制评价人员时,注重强调评价人员的专业背景和职业素养,选择熟悉企业业务和经营管理流程,以及没有不良道德记录和行为失范的人员负责内部控制评价工作。

七是注重平衡评价效果与成本。理论上,评价标准越严格,评价工作投入的资源越多,评价的效果越好。但较高的评价成本会增加企业负担,这种成本不仅包括评价工作投入的各种资源,也包括企业为执行较高评价标准所付出的机会成本,容易挫伤企业的积极性。因此,需要在两者间把握平衡,评价标准要宽严适度,不仅要有利于企业管控风险,同时要减轻企业负担,调动企业开展内部控制评价工作积极性,使内部控制评价工作成为企业良性发展的有益推手。

八是加强内部控制评价信息披露。加强企业内部控制评价信息披露,不仅有利于增强企业压力,督促企业不断加强内部控制建设,而且可以帮助企业利益相关者了解和掌握企业内部控制状况,为其同企业开展交易活动提供参考。但由于缺乏法律约束和缺少客观的评价标准,许多企业更倾向于少披露或不披露内部控制评价信息。西方发达国家在加强法律约束的同时,还致力于统一和规范内部控制评价标准,推动企业加强内部控制评价信息披露。

九是内部控制评价服务于企业战略规划。这是西方国家企业内部控制发展所呈现出的一个新趋势,内部控制评价工作不仅着眼于当前,更是着眼于企业未来发展,使内部控制建设更加契合于企业发展战略。这种发展趋势使内部控制评价的内涵得到极大丰富,企业未来把握商机的能力、对未来风险预判和风险策略调整的能力、潜在客户培养的能力等都成为了内部控制评价工作的重要内容。

第7章 完善中国上市公司内部控制评价的制度性建议

随着现代企业制度的发展,内部控制的作用日益受到重视。内部控制是一个系统,在企业管理、经营规范和风险管理方面发挥着重要的保障作用,如果失去了控制,企业和员工就失去了约束和制约,企业经营就会出现严重的问题。因此,内部控制是企业管理的基石,是促进企业健康发展的稳定器和助推器,有长远发展眼光的企业都非常重视内部控制建设。内部控制评价是检验内部控制水平的标尺,科学合理的内部控制评价体系能够真实、客观地反映企业内部控制实际,能够对企业管理和生产经营过程中的缺陷进行识别,帮助企业改善管理水平。伴随着我国经济快速发展,企业管理制度的不断完善,内部控制评价制度建设与管理实践也有了长足进步,但与西方发达国家相比,我国的企业内部控制评价工作起步较晚,存在不小差距,尚未形成完整的内部控制规制和方法体系,许多重大理论问题尚在探索之中。根据前面实证研究的结果,本书对我国内部控制评价体系建设提出如下建议:

加强内部控制评价规制建设

"没有规矩,不成方圆",企业内部控制评价管理也应当遵循制度先行的原则。

近年来,我国内部控制制度建设取得了巨大进步,初步形成了以《中华人民共和国会计法》为统领,包括《企业内部控制基本规范》、《内部控制评价指引》、《内部控制审核指导意见》、《公开发行证券公司信息披露编报规则》、《证券公司内部控制指引》、《内部会计控制规范——基本规范》、《商业银行内部控制指引(试行)》、《保险中介机构内部控制指引(试行)》、《上海证券交易所上市公司内部控制指引》等规范性文件在内的内部控制及其评价制度体系。但在这些规范性文件当中,有些文件只是适用于某一行业,有些文件只是在部分内容中对内部控制评价提出了基本要求,对于内部控制评价建设尚未形成完整和系统的制度框架。内部控制评价制度建设应重点考虑以下几方面因素:

一是要增强制度的权威性。我国的法律法规分为三个层次,第一类是全国人民代表大会及其委员会制定的法律(最具有权威性),第二类是国务院颁布的行政法规(同样具有权威性),第三类是各政府部门制定的规范性文件(权威性弱于前两者)。目前颁布的关于内部控制评价的制度规范基本上都属于第三类,这类制度规定权威性稍弱,特别是对于指引类规范文件更加缺乏约束力,对违反指引要求的行为没有相应的罚则。内部控制评价是内部控制制度建设的核心内容,应当具有较高的法规层次。作者认为,以国务院行政法规形成颁布专门的内部控制评价制度,提高制度强制力和约束力,是一种合适的选择。

二是要增强制度的层次性。内部控制对象、控制标准、控制程序是基础,内部控制评价是方式方法,是属于对前者的验证,在内部控制评价制度建设中,要根据两者之间的逻辑关系,建立层次分明的制度体系。首先是要加强内部控制基础制度建设,明确内部控制的对象和基本内

第7章 完善中国上市公司内部控制评价的制度性建议

容,建立内部控制标准,制定内部控制工作程序。如果这些基础性制度不完整、不完善,内部控制评价工作就失去了基础,成为无本之木、无源之水。在此基础上,要加强内部控制评价制度建设,确认评价主体与客体,制定评价方法和评价流程,明确评价人员的责任与权力,规定评价结论的使用和公开信息披露。这样,内部控制评价制度与内部控制基础性制度层次分明、相互配套,在促进企业加强内部控制建设方面共同发挥作用。

三是要增加制度的系统性。由于内部控制评价制度建设不规范、不系统,许多制度要求散见于不同的制度文件当中,或者由于疏漏形成制度真空,使内部控制评价缺乏依据;或者由于制度规定叠加,增加企业管理负担;或者由于制度规定发生冲突,造成企业无所适从。而且,部分行业主管部门制定的规范性文件缺乏上位法支撑,缺乏法律依据。因此,对内部控制基础性制度和内部控制评价制度建设必须有全盘考虑和顶层设计,有序推进,形成系统的制度规范体系。

四是明确制度的导向性。从管理学角度,管理区分为原则性管理和规制性管理两种类型。所谓原则性管理,即对管理过程不做更多的限制,而是更加注重管理目标的实现。所谓规制性管理,即对管理对象的工作过程及主要环节做出限制,实行全程监控。内部控制评价制度的建设应当遵循原则性管理与规制性管理相结合的原则,在评价过程中既要对内部控制的主要环节提出明确的合规性要求,也要明确内部控制评价的基本目标,鼓励企业在遵循法规的前提下来实现内部控制工作目标,自主创新内部控制评价方式方法,提高评价质量和工作水平。

内部控制评价要坚持以内部控制有效性为核心

内部控制存在多个维度的评价标准,其中最核心的是评价内部控制的有效性,这是检验企业内部控制制度建设以及执行情况的重要标尺,内部控制评价工作要紧紧围绕这一核心目标。所谓内部控制有效性,就是指内部控制措施能够充分地、恰当地发挥作用,有利于推进企业实现控制目标,这既是内部控制评价工作的出发点,也是内部控制评价工作的落脚点。

从评价内容看,内部控制有效性可以概括为"五个有利于",即一是要有利于提升企业经济效益。内部控制的重要作用就是通过规范企业和员工行为,优化工作流程,提高工作效率;通过明确岗位职责,拉直报告路线,畅通信息沟通渠道,降低管理成本;通过原材料领用控制,以及对产品质量的控制降低生产成本。这些因素综合起来,可以提高企业的经济效益,促进企业实现经营目标。二是有利于维护企业资产安全。要建立严格的内部控制制度,通过建立资产登记制度和明确管理责任,防止企业资产毁损、被盗和转移。通过建立合理的资产估值制度,防止企业资产被低价出售,造成资产流失。要通过规范工作程序和员工行为,防止企业资产被滥用和浪费。三是有利于财务信息得到真实反映。通过内部控制制度的落实,使企业的经济活动在财务会计信息当中得到真实反映,并做到账账相符、账实相符,避免和防止财务会计信息造假行为。要督促企业按照管理要求真实、完整地披露财务会计信息,防止对利益相关者形成误导。四是有利于促进企业合规经营。企业应当将国家有关法律要求、主管部门和监管部门的规章制度以及企业的内部管理

第7章 完善中国上市公司内部控制评价的制度性建议

制度固化在企业管理和生产流程当中,使之成为规范的工作标准,引导员工将按章办事变成自觉行动,防止违规风险。五是有利于企业实现发展战略。要将企业的发展战略分解成可以具体操作执行的工作方案,确定完成工作方案的重要环节。内部控制制度建设要服务和服从于工作方案和工作目标,特别是在重要工作环节要采取相应的内部控制措施,防止出现问题,保障工作顺利推进。

从评价形式上,内部控制的有效性主要体现在:一是内部控制的充分性。内部控制应当具有全面的覆盖性,只要有企业的管理与生产经营活动存在,就应当有相应的内部控制措施存在,企业的管理与生产经营活动延伸到哪里,内部控制制度就应当覆盖到哪里,使企业与员工行为都能够受到约束和控制。特别是对企业管理与生产经营活动具有重要影响的岗位或工作环节,一定不能存在管理与控制真空,要详细审查这些领域的内部控制制度是否充分和到位,是否得到认真执行。二是内部控制的恰当性。管理产生效益的同时也要承担相应的成本,这种成本不仅包括管理过程中所耗费的各种管理费用,还包括企业为执行这些管理制度所让渡的机会成本。因此,内部控制制度的制定应当本着张弛有度的原则,制度过于宽松不能很好地发挥制约作用,而制度过于严格则增加执行成本。内部控制制度的宽严掌握标准要经过实践的不断检验和校正,要符合企业的管理实际。三是内部控制的前瞻性。世界各国现行的内部控制制度主要是着眼于评价企业当前的内部控制状况,但呈现出评价企业未来发展能力的趋势,使内部控制评价工作更具有前瞻性。评价企业未来发展能力,主要是评价企业是否建立了相应的制度安排和工作机制,立足于企业实际,根据国内外宏观经济环境和行业发展趋势,确定合理的企业发展方向,把握未来的发展战略机遇。

强化董事会在内部控制评价方面的作用

董事会对企业管理负有最终责任,在企业内部控制评价制度建设方面也应当发挥重要作用。董事会应当督促高管层定期开展内部控制评价,并由有专业背景的董事对评价工作提供专业指导。董事会成员应当认真审查内部控制评价报告,包括企业内部评价报告以及外部会计师事务所的评价报告,特别是要关注评价当中所发现的内部控制重要缺陷,查找导致缺陷出现的原因和责任人员,督促高管层及时采取纠正和补救措施。

为保证内部控制评价体系科学合理,董事会应当定期组织对内部控制评价制度进行后评价,特别是在评价方式方法发生重要变化,或者企业管理和生产经营活动发生重大变化的情况下,要对评价方法进行反复验证,努力使评价体系更加符合企业实际,能够客观、真实地反映企业内部控制实际。

在对企业内部控制评价报告进行核实的基础上,董事会应当对评价报告进行签章,表明董事会对评价报告的内容完全知晓,确认评价结果,并以此表明董事会对内部控制评价承担责任。

加强内部评价与外部评价的联动

内部评价是指企业根据自身管理需要开展的内部控制评价,外部评价是指由企业外部(通常为会计师事务所)开展的内部控制评价。在两

第7章 完善中国上市公司内部控制评价的制度性建议

个评价主体并行的情况下,企业应当与会计师事务所进行充分沟通,实现信息共享。企业与会计师事务所的评价既存在共性,也存在差异。共性表现为双方的评价目标趋同,都是试图通过内部控制评价,真实、客观地反映企业的管理与生产经营活动,识别出企业内部管理与内部控制当中存在的重要缺陷,督促企业采取纠正和补救措施,促进企业健康稳健发展。差异性表现在,两者作为不同的、独立的评价主体,评价的对象与内容不同,所采取的评价方法存在差异,各自承担相应的评价责任。

企业内部评价与会计师事务所外部评价各具特点。企业内部评价的特点在于,企业出于控制经营管理成本和改善管理水平的需要,希望通过内部控制评价识别出内部控制缺陷,及时采取纠正措施,以降低管理成本和生产成本,提高工作效率和经营绩效,因此企业开展内部控制评价有其内在动力和动机。同时,企业更熟悉自身经营状况和风险状况,熟悉工作流程和重要工作环节、风险环节,因此对内部控制的评价更具有针对性。会计师事务所所进行的内部控制评价也有其特点,主要表现在:一是专业性强。企业财务会计管理是内部控制评价的重要领域,而这一领域正是会计师事务所的专业特长,更容易从专业角度对企业的财务会计管理能力和水平做出专业判断。二是更加客观。会计师事务所不属于企业的利益相关者,并且根据法律要求承担相应的审计责任,要根据审计结果形成正式的审计结论和签署审计意见,因此会计师事务所的内部控制评价能够做到相对客观公正,具有较强的社会公信力。因此,企业与会计师事务所应当取长补短,优势互补,加强信息沟通,相互借鉴,在进行内部控制评价时将对方的评价结论作为重要参考,形成合力。

在各国的内部控制实践中,除会计师事务所外,还产生了一些新的内部控制评价主体,这些评价主体站在不同角度观察和评价企业的内部控制状况,将这些评价主体的评价结果进行归集、分析、总结和提炼,使企业的内部控制评价更加客观、全面。这些外部评价主体主要包括:一是企业的投资者。投资者要投资于企业,出于资金安全考虑,更加关注企业的内部控制状况,并将企业内部控制水平作为其是否对企业进行投资的决策依据。二是企业的交易对手。企业要开展经营活动,就需要与外界打交道。交易对手开展业务具有选择性,会尽量与那些规模大、信誉高、管理好的企业开展业务,因此交易对手也会采用正式或非正式的方式方法对企业的内部控制做出评价。如果交易对手认为企业内部控制水平不符合要求,就有可能采取额外的保护性措施,提出交易附加条件,会增加企业的交易成本。三是银行。银行要向企业发放贷款,要关注资信和贷款资金的安全,如果企业经营管理不善,就有可能酿成重大风险,甚至发生破产倒闭,使银行贷款发生损失。因此银行也会对企业的内部控制做出评价。四是监管部门或行业主管部门。监管部门和行业主管部门依据法律要求履行监督管理职责,通过内部控制评价促进企业合规经营,督促企业加强风险管理能力,避免或减少企业风险向外传递和对市场造成负面冲击。五是新闻媒体和社会公众。新闻媒体和社会公众同样具有监督作用,会通过各种信息渠道对企业的内部管理和内部控制做出评价,以社会舆论方式成为企业的监督者。

由财务会计报告评价转向全面评价

许多国家的内部控制评价以财务会计报告为主要评价内容,通过内部控制措施确保财务会计报告信息真实、完整、可靠,会计师事务所的内

第7章 完善中国上市公司内部控制评价的制度性建议

部控制评价通常也是以财务会计报告审计为主。但随着现代企业制度的发展,内部控制的作用日益受到重视,内部控制的触角已经开始延伸到企业管理与生产经营活动的各个领域,由单纯的财务会计评价转向全面评价。

全面内部控制评价的好处是显而易见的,正因为如此,企业实施全面内部控制评价具有很强的意愿和积极性。但困难也同时存在,最大的困难在于在企业管理与生产经营领域存在诸多评价对象和评价单元,有些领域能够确定明确的评价标准,有些领域则不容易制定明确标准。在实践当中,有些企业对于不能量化以及不够明确的评价标准采取定性描述方法,这种方法虽然简便易行,但存在很大自由裁量空间,需要评价人员的主观判断。这就存在判断风险,如果评价人员具有良好的专业素质和职业操作,就能够客观地对内部控制状况做出符合实际的判断和评价;相反,如果评价人员不够专业,或者在评价过程当中掺杂其他非正常因素,评价的结果就不够客观,不但会导致企业管理层对内部控制状况误判,还有可能挫伤员工的工作积极性。同时,由于缺乏统一、规范的评价标准,不同企业公开披露的内部控制评价报告也缺乏可比性,不利于利益相关者和其他市场人员做出判断。不同的企业分属于不同行业,存在很大差异性,要对不同业务领域建立统一规范的评价标准和评价体系显然不符合实际。比较现实的做法是,企业主管部门或监管部门根据原则导向要求提出内部控制基本目标,由各个企业根据自身实际细化内部控制评价标准,这样,企业内部控制状况是否能够达到设计目标就成为检验企业内部控制水平的唯一标准。

值得提出的是,除企业财务会计报表外,风险管理日益成为内部控制发挥作用的重要领域,内部控制对于管理风险和控制风险方面发挥着越来越大的作用。以风险为本的管理理念强调企业要及时和准确地识别风险,判断企业面临哪些重要风险,并采用可靠的方法对风险进行计量,判断风险敞口和严重程度,分析这些风险可能对企业造成的负面冲击和影响,并相应地采取风险缓释措施。内部控制措施可以嵌入到风险管理流程的各个方面,在风险识别—风险计量—风险监测—风险控制环节都需要采取相应的内部控制措施。通过内部控制不仅可以为风险管理提供保障,而且由于能够及时发现管理漏洞,使风险管理更具有前瞻性。

构建统一规范的内部控制评价方法

在国家相关部门颁布的制度文件中,关于内部控制评价只是提出了原则性要求,但没有提供具体的评价方法。制定统一规范的内部控制评价方法非常重要,一方面可以使企业按照规范的方法进行内部控制评价,而不是各行其是。另一方面,由于采用了统一的标准和方法,使得各企业间的评价结果具有可比性。

理论界对内部控制评价方法进行了深入的研究和探索,提出了多种分析模式。早期提出的研究方法主要包括以下几种:一是专题讨论会方法。该方法主要是通过召开企业内部各层级员工参加的座谈会,对企业内部控制状况共同做出诊断。该方法虽然简单易行,但由于参与人数众多,在许多情况下会出现意见分歧,很难形成一致结论,并且效率低下。二是内部控制调查表法。这种方法与专题讨论会方法相似,调查对象为企业各层级员工。该种方法的好处是通过调查问卷将问题条理化,分析线索更加清晰,但缺点是对问卷的设计要求很高,如果问卷设计不合理,

第7章 完善中国上市公司内部控制评价的制度性建议

很难得到符合实际的评价结果。三是内部控制流程图法。该方法是以制图方式追踪企业管理流程,并识别出主要的关键风险点,提出相应的控制措施。该方法的优点是简单明了,对内部控制的分析与企业管理和业务流程结合得比较紧密,但缺点是只能个案分析、个案处理,不能形成统一规范的分析方法体系。近些年来,随着计量经济学和数理统计学在管理学当中的广泛应用,一些学者尝试引用数学模型进行内部控制评价,例如层次分析法、德尔菲法等。数学模型的引进使内部控制评价方法逻辑更加清晰,有可取之处。但对于不断发展、不断变化的管理科学,企业管理与生产经营活动充满了变量,盲目的模型崇拜只会形成误导。

综合比较和权衡各种方法,本书采用了层次分析方法,通过构建不同层次的评价指标形成内部控制评价体系。为使各类评价指标能够进行统一归集和分析,尽量采用了定量指标,对于必须使用的定性指标则进行了无量纲化处理。该方法的优点在于,通过适当引用数学模型使不同类型的评价指标能够放在一起进行比较和分析,能够形成系统、规范的评价体系。并且,该方法承认管理科学的定性分析特点,以专家评价为基础对相关评价指标按照重要性进行排序处理,将专家的专业判断和定性分析合理地嵌入到评价体系当中。

目前,关于内部控制评价体系建设尚没有非常成熟的理论,对实践的指导意义相对较弱。但无论如何,国家相关主管部门应当不断加强理论研究和实践探索,尽快建立起一套能够普遍适用的内部控制评价方法体系,为我国企业的内部控制评价工作提供理论支撑和方法论。

加强内部控制评价的信息披露

企业内部控制评价结果的使用者不仅包括企业自身,还包括大量的外部使用者,例如企业投资者、贷款银行、行业主管部门、监管部门、企业的交易对手以及社会公众等,这些部门和单位都需要根据公开信息对企业的内部控制状况和控制水平做出判断,在此基础上做出相应的行政或商业决策。但统计结果表明,数量众多的企业(包括上市企业)对内部控制评价结果披露不够充分,或者没有进行披露,或者进行部分披露,或者只是简单地进行原则性披露,造成企业与外部信息严重不对称。由于担心公开信息披露可能产生的负面效应和影响,企业缺乏内部控制评价结果信息披露的内在动机,在这种情况下就应当提出强制性行政要求,从法律制度上要求企业按照标准对相关信息进行披露。

我国的法律要求企业对内部控制相关信息进行公开披露,但没有制定明确的罚则,对没有按照要求进行披露的企业缺乏强制约束力。为改变这种状态,增强企业公开信息披露的主动性,应从以下两方面着手:一是制定相应的法律条款,对没有按照法律要求公开披露内部控制评价结果的企业采取惩罚措施,用法律约束企业行为。二是在企业主管部门制定的企业考核机制中,加入内部控制评价结果信息披露因素,对能够及时、全面、充分、客观披露信息的企业进行考核加分,反之则抵扣分数,提高企业信息披露的主动性和自觉性。通过强化信息披露机制,使外部力量成为企业的编外监督者,促进企业提高内部控制水平。

第7章 完善中国上市公司内部控制评价的制度性建议

加强对内部控制评价结果的运用

企业本身是内部控制评价结果最直接、最重要的使用者,通过内部控制评价,能够使企业及时发现和识别内部管理与内部控制缺陷,及时采取纠正行动,避免发生大的损失或产生负面影响。除企业外,还存在大量的外部信息使用者。在某种意义上,企业对外披露的内部控制评价结果本身就是对企业的奖惩,内部控制健全的企业会获得市场的青睐,赢得更多的市场机会,而内部控制存在严重缺陷的企业会丧失许多潜在的投资者和交易对手,这也是企业内部控制评价结果的市场反映和结果运用。

企业的行业主管部门以及监管部门可以运用内部控制评价结果对企业实施分类管理。在一定程度上,按管理质量对企业进行分类比按资产规模进行分类更有意义,可以形成企业强化管理的正向激励。主管部门以及监管部门根据企业内部控制评价结果可以对企业实施差异化管理,例如对于内部控制评价较好的企业,管理部门可以对其实施优惠的管理政策,在行政审批方面为其开辟绿色通道,减少对其现场检查频率和报送各类报表频率。而对于内部控制评价结果较差的企业,主管部门及监管部门可以将其列为重点管理对象。

第 8 章　研究结论与展望

企业内部控制评价作为改善企业经营管理、保证企业业绩的一种工具,对于提升上市公司的市场价值具有非常重要的作用。构建内部控制全面评价体系,既是本书的写作目的,也是我国推动内部控制发展的努力方向。

研究结论

本书旨在研究和探讨建立适合我国国情的内部控制评价体系,并且根据建立的评价模型对我国上市公司的内部控制情况进行分析,从而揭示我国上市公司内部控制的现状以及未来内部控制评价的发展方向。

随着现代企业管理制度的发展,内部控制的作用日益受到重视,内部控制的触角已经延伸到企业经营与管理的各个领域,并且内部控制理论研究的内涵与外延也不断得到深化和拓展。2010 年,COSO 发布了企业内部控制新框架,承袭了 1992 年版内部控制管理框架中关于内部控制定义、内部控制要素、内部控制标准等基本要素,但顺应形势的变化进一步丰富了内部控制理论体系,倡导原则导向内部控制方法,进一步明确了内部控制目标,强调公司治理在内部控制建设当中的作用,拓宽了

第 8 章 研究结论与展望

内部控制发挥作用的领域,注重内部控制在反欺诈和反舞弊方面的作用,并且将内部控制延伸至企业整个价值链管理过程。COSO 在国际经济动荡的年代推出内部控制新标准,在一定意义上表明,COSO 将企业内部控制弱化视为本轮世界经济危机的一个重要诱因,并致力于从内部控制制度建设着手,建立企业内部管理与内部控制新规,从根本上筑牢企业抵御风险的防线。内部控制领域的这些积极变化,也将极大推动内部控制评价制度建设,通过规范和不断完善内部控制评价体系,促进企业树立风险意识与合规经营意识,实现健康和稳健发展。

通过对内部控制评价理论与实践的回顾和总结,本书得出以下重要结论:

一是内部控制在现代企业管理当中的作用日益增强。企业具有逐利本能,经营必然要承担风险,如果失去管理与控制,必然会形成风险事件和导致经营损失。从企业发展史看,世界上许多公司企业发生重大风险事件甚至破产倒闭,几乎都与企业内部控制能力薄弱有关,在现代企业管理制度中,内部控制机制具有核心功能并发挥着重要作用。越来越多的企业开始试图通过内部控制建设,促进企业合规经营,管控经营风险,降低成本和提高经济效益。内部控制已经开始渗透到企业经营管理的各个环节,只要有经营管理存在,就应当有相应的内部控制措施提供保障。因此,企业的内部控制意识不断得到加强,内部控制的作用在现代企业管理当中的作用日益得到强化,这是一个必然的发展趋势。

二是内部控制评价是检验内部控制水平的标尺。要评估企业内部控制建设是否充分、有效,需要建立相应的评价机制。通过明确评价标准和评价程序,采取合理的评价方法,可以准确识别企业在经营管理过程当中存在的重要缺陷,帮助企业及时采取纠正或弥补措施,实现对风险的有效管控。要准确检验内部控制水平,内部控制评价体系必须科学合理。内部控制评价体系是否科学合理,直接关系到内部控制评价结果是否准确。要构建科学合理的内部控制评价体系,首先要明确内部控制评价标准。标准具有客观性,不应当随着人们的好恶改变,具有较弱的弹性空间。过于宽松的评价标准不利于准确识别内部控制缺陷,使内部控制弱化或失去了约束与控制作用,过于严格的标准同样不可取,不具可操作性,并会提高企业管理与内部控制的成本。其次,要明确内部控制评价的主体与客体,参与内部控制评价的评价主体应当具有客观性、专业性,能够独立地对内部控制状况做出专业判断。选择的评价客体要具有针对性,通过对这些要素的评价能够反映企业的内部控制实际。再次,要制定合理的内部控制评价程序。内部控制评价要形成自上而下,由企业董事会主导的、多层面参与的评价程序,并明确具体的评价流程和工作顺序。最后,要制定科学的评价方法体系。内部控制评价方法科学,所得出的评价结论就符合实际,反之,评价方法不合理,就会得出片面的内部控制评价结论。

　　三是内部控制评价的边界进一步拓宽。内部控制发展的一个新趋势是,内部控制发挥作用的领域在不断拓宽,几乎涵盖了企业经营管理的方方面面。COSO内部控制新框架改变了内部控制以评价企业财务会计报告为主的传统思路,将企业的业务发展战略、人力资源管理、资产组合等内容都纳入了内部控制的作用领域。这种变化表明内部控制日益受到重视,其内涵与外延都随着形势的发展发生了新的演变。内部控制评价边界的拓宽,必将催生新的内部控制评价规则,内部控制的概念和内涵都将以全新的视角做出诠释,推动内部控制理论与实践获得新的发展。

第8章 研究结论与展望

四是内部控制评价要关注核心环节和关键要素。从理论上讲,内部控制需要渗透到企业经营管理的各个环节,在企业经营与管理的整个流程和环节当中发挥作用。但管理与控制是有成本的,管理与控制的成本不仅包括人力成本、时间成本等,还包括企业为实现控制目标降低生产效率、提供生产安全保障等方面所付出的成本。因此,企业需要对内部控制的收益与成本进行评估,只有在综合收益大于综合成本、长期收益大于长期成本的情况下,才考虑在管理与经营相关环节制定相应的控制措施,并根据控制目标设定合理的控制标准。另一方面,经营管理与内部控制并非越细致越好,而是要符合企业的管理实际。对于风险控制复杂、重要性较高的管理与生产经营环节,需要制定严格的控制措施,反之,对于业务相对简单、风险易于控制、重要性较低的环节,则不一定要采取严格的管控措施。要达到上述要求,内部控制评价主体需要熟悉企业的整个经营管理与生产流程,从中识别出重要控制环节和控制要素,相应地建立内部控制评价体系,对企业内部控制的有效性有针对性地做出评价。

五是内部控制评价应当由多层面参与。出于不同目标,企业内部控制评价工作由多层面参与。企业参与内部控制评价,有利于其规范经营活动,实现合规经营,有效管控风险,降低生产经营成本,提高生产效率和经营绩效。企业主管部门参与企业内部控制评价,能够独立、客观、公正地对企业内部控制状况进行评估,确保企业合规经营,督促企业通过内部管理与内部控制及时发现和纠正重要管理缺陷,防止出现大的风险事件并形成风险外溢。企业的交易对手参与内部控制评价,可以通过评估企业的管理质量,评价自身的交易风险,作为与企业进行交易的基本依据。社会公众参与对企业的内部控制评价,可以根据企业的内部控评价结果,作为其购买企业股票、债券等投资工具的基本依据。

六是内部控制评价结果与企业经营成果具有高度相关性。研究结果表明,企业内部控制质量与其经营成果具有较强的相关性。两者具有相关性的逻辑在于,通过严格的内部管理与内部控制,可以规范企业的经营活动,提高生产效率和经营业绩。通过内部控制,可以提高企业识别风险、度量风险、监测风险和控制风险的能力,实现对风险的有效管控,降低经营损失。通过内部控制,可以帮助企业进行科学决策,平衡风险和收益,合理确定资产组合和投资方向。通过内部控制,可以有效防范企业内部舞弊案件和内外部欺诈案件,降低声誉风险,减少资产损失。

七是内部控制评价要具有前瞻性。风险是一种不确定性,是发生损失的可能性。根据对风险规律的把握,通过内部控制制度安排,前瞻性地对风险进行预判,及时采取风险规避或风险缓释措施,就能够实现对风险的掌控,并通过对风险的有效管理获取经营利润。内部控制的前瞻性更在于,不仅要对企业当前的内部控制状况做出判断和采取相应的控制措施,更要实现内部控制与企业业务发展战略和风险管理策略的兼容,使企业的经营管理更具前瞻性,依托企业实际,对未来经营形势做出判断,及时调整和修正经营策略,敏锐捕捉市场时机,为企业的未来发展赢得先机。因此,谋划企业的未来发展,也应当成为企业内部控制的重要职能。

八是企业董事会和高管层在内部控制评价当中应当发挥重要作用。董事会对企业的发展负有最终责任,对内部控制建设同样具有重要职能,COSO委员会新发布的内部控制新框架进一步强调了董事会要在企业内部控制建设当中发挥重要作用。董事在企业内部控制评价方面的作用主要在于:组织建立符合内部控制一般规则和企业实际的内部控制

第8章 研究结论与展望

评价制度和基本体系,并根据形势发展变化对内部控制评价制度进行后评价和修订。根据内部控制评价结果,对内部控制评价当中识别出的重要管理缺陷,督促管理层和相关业务部门及时采取纠正措施。并利用董事会的权威性,对采取整改措施过程中涉及多个部门的问题进行协调。

九是内部控制评价工作应当充分发挥主观能动性。内部控制评价工作具有客观性,但同时又必须发挥评价人员的主观能动性。在内部控制评价要素中,许多评价要素无法进行量化,需要依靠评价人员的主观判断。主观判断也要以客观事实为基础,为避免判断的盲目性,应当选择熟悉企业业务流程与风险控制的人员进行内部控制评价,以保证其专业性。在某种程度上,主观判断更直观、更具体,对企业内部控制状况有更深邃的洞察力,在一定程度上弥补量化指标的片面性。以量化指标为基础,辅之以专业评价人员的定性判断,就能够形成对企业内部控制相对完整、相对客观的判断。

十是内部控制评价要发挥监督职能。通过对上市企业内部控制披露情况的分析表明,相当数量企业的内部控制信息披露不充分、不完整,有些企业甚至没有按照要求进行披露。企业缺乏内部控制信息披露的积极性和内在动力,一方面是由于缺乏明确的制度约束,另一方面是由于部分企业不愿意接受外部监督,担心信息披露中暴露企业内部控制缺陷或者披露信息不够准确和客观,会招致外界批评。在信息披露方面,企业行业主管部门应当发挥职能作用,督促企业进行充分的信息披露,包括对内部控制评价结果的披露,使企业的外部利益相关者、社会公众、媒体以及政府管理部门都成为企业的外部监督者,成为企业改善内部管理与内部控制推动者。

研究的局限性

由于时间、精力、研究能力以及一些客观条件的限制,本书研究的领域还存在着以下应该改善的地方:

1. 样本取样问题

本研究选取了在沪深证券交易所上市的 2012 年 4 月 30 日前公布财务报告的 A 股上市公司,共获得样本公司 2341 家,但是这些样本公司公布的数据也不完全,有一些上市公司对于本书研究所需要的数据就没有进行披露,所以在指标计算过程中不得不对这些指标以零计数,这样对于计算结果的精确程度会产生一定的影响。

2. 数据采集问题

因为涉及内部控制的信息绝大多数都为文字性的信息,需要全部进行手工采集,工作量较大,容易出现一些登录分类错误,有可能对研究结果产生一些不利影响。

3. 因素选择问题

内部控制信息为一类特殊的语言文字信息,比起数字化的财务信息,其影响因素更为复杂,而且关于内部控制评价方面的参考文献也极少,所以在构建模型时,大多参照财务信息影响因素的相关文献研究,寻找可能的影响因素,尽可能地把指标量化,其回归效果不断提高,有一定的解释能力。但是模型中的解释变量对于被解释变量的解释能力仍存在较弱的情况,说明还有一些因素考虑不够充分。在后期研究中,将进一步分析内部控制影响要素,分析影响要素与内部控制之间的内在关联,以进一步提高模型的解释能力。

第8章 研究结论与展望

4. 研究方法选择问题

本书尝试更多地采用实证研究的方法,尽量紧密结合实践以保证研究成果的实用性,虽然文中采用了数据统计分析方法,但对内部控制评价体系构建理论的阐述所占比重还是比较大,有待实证数据的进一步加强。

研究的未来展望

本书从内部控制评价的国际比较入手,分析了我国内部控制评价的现状,结合我国企业内部控制评价中存在的问题,提出了适合我国国情的内部控制评价指标体系,并运用所建立的指标体系对我国上市公司内部控制情况进行了分析,提出了提升我国企业内部控制评价水平的制度性建议。在研究过程中由于文章和研究实践的限制,仍有许多问题亟待今后进一步的研究,主要包括以下几个方面:

1. 进一步研究内部控制评价标准和指标体系的适当性

进一步推进内部控制评价体系的实证研究,为本书研究的实用性提供数据支持。对于内部控制评价模型的影响因素再做进一步的优化,提高回归模型的回归效果,增强解释能力,从而推动内部控制理论与实践的创新和发展。

2. 深入研究内部控制评价信息披露的效用

受篇幅所限,本书对于内部控制评价信息的披露没有做深入的研究。企业内部控制评价信息应该如何披露、具体披露哪些内容、披露的适当程度、内部控制评价信息的披露对利益相关者是否有用、对企业有哪些影响,这些问题需要在今后的研究中更多地加以关注,以期通过企业重视内部控制评价信息的披露来推动企业内部控制评价的公允性。

随着世界资本市场对企业内部控制评价信息的重视,随着我国企业更多地融入世界资本市场,内部控制评价问题必然会受到越来越多企业的重视;同时,我国相关监管主体对内部控制评价问题的重视也会推动更多的企业关注内部控制评价体系的构建和应用;而企业为了在激烈的市场竞争中站稳脚跟,为了满足利益相关者的需求,也必然会有动力推动内部控制和内部控制评价体系的构建。构建适合企业需要的内部控制评价体系并提高评价体系的实用性,方能保证内部控制评价对加强企业经营管理、改善企业内部控制、实现企业战略目标发挥应有的作用。因此,对内部控制评价问题的研究仍然任重而道远。

附录 2011年中国上市公司内部控制评价指数排名

排名	股票代码	股票简称	内控指数	地区	行业
1	601398	工商银行	1016.59	北京市	银行业
2	601288	农业银行	767.89	北京市	银行业
3	601988	中国银行	756.57	北京市	银行业
4	601939	建设银行	744.45	北京市	银行业
5	601328	交通银行	298.87	北京市	银行业
6	600036	招商银行	194.08	北京市	银行业
7	601998	中信银行	186.72	北京市	银行业
8	600000	浦发银行	183.06	上海市	银行业
9	601166	兴业银行	169.55	北京市	银行业
10	600016	民生银行	155.41	北京市	银行业
11	601318	中国平安	152.80	北京市	保险业
12	601857	中国石油	144.42	北京市	石油和天然气开采业
13	000805	*ST炎黄	127.45	江苏省	计算机应用服务业
14	601818	光大银行	120.65	北京市	银行业
15	601628	中国人寿	114.63	北京市	保险业
16	000001	深发展A	98.17	广东省	银行业
17	600015	华夏银行	91.84	北京市	银行业
18	000603	ST盛达	83.37	甘肃省	有色金属矿采选业

续表

排名	股票代码	股票简称	内控指数	地区	行业
19	600111	包钢稀土	71.19	内蒙古自治区	有色金属冶炼及压延加工业
20	300183	东软载波	70.13	山东省	计算机软件开发与咨询
21	601169	北京银行	69.94	北京市	银行业
22	600636	三爱富	60.43	上海市	化学原料及化学制品制造业
23	002601	佰利联	57.69	河南省	化学原料及化学制品制造业
24	002651	利君股份	56.66	四川省	专用设备制造业
25	000411	英特集团	55.53	浙江省	药品及医疗器械批发业
26	000555	ST太光	54.68	广东省	通信及相关设备制造业
27	600031	三一重工	54.44	湖南省	交通运输设备制造业
28	002006	精功科技	54.33	浙江省	专用设备制造业
29	601336	新华保险	52.16	北京市	保险业
30	600340	华夏幸福	50.74	北京市	房地产开发与经营业
31	002612	朗姿股份	47.92	北京市	服装及其他纤维制品制造业
32	002648	卫星石化	47.42	浙江省	化学原料及化学制品制造业
33	300224	正海磁材	47.22	山东省	电子元器件制造业
34	300251	光线传媒	47.06	北京市	广播电影电视业
35	300288	朗玛信息	46.39	贵州省	计算机应用服务业
36	000609	绵世股份	46.13	北京市	房地产开发与经营业
37	002653	海思科	46.09	西藏自治区	医药制造业

附录 2011年中国上市公司内部控制评价指数排名

续表

排名	股票代码	股票简称	内控指数	地区	行业
38	300257	开山股份	45.54	浙江省	普通机械制造业
39	600136	道博股份	43.11	湖北省	能源、材料和机械电子设备批发业
40	300267	尔康制药	42.35	湖南省	医药制造业
41	002623	亚玛顿	41.25	广东省	非金属矿物制品业
42	600028	中国石化	40.94	北京市	石油和天然气开采业
43	601088	中国神华	38.94	北京市	煤炭采选业
44	002585	双星新材	38.90	江苏省	塑料制造业
45	601601	中国太保	38.70	上海市	保险业
46	300291	华录百纳	38.42	北京市	广播电影电视业
47	300204	舒泰神	38.39	北京市	生物制品业
48	300275	梅安森	36.31	重庆市	计算机应用服务业
49	000703	恒逸石化	36.24	浙江省	化学纤维制造业
50	300197	铁汉生态	36.17	广东省	其他土木工程建筑业
51	600519	贵州茅台	36.09	贵州省	饮料制造业
52	600104	上汽集团	35.88	上海市	交通运输设备制造业
53	601668	中国建筑	35.40	北京市	土木工程建筑业
54	002563	森马服饰	35.17	浙江省	零售业
55	600318	巢东股份	33.94	安徽省	非金属矿物制品业
56	601515	东风股份	32.83	广东省	印刷业
57	600816	安信信托	32.77	辽宁省	金融信托业
58	300276	三丰智能	32.61	湖北省	专用设备制造业
59	300285	国瓷材料	32.55	山东省	化学原料及化学制品制造业
60	300188	美亚柏科	32.43	福建省	其他计算机应用服务业
61	300222	科大智能	32.14	上海市	电器机械及器材制造业

续表

排名	股票代码	股票简称	内控指数	地区	行业
62	002611	东方精工	32.09	广东省	专用设备制造业
63	000970	中科三环	32.08	北京市	电子元件制造业
64	601100	恒立油缸	31.71	江苏省	专用设备制造业
65	601566	九牧王	31.68	福建省	服装及其他纤维制品制造业
66	300212	易华录	31.27	北京市	计算机应用服务业
67	600784	鲁银投资	30.35	山东省	黑色金属冶炼及压延加工业
68	002650	加加食品	30.20	湖南省	食品制造业
69	300283	温州宏丰	30.07	浙江省	电器机械及器材制造业
70	002081	金螳螂	29.76	江苏省	装修装饰业
71	000596	古井贡酒	29.55	安徽省	食品制造业
72	600898	三联商社	29.08	山东省	食品、饮料、烟草和家庭用品批发业
73	600259	广晟有色	28.94	广东省	有色金属矿采选业
74	002541	鸿路钢构	28.82	安徽省	金属制品业
75	600160	巨化股份	28.71	浙江省	化学原料及化学制品制造业
76	002646	青青稞酒	28.52	青海省	饮料制造业
77	600547	山东黄金	28.46	山东省	有色金属矿采选业
78	600687	刚泰控股	28.02	浙江省	综合类
79	000537	广宇发展	27.76	天津市	房地产开发与经营业
80	600887	伊利股份	27.72	内蒙古自治区	食品制造业
81	300259	新天科技	27.69	河南省	计量器具制造业
82	000809	铁岭新城	27.55	辽宁省	公共设施服务业
83	002610	爱康科技	27.35	江苏省	其他制造业
84	601390	中国中铁	27.25	北京市	土木工程建筑业
85	300245	天玑科技	27.06	上海市	计算机应用服务业

附录 2011年中国上市公司内部控制评价指数排名

续表

排名	股票代码	股票简称	内控指数	地区	行业
86	601186	中国铁建	26.94	北京市	土木工程建筑业
87	000002	万科A	26.93	广东省	房地产开发与经营业
88	002577	雷柏科技	26.86	广东省	计算机及相关设备制造业
89	002637	赞宇科技	26.81	浙江省	化学原料及化学制品制造业
90	601908	京运通	26.75	北京市	专用设备制造业
91	002628	成都路桥	26.74	四川省	铁路、公路、隧道、桥梁建筑业
92	300290	荣科科技	26.61	辽宁省	计算机应用服务业
93	300270	中威电子	26.37	江苏省	通信设备制造业
94	300253	卫宁软件	26.23	上海市	计算机应用服务业
95	000651	格力电器	26.04	广东省	电器机械及器材制造业
96	002640	百圆裤业	26.01	山西省	零售业
97	002572	索菲亚	25.53	广东省	家具制造业
98	600612	老凤祥	25.53	上海市	其他制造业
99	300199	翰宇药业	25.41	广东省	医药制造业
100	601669	中国水电	25.35	北京市	土木工程建筑业
101	600693	东百集团	25.04	福建省	零售业
102	000430	ST张家界	25.04	湖北省	旅游业
103	600403	大有能源	25.03	湖南省	煤炭采选业
104	600773	西藏城投	24.58	西藏自治区	房地产开发与经营业
105	300226	上海钢联	24.38	上海市	信息传播服务业
106	000861	海印股份	24.29	广东省	日用百货零售业
107	300263	隆华传热	24.12	河南省	普通机械制造业
108	002142	宁波银行	24.11	浙江省	银行业

续表

排名	股票代码	股票简称	内控指数	地区	行业
109	002603	以岭药业	23.75	河北省	中药材及中成药加工业
110	300231	银信科技	23.63	北京市	计算机应用服务业
111	600094	ST华源	23.51	上海市	房地产开发与经营业
112	000831	*ST关铝	23.48	山西省	有色金属冶炼及压延加工业
113	600157	永泰能源	23.46	山西省	煤炭采选业
114	600153	建发股份	23.46	福建省	商业经纪与代理业
115	300250	初灵信息	23.40	浙江省	通信设备制造业
116	600585	海螺水泥	23.30	安徽省	非金属矿物制品业
117	601009	南京银行	23.30	江苏省	银行业
118	600066	宇通客车	23.27	河南省	交通运输设备制造业
119	600048	保利地产	23.20	广东省	房地产开发与经营业
120	002038	双鹭药业	23.17	北京市	生物药品制造业
121	300182	捷成股份	23.11	北京市	计算机应用服务业
122	600690	青岛海尔	23.09	山东省	电器机械及器材制造业
123	300217	东方电热	23.07	江苏省	电器机械及器材制造业
124	002570	贝因美	22.92	浙江省	食品制造业
125	601567	三星电气	22.89	浙江省	仪器仪表及文化、办公用机械制造业
126	300219	鸿利光电	22.87	广东省	电子元器件制造业
127	300261	雅本化学	22.85	江苏省	化学原料及化学制品制造业
128	300281	金明精机	22.76	广东省	专用设备制造业

附录 2011年中国上市公司内部控制评价指数排名

续表

排名	股票代码	股票简称	内控指数	地区	行业
129	601216	内蒙君正	22.55	内蒙古自治区	化学原料及化学制品制造业
130	300286	安科瑞	21.79	上海市	仪器仪表及文化、办公用机械制造业
131	600489	中金黄金	21.79	北京市	有色金属矿采选业
132	000963	华东医药	21.73	浙江省	药品及医疗器械批发业
133	300277	海联讯	21.54	深圳市	计算机应用服务业
134	300228	富瑞特装	21.50	江苏省	专用设备制造业
135	600699	ST得亨	21.48	吉林省	化学纤维制造业
136	300246	宝莱特	21.46	广东省	专用设备制造业
137	300214	日科化学	21.43	山东省	塑料制造业
138	300279	和晶科技	21.33	江苏省	电子元器件制造业
139	300210	森远股份	21.31	辽宁省	专用设备制造业
140	600794	保税科技	21.17	江苏省	仓储业
141	002538	司尔特	21.02	安徽省	化学原料及化学制品制造业
142	002582	好想你	21.00	河南省	食品加工业
143	002588	史丹利	20.99	山东省	化学原料及化学制品制造业
144	002545	东方铁塔	20.99	山东省	金属制品业
145	300289	利德曼	20.86	北京市	生物药品制造业
146	002574	明牌珠宝	20.74	浙江省	其他制造业
147	000795	太原刚玉	20.55	山西省	非金属矿物制品业
148	000568	泸州老窖	20.54	四川省	饮料制造业
149	002652	扬子新材	20.46	江苏省	金属表面处理及热处理业
150	002614	蒙发利	20.27	福建省	电器机械及器材制造业

续表

排名	股票代码	股票简称	内控指数	地区	行业
151	002583	海能达	20.27	广东省	通信及相关设备制造业
152	000527	美的电器	20.24	广东省	电器机械及器材制造业
153	000417	合肥百货	20.17	安徽省	零售业
154	000876	新希望	20.16	四川省	食品加工业
155	002615	哈尔斯	20.14	浙江省	金属制品业
156	300240	飞力达	20.01	江苏省	仓储业
157	300166	东方国信	19.91	北京市	计算机软件开发与咨询
158	002607	亚夏汽车	19.84	安徽省	零售业
159	300202	聚龙股份	19.81	辽宁省	专用设备制造业
160	300266	兴源过滤	19.77	江苏省	普通机械制造业
161	300274	阳光电源	19.66	安徽省	电器机械及器材制造业
162	002595	豪迈科技	19.51	山东省	专用设备制造业
163	300191	潜能恒信	19.51	北京市	采掘服务业
164	000863	*ST 商务	19.26	上海市	房地产开发与经营业
165	300234	开尔新材	19.24	浙江省	非金属矿物制品业
166	000650	仁和药业	19.22	江西省	医药制造业
167	600715	*ST 松辽	19.22	辽宁省	交通运输设备制造业
168	002592	八菱科技	18.91	广西壮族自治区	交通运输设备制造业
169	300209	天泽信息	18.91	江苏省	通信服务业
170	002602	世纪华通	18.91	浙江省	交通运输设备制造业
171	601633	长城汽车	18.89	河北省	交通运输设备制造业

附录 2011年中国上市公司内部控制评价指数排名

续表

排名	股票代码	股票简称	内控指数	地区	行业
172	300194	福安药业	18.62	重庆市	医药制造业
173	600745	中茵股份	18.55	湖北省	房地产开发与经营业
174	300302	同有科技	18.51	北京市	计算机应用服务业
175	300223	北京君正	18.41	北京市	电子元器件制造业
176	300248	新开普	18.40	河南省	计算机应用服务业
177	000620	新华联	18.26	北京市	房地产开发与经营业
178	300243	瑞丰高材	18.24	山东省	化学原料及化学制品制造业
179	601233	桐昆股份	18.14	浙江省	化学纤维制造业
180	600739	辽宁成大	18.04	辽宁省	商业经纪与代理业
181	600067	冠城大通	18.04	北京市	电器机械及器材制造业
182	300255	常山药业	18.04	河北省	生物药品制造业
183	002546	新联电子	18.01	江苏省	输配电及控制设备制造业
184	002631	德尔家居	17.94	江苏省	木材加工及竹、藤、棕、草制品业
185	002024	苏宁电器	17.93	江苏省	零售业
186	002310	东方园林	17.85	北京市	土木工程建筑业
187	300171	东富龙	17.83	上海市	专用设备制造业
188	000981	ST 兰光	17.71	浙江省	房地产开发与经营业
189	300230	永利带业	17.61	上海市	塑料制造业
190	601311	骆驼股份	17.57	湖北省	电器机械及器材制造业
191	002641	永高股份	17.52	浙江省	塑料制造业
192	002632	道明光学	17.50	浙江省	化学原料及化学制品制造业

续表

排名	股票代码	股票简称	内控指数	地区	行业
193	002598	山东章鼓	17.50	山东省	普通机械制造业
194	000973	佛塑科技	17.50	广东省	塑料制造业
195	000338	潍柴动力	17.44	山东省	交通运输设备制造业
196	002629	仁智油服	17.30	四川省	采掘服务业
197	600549	厦门钨业	17.26	福建省	有色金属冶炼及压延加工业
198	600199	金种子酒	17.20	安徽省	饮料制造业
199	601929	吉视传媒	17.18	吉林省	广播电影电视业
200	600366	宁波韵升	17.17	浙江省	电子元器件制造业
201	002241	歌尔声学	17.14	山东省	电子元器件制造业
202	002004	华邦制药	17.10	重庆市	医药制造业
203	000538	云南白药	17.08	云南省	医药制造业
204	600050	中国联通	17.06	上海市	通信服务业
205	600348	阳泉煤业	17.06	山西省	煤炭采选业
206	000425	徐工机械	16.96	江苏省	专用设备制造业
207	600406	国电南瑞	16.91	江苏省	计算机应用服务业
208	600507	方大特钢	16.90	江西省	交通运输设备制造业
209	000631	顺发恒业	16.90	吉林省	房地产开发与经营业
210	600335	*ST盛工	16.87	北京市	能源、材料和机械电子设备批发业
211	600139	西部资源	16.86	四川省	有色金属矿采选业
212	002559	亚威股份	16.76	江苏省	普通机械制造业
213	000789	江西水泥	16.75	江西省	非金属矿物制品业
214	300160	秀强股份	16.72	江苏省	非金属矿物制品业
215	002620	瑞和股份	16.65	广东省	装修装饰业
216	600594	益佰制药	16.56	贵州省	医药制造业

附录 2011年中国上市公司内部控制评价指数排名

续表

排名	股票代码	股票简称	内控指数	地区	行业
217	000656	金科股份	16.40	重庆市	房地产开发与经营业
218	002654	万润科技	16.37	广东省	电子元器件制造业
219	600970	中材国际	16.33	北京市	土木工程建筑业
220	300207	欣旺达	16.31	广东省	电器机械及器材制造业
221	300200	高盟新材	16.25	北京市	化学原料及化学制品制造业
222	000157	中联重科	16.23661	湖南省	专用设备制造业
223	600060	海信电器	16.15	山东省	日用电子器具制造业
224	002634	棒杰股份	16.10	浙江省	纺织业
225	300229	拓尔思	15.91	北京市	计算机应用服务业
226	300175	朗源股份	15.89	山东省	食品加工业
227	002234	民和股份	15.89	山东省	家禽饲养业
228	000028	国药一致	15.89	广东省	药品及医疗器械批发业
229	002589	瑞康医药	15.87	山东省	药品及医疗器械批发业
230	002493	荣盛石化	15.82	浙江省	化学纤维制造业
231	300287	飞利信	15.77	北京市	计算机应用服务业
232	300193	佳士科技	15.74	广东省	电器机械及器材制造业
233	002622	永大集团	15.72	吉林省	电器机械及器材制造业
234	600029	南方航空	15.65	广东省	航空运输业
235	600582	天地科技	15.64	北京市	专用设备制造业
236	000820	*ST金城	15.64	辽宁省	造纸及纸制品业
237	300271	紫光华宇	15.62	北京市	计算机应用服务业
238	600633	浙报传媒	15.58	浙江省	出版业

续表

排名	股票代码	股票简称	内控指数	地区	行业
239	601991	大唐发电	15.49	北京市	电力、蒸汽、热水的生产和供应业
240	002250	联化科技	15.45	浙江省	化学原料及化学制品制造业
241	600729	重庆百货	15.44	重庆市	零售业
242	000792	盐湖股份	15.40	青海省	化学原料及化学制品制造业
243	002128	露天煤业	15.38	内蒙古自治区	煤炭采选业
244	300299	富春通信	15.37	福建省	通信服务业
245	300272	开能环保	15.36	上海市	电器机械及器材制造业
246	601222	林洋电子	15.36	江苏省	仪器仪表及文化、办公用机械制造业
247	300258	精锻科技	15.35	江苏省	交通运输设备制造业
248	600875	东方电气	15.27	四川省	电器机械及器材制造业
249	000034	深信泰丰	15.18	广东省	综合类
250	000877	天山股份	15.14	新疆维吾尔自治区	非金属矿物制品业
251	000737	*ST南风	15.11	山西省	化学原料及化学制品制造业
252	002539	新都化工	15.10	四川省	化学肥料制造业
253	002153	石基信息	15.03	北京市	计算机应用服务业
254	002621	大连三垒	15.02	辽宁省	专用设备制造业
255	002550	千红制药	14.99	江苏省	生物药品制造业
256	600552	方兴科技	14.93	安徽省	非金属矿物制品业
257	002543	万和电气	14.89	广东省	电器机械及器材制造业
258	002223	鱼跃医疗	14.75	江苏省	专用设备制造业

附录 2011年中国上市公司内部控制评价指数排名

续表

排名	股票代码	股票简称	内控指数	地区	行业
259	000011	深物业A	14.73	广东省	房地产开发与经营业
260	002041	登海种业	14.72	山东省	农业
261	601137	博威合金	14.66	浙江省	有色金属冶炼及压延加工业
262	300208	恒顺电气	14.63	山东省	电器机械及器材制造业
263	300268	万福生科	14.57	湖南省	食品加工业
264	600883	博闻科技	14.57	云南省	非金属矿物制品业
265	002549	凯美特气	14.55	湖南省	其他制造业
266	601113	华鼎锦纶	14.48	浙江省	化学纤维制造业
267	600221	海南航空	14.41	海南省	航空运输业
268	002055	得润电子	14.40	广东省	电子元器件制造业
269	002575	群兴玩具	14.36	广东省	文教体育用品制造业
270	300260	新莱应材	14.33	江苏省	普通机械制造业
271	300278	华昌达	14.29	湖北省	专用设备制造业
272	000422	湖北宜化	14.29	湖北省	化学原料及化学制品制造业
273	000887	中鼎股份	14.22	安徽省	橡胶零件制造业
274	300165	天瑞仪器	14.15	江苏省	专用仪器仪表制造业
275	002626	金达威	13.99	福建省	其他食品制造业
276	002655	共达电声	13.98	山东省	电子元器件制造业
277	601989	中国重工	13.93	北京市	其他专用设备制造业
278	601799	星宇股份	13.81	江苏省	电器机械及器材制造业
279	601208	东材科技	13.79	四川省	化学纤维制造业

续表

排名	股票代码	股票简称	内控指数	地区	行业
280	600763	通策医疗	13.78	浙江省	卫生、保健、护理服务业
281	300203	聚光科技	13.77	浙江省	专用仪器仪表制造业
282	600783	鲁信创投	13.76	山东省	非金属矿物制品业
283	002220	天宝股份	13.70	辽宁省	食品加工业
284	600225	天津松江	13.63	天津市	房地产开发与经营业
285	000423	东阿阿胶	13.60	山东省	医药制造业
286	300237	美晨科技	13.55	山东省	橡胶制造业
287	002566	益盛药业	13.55	吉林省	中药材及中成药加工业
288	300244	迪安诊断	13.54	浙江省	卫生、保健、护理服务业
289	600983	合肥三洋	13.53	安徽省	电器机械及器材制造业
290	600684	珠江实业	13.50	广东省	房地产开发与经营业
291	000666	经纬纺机	13.49	北京市	专用设备制造业
292	600525	长园集团	13.47	河北省	电子元器件制造业
293	002136	安纳达	13.46	安徽省	化学原料及化学制品制造业
294	300249	依米康	13.45	四川省	专用设备制造业
295	600805	悦达投资	13.44	江苏省	综合类
296	000581	威孚高科	13.39	江苏省	普通机械制造业
297	002597	金禾实业	13.34	安徽省	化学原料及化学制品制造业
298	300216	千山药机	13.34	湖南省	专用设备制造业
299	000501	鄂武商A	13.32	湖北省	零售业
300	002233	塔牌集团	13.26	广东省	非金属矿物制品业

附录 2011年中国上市公司内部控制评价指数排名

续表

排名	股票代码	股票简称	内控指数	地区	行业
301	000419	通程控股	13.23	湖南省	零售业
302	002565	上海绿新	13.20	上海市	造纸及纸制品业
303	300168	万达信息	13.11	上海市	计算机应用服务业
304	601231	环旭电子	12.98	上海市	日用电子器具制造业
305	002573	国电清新	12.95	北京市	其他社会服务业
306	002624	金磊股份	12.92	浙江省	耐火材料制品业
307	600795	国电电力	12.90	辽宁省	电力、蒸汽、热水的生产和供应
308	600188	兖州煤业	12.88	山东省	煤炭采选业
309	002063	远光软件	12.87	广东省	计算机应用服务业
310	000979	中弘股份	12.85	北京市	房地产开发与经营业
311	601636	旗滨集团	12.82	湖南省	玻璃及玻璃制品业
312	601313	江南嘉捷	12.81	江苏省	交通运输辅助业
313	600723	首商股份	12.80	北京市	零售业
314	300192	科斯伍德	12.78	江苏省	日用化学产品制造业
315	002415	海康威视	12.73	浙江省	其他电子设备制造业
316	300170	汉得信息	12.73	上海市	计算机应用服务业
317	000540	中天城投	12.72	贵州省	房地产开发与经营业
318	002037	久联发展	12.71	贵州省	化学原料及化学制品制造业
319	300221	银禧科技	12.70	广东省	塑料制造业
320	601199	江南水务	12.69	江苏省	自来水的生产和供应业
321	600668	尖峰集团	12.69	浙江省	非金属矿物制品业
322	300284	苏交科	12.68	江苏省	专业、科研服务业

续表

排名	股票代码	股票简称	内控指数	地区	行业
323	601599	鹿港科技	12.64	江苏省	毛纺织业
324	600505	西昌电力	12.64	四川省	电力、蒸汽、热水的生产和供应业
325	600383	金地集团	12.60	北京市	房地产开发与经营业
326	600724	宁波富达	12.58	浙江省	房地产开发与经营业
327	300273	和佳股份	12.54	广东省	专用设备制造业
328	000623	吉林敖东	12.42	吉林省	医药制造业
329	601006	大秦铁路	12.39	山西省	铁路运输业
330	300196	长海股份	12.37	江苏省	其他非金属矿物制品业
331	002625	龙生股份	12.35	浙江省	交通运输设备制造业
332	600106	重庆路桥	12.33	重庆市	交通运输辅助业
333	000915	山大华特	12.31	山东省	医药制造业
334	300282	汇冠股份	12.28	北京市	计算机相关设备制造业
335	002146	荣盛发展	12.19	河北省	房地产开发与经营业
336	601117	中国化学	12.16	北京市	专业、科研服务业
337	002273	水晶光电	12.14	浙江省	电子元器件制造业
338	600900	长江电力	12.12	北京市	电力、蒸汽、热水的生产和供应业
339	002236	大华股份	12.07	浙江省	其他电子设备制造业
340	300269	联建光电	12.03	广东省	其他电子设备制造业
341	600266	北京城建	12.03	北京市	房地产开发与经营业

附录 2011年中国上市公司内部控制评价指数排名

续表

排名	股票代码	股票简称	内控指数	地区	行业
342	000799	酒鬼酒	12.01	湖北省	饮料制造业
343	300242	明家科技	11.98	广东省	电子元器件制造业
344	600637	百视通	11.97	上海市	信息传播服务业
345	600785	新华百货	11.92	宁夏回族自治区	零售业
346	300218	安利股份	11.90	安徽省	塑料制造业
347	600271	航天信息	11.87	广东省	计算机及相关设备制造业
348	000409	*ST泰复	11.86	安徽省	专用设备制造业
349	000939	凯迪电力	11.86	湖北省	电力、蒸汽、热水的生产和供应业
350	000550	江铃汽车	11.85	江西省	交通运输设备制造业
351	601992	金隅股份	11.85	北京市	非金属矿物制品业
352	600375	华菱星马	11.85	安徽省	交通运输设备制造业
353	002553	南方轴承	11.79	江苏省	普通机械制造业
354	002643	烟台万润	11.78	山东省	化学原料及化学制品制造业
355	002477	雏鹰农牧	11.77	河南省	畜牧业
356	600081	东风科技	11.76	上海市	交通运输设备制造业
357	600791	京能置业	11.76	北京市	房地产开发与经营业
358	600362	江西铜业	11.74	江西省	有色金属冶炼及压延加工业
359	600090	啤酒花	11.65	新疆维吾尔自治区	食品加工业
360	002578	闽发铝业	11.65	福建省	有色金属冶炼及压延加工业
361	002033	丽江旅游	11.57	云南省	旅游业
362	002458	益生股份	11.55	山东省	畜牧业

续表

排名	股票代码	股票简称	内控指数	地区	行业
363	002299	圣农发展	11.52	福建省	畜牧业
364	600869	三普药业	11.50	青海省	医药制造业
365	002152	广电运通	11.50	广东省	专用设备制造业
366	600843	上工申贝	11.42	上海市	专用设备制造业
367	300174	元力股份	11.40	福建省	化学原料及化学制品制造业
368	002619	巨龙管业	11.28	浙江省	水泥制品和石棉水泥制品业
369	600276	恒瑞医药	11.23	江苏省	医药制造业
370	300227	光韵达	11.23	广东省	电子元器件制造业
371	600645	ST 中源	11.19	天津市	专业、科研服务业
372	300181	佐力药业	11.19	浙江省	中药材及中成药加工业
373	000880	潍柴重机	11.19	山东省	交通运输设备制造业
374	002576	通达动力	11.16	江苏省	电机制造业
375	600568	中珠控股	11.15	湖北省	医药制造业
376	300254	仟源制药	11.14	山西省	医药制造业
377	600508	上海能源	11.11	上海市	煤炭采选业
378	000522	白云山 A	11.10	广东省	医药制造业
379	000517	荣安地产	11.02	浙江省	房地产开发与经营业
380	002609	捷顺科技	11.01	广东省	计算机应用服务业
381	600256	广汇股份	11.01	新疆维吾尔自治区	房地产开发与经营业
382	601898	中煤能源	11.00	北京市	煤炭采选业
383	000024	招商地产	10.98	广东省	房地产开发与经营业
384	000780	平庄能源	10.98	内蒙古自治区	煤炭采选业
385	600381	ST 贤成	10.88	青海省	煤炭采选业

附录 2011年中国上市公司内部控制评价指数排名

续表

排名	股票代码	股票简称	内控指数	地区	行业
386	601011	宝泰隆	10.87	黑龙江省	石油加工及炼焦业
387	002616	长青集团	10.86	广东省	金属制品业
388	600704	物产中大	10.84	浙江省	商业经纪与代理业
389	600223	鲁商置业	10.82	山东省	房地产开发与经营业
390	300180	华峰超纤	10.82	上海市	塑料制造业
391	002587	奥拓电子	10.80	广东省	其他电子设备制造业
392	600309	烟台万华	10.80	山东省	化学原料及化学制品制造业
393	300318	博晖创新	10.78	北京市	专用设备制造业
394	300220	金运激光	10.77	湖北省	其他电子设备制造业
395	601699	潞安环能	10.76	山西省	煤炭采选业
396	000506	中润资源	10.74	山东省	房地产开发与经营业
397	601899	紫金矿业	10.70	福建省	有色金属矿采选业
398	601111	中国国航	10.69	北京市	航空运输业
399	002269	美邦服饰	10.66	上海市	纺织品、服装、鞋帽零售业
400	300280	南通锻压	10.64	江苏省	通用设备制造业
401	002344	海宁皮城	10.60	浙江省	零售业
402	601607	上海医药	10.59	上海市	医药制造业
403	601116	三江购物	10.48	浙江省	零售业
404	600195	中牧股份	10.47	上海市	生物制品业
405	600801	华新水泥	10.45	湖北省	非金属矿物制品业
406	600019	宝钢股份	10.44	上海市	黑色金属冶炼及压延加工业
407	002262	恩华药业	10.42	江苏省	药品及医疗器械批发业

续表

排名	股票代码	股票简称	内控指数	地区	行业
408	002639	雪人股份	10.41	福建省	通用设备制造业
409	600376	首开股份	10.40	北京市	房地产开发与经营业
410	601766	中国南车	10.39	北京市	交通运输设备制造业
411	000159	国际实业	10.37	新疆维吾尔自治区	石油加工及炼焦业
412	601888	中国国旅	10.36	广东省	旅游业
413	000043	中航地产	10.22	广东省	房地产开发与经营业
414	600518	康美药业	10.20	广东省	医药制造业
415	002245	澳洋顺昌	10.20	江苏省	其他社会服务业
416	600115	东方航空	10.16	上海市	航空运输业
417	002567	唐人神	10.08	湖南省	食品加工业
418	600570	恒生电子	10.01	浙江省	计算机应用服务业
419	600703	三安光电	9.99	福建省	电子元器件制造业
420	002571	德力股份	9.98	安徽省	非金属矿物制品业
421	300239	东宝生物	9.96	内蒙古自治区	其他生物制品业
422	002475	立讯精密	9.93	广东省	电子元器件制造业
423	600742	一汽富维	9.91	吉林省	交通运输设备制造业
424	002627	宜昌交运	9.84	湖北省	公路运输业
425	002035	华帝股份	9.83	广东省	电器机械及器材制造业
426	600559	老白干酒	9.82	河北省	饮料制造业
427	002534	杭锅股份	9.82	浙江省	锅炉及原动机制造业
428	300235	方直科技	9.75	广东省	其他传播、文化产业
429	600828	成商集团	9.74	四川省	零售业
430	300187	永清环保	9.74	湖南省	其他社会服务业
431	600822	上海物贸	9.69	上海市	商业经纪与代理业

附录　2011年中国上市公司内部控制评价指数排名

续表

排名	股票代码	股票简称	内控指数	地区	行业
432	002580	圣阳股份	9.69	山东省	电器机械及器材制造业
433	002606	大连电瓷	9.61	辽宁省	电器机械及器材制造业
434	600131	岷江水电	9.58	四川省	电力、蒸汽、热水的生产和供应业
435	000753	漳州发展	9.49	福建省	能源、材料和机械电子设备批发业
436	002649	博彦科技	9.47	北京市	计算机应用服务业
437	002195	海隆软件	9.45	上海市	计算机应用服务业
438	000608	阳光股份	9.42	广西壮族自治区	房地产开发与经营业
439	002051	中工国际	9.41	北京市	土木工程建筑业
440	000885	同力水泥	9.39	河南省	非金属矿物制品业
441	600240	华业地产	9.38	北京市	房地产开发与经营业
442	300236	上海新阳	9.35	上海市	化学原料及化学制品制造业
443	002586	围海股份	9.31	浙江省	土木工程建筑业
444	600011	华能国际	9.27	北京市	电力、蒸汽、热水的生产和供应业
445	601299	中国北车	9.27	辽宁省	交通运输设备制造业
446	600863	内蒙华电	9.27	内蒙古自治区	电力、蒸汽、热水的生产和供应业
447	300176	鸿特精密	9.27	广东省	普通机械制造业
448	000401	冀东水泥	9.25	河北省	非金属矿物制品业
449	300247	桑乐金	9.22	安徽省	电器机械及器材制造业

续表

排名	股票代码	股票简称	内控指数	地区	行业
450	002647	宏磊股份	9.18	浙江省	电器机械及器材制造业
451	600827	友谊股份	9.16	上海市	零售业
452	300184	力源信息	9.15	湖北省	计算机应用服务业
453	601677	明泰铝业	9.14	河南省	有色金属冶炼及压延加工业
454	000685	中山公用	9.12	广东省	自来水生产业
455	000587	ST金叶	9.12	广东省	其他制造业
456	000566	海南海药	9.10	海南省	医药制造业
457	300265	通光线缆	9.08	江苏省	电器机械及器材制造业
458	300213	佳讯飞鸿	9.05	北京市	通信及相关设备制造业
459	002068	黑猫股份	9.05	江西省	化学原料及化学制品制造业
460	600655	豫园商城	9.03	上海市	零售业
461	002304	洋河股份	9.02	江苏省	酒精及饮料酒制造业
462	002204	大连重工	9.02	辽宁省	普通机械制造业
463	600712	南宁百货	9.01	广西壮族自治区	零售业
464	600295	鄂尔多斯	9.00	内蒙古自治区	服装及其他纤维制品制造业
465	600315	上海家化	9.00	上海市	化学原料及化学制品制造业
466	600208	新湖中宝	8.93	浙江省	房地产开发与经营业
467	000961	中南建设	8.92	江苏省	土木工程建筑业
468	002537	海立美达	8.89	山东省	普通机械制造业
469	601808	中海油服	8.87	天津市	采掘服务业

附录 2011年中国上市公司内部控制评价指数排名

续表

排名	股票代码	股票简称	内控指数	地区	行业
470	300211	亿通科技	8.86	江苏省	广播电视设备制造业
471	600068	葛洲坝	8.82	湖北省	土木工程建筑业
472	002106	莱宝高科	8.82	广东省	电子元器件制造业
473	600056	中国医药	8.80	北京市	商业经纪与代理业
474	600897	厦门空港	8.78	福建省	交通运输辅助业
475	000856	ST唐陶	8.77	河北省	非金属矿物制品业
476	600170	上海建工	8.75	上海市	土木工程建筑业
477	002618	丹邦科技	8.74	广东省	电子元器件制造业
478	000626	如意集团	8.71	江苏省	商业经纪与代理业
479	600604	*ST二纺	8.71	上海市	普通机械制造业
480	000826	桑德环境	8.68	北京市	公共设施服务业
481	000937	冀中能源	8.65	河北省	煤炭采选业
482	600080	ST金花	8.63	陕西省	医药制造业
483	601678	滨化股份	8.61	山东省	综合类
484	600563	法拉电子	8.56	福建省	电子元器件制造业
485	600779	水井坊	8.52	四川省	饮料制造业
486	000039	中集集团	8.50	广东省	金属制品业
487	000967	上风高科	8.48	浙江省	电器机械及器材制造业
488	601798	蓝科高新	8.46	甘肃省	专用设备制造业
489	300058	蓝色光标	8.46	北京市	信息传播服务业
490	600298	安琪酵母	8.45	四川省	食品加工业
491	000593	大通燃气	8.44	四川省	零售业
492	002311	海大集团	8.36	广东省	粮食及饲料加工业
493	000708	大冶特钢	8.34	湖北省	黑色金属冶炼及压延加工业
494	601717	郑煤机	8.33	河南省	专用设备制造业
495	600161	天坛生物	8.32	北京市	生物制品业
496	300206	理邦仪器	8.28	广东省	专用设备制造业

续表

排名	股票代码	股票简称	内控指数	地区	行业
497	002560	通达股份	8.26	河南省	电器机械及器材制造业
498	002131	利欧股份	8.25	浙江省	专用设备制造业
499	002617	露笑科技	8.21	浙江省	有色金属冶炼及压延加工业
500	600054	黄山旅游	8.20	安徽省	旅游业
501	002139	拓邦股份	8.11	广东省	日用电子器具制造业
502	000679	大连友谊	8.09	辽宁省	零售业
503	002430	杭氧股份	8.06	浙江省	普通机械制造业
504	002140	东华科技	8.06	安徽省	土木工程建筑业
505	600695	大江股份	8.05	上海市	食品加工业
506	002001	新和成	8.03	浙江省	医药制造业
507	600327	大东方	8.01	江苏省	零售业
508	300178	腾邦国际	8.01	广东省	旅游业
509	600201	金宇集团	7.98	内蒙古自治区	医药制造业
510	002073	软控股份	7.98	山东省	计算机应用服务业
511	000778	新兴铸管	7.93	新疆维吾尔自治区	金属制品业
512	600386	北巴传媒	7.92	北京市	其他传播、文化产业
513	002564	张化机	7.81	江苏省	专用设备制造业
514	002636	金安国纪	7.75	上海市	电子元器件制造业
515	601800	中国交建	7.74	北京市	土木工程建筑业
516	002552	宝鼎重工	7.72	广东省	普通机械制造业
517	600859	王府井	7.69	北京市	零售业
518	000830	鲁西化工	7.68	山东省	化学原料及化学制品制造业
519	300189	神农大丰	7.68	海南省	农业
520	300179	四方达	7.68	河南省	非金属矿物制品业
521	600458	时代新材	7.67	湖南省	橡胶制造业
522	000869	张裕A	7.66	山东省	饮料制造业

附录 2011年中国上市公司内部控制评价指数排名

续表

排名	股票代码	股票简称	内控指数	地区	行业
523	002243	通产丽星	7.62	广东省	塑料制造业
524	601258	庞大集团	7.60	河北省	其他批发业
525	000933	神火股份	7.55	河南省	有色金属冶炼及压延加工业
526	600307	酒钢宏兴	7.54	甘肃省	黑色金属冶炼及压延加工业
527	002096	南岭民爆	7.52	湖南省	化学原料及化学制品制造业
528	000987	广州友谊	7.50	广东省	零售业
529	002548	金新农	7.49	广东省	食品加工业
530	000655	金岭矿业	7.47	山东省	铁矿采选业
531	000602	*ST金马	7.45	广东省	电力、蒸汽、热水的生产和供应业
532	000059	辽通化工	7.45	辽宁省	化学原料及化学制品制造业
533	300172	中电环保	7.43	江苏省	其他社会服务业
534	600643	爱建股份	7.43	上海市	综合类
535	002470	金正大	7.43	山东省	化学原料及化学制品制造业
536	002305	南国置业	7.43	湖北省	房地产开发与经营业
537	002561	徐家汇	7.43	上海市	零售业
538	600755	厦门国贸	7.40	福建省	商业经纪与代理业
539	601918	国投新集	7.34	安徽省	煤炭采选业
540	000793	华闻传媒	7.32	海南省	其他传播、文化产业
541	600511	国药股份	7.29	河北省	食品、饮料、烟草和家庭用品批发业
542	600057	象屿股份	7.26	福建省	其他社会服务业
543	000507	珠海港	7.20	广东省	综合类

续表

排名	股票代码	股票简称	内控指数	地区	行业
544	002005	德豪润达	7.20	广东省	电器机械及器材制造业
545	002613	北玻股份	7.20	河南省	专用设备制造业
546	000063	中兴通讯	7.20	广东省	通信及相关设备制造业
547	600522	中天科技	7.19	江苏省	通信及相关设备制造业
548	000637	茂化实华	7.19	广东省	石油加工及炼焦业
549	600677	航天通信	7.18	浙江省	纺织业
550	601727	上海电气	7.13	上海市	电器机械及器材制造业
551	002187	广百股份	7.11	广东省	零售业
552	002633	申科股份	7.10	浙江省	普通机械制造业
553	600770	综艺股份	7.05	江苏省	综合类
554	300215	电科院	6.98	江苏省	专业、科研服务业
555	000895	双汇发展	6.96	河南省	食品加工业
556	000563	陕国投A	6.94	陕西省	金融信托业
557	002608	舜天船舶	6.92	江苏省	交通运输设备制造业
558	002540	亚太科技	6.91	江苏省	有色金属冶炼及压延加工业
559	600561	江西长运	6.90	江西省	公路运输业
560	600176	中国玻纤	6.89	浙江省	非金属矿物制品业
561	600372	中航电子	6.86	北京市	交通运输设备制造业
562	600267	海正药业	6.85	浙江省	医药制造业
563	000917	电广传媒	6.83	湖南省	广播电影电视业
564	000639	西王食品	6.82	山东省	食品加工业
565	600675	中华企业	6.82	上海市	房地产开发与经营业

附录 2011年中国上市公司内部控制评价指数排名

续表

排名	股票代码	股票简称	内控指数	地区	行业
566	002277	友阿股份	6.82	湖南省	零售业
567	600152	维科精华	6.82	浙江省	纺织业
568	600880	博瑞传播	6.79	四川省	信息传播服务业
569	002012	凯恩股份	6.77	浙江省	造纸及纸制品业
570	600577	精达股份	6.76	安徽省	电器机械及器材制造业
571	300241	瑞丰光电	6.72	广东省	电子元器件制造业
572	002091	江苏国泰	6.71	江苏省	商业经纪与代理业
573	300185	通裕重工	6.64	广东省	专用设备制造业
574	000906	南方建材	6.64	湖南省	能源、材料和机械电子设备批发业
575	002157	正邦科技	6.61	江西省	食品加工业
576	002599	盛通股份	6.60	北京市	印刷业
577	600272	开开实业	6.59	上海市	服装及其他纤维制品制造业
578	600496	精工钢构	6.58	湖南省	土木工程建筑业
579	000709	河北钢铁	6.57	河北省	黑色金属冶炼及压延加工业
580	600728	新太科技	6.56	广东省	计算机应用服务业
581	600248	延长化建	6.55	陕西省	土木工程建筑业
582	000962	东方钽业	6.54	宁夏回族自治区	有色金属冶炼及压延加工业
583	002557	洽洽食品	6.53	安徽省	食品加工业
584	600079	人福医药	6.49	湖北省	医药制造业
585	300252	金信诺	6.48	广东省	电工器械制造业
586	300190	维尔利	6.45	江苏省	其他公共设施服务业
587	002123	荣信股份	6.43	辽宁省	电器机械及器材制造业

续表

排名	股票代码	股票简称	内控指数	地区	行业
588	600741	华域汽车	6.41	上海市	交通运输设备制造业
589	600382	广东明珠	6.40	广东省	商业经纪与代理业
590	002089	新海宜	6.39	江苏省	通信及相关设备制造业
591	600748	上实发展	6.38	上海市	房地产开发与经营业
592	002267	陕天然气	6.37	陕西省	煤气生产和供应业
593	600018	上港集团	6.36	上海市	交通运输辅助业
594	600401	ST申龙	6.32	江苏省	非金属矿物制品业
595	000561	烽火电子	6.30	陕西省	通信设备制造业
596	601518	吉林高速	6.28	吉林省	公路运输业
597	601789	宁波建工	6.27	浙江省	土木工程建筑业
598	300233	金城医药	6.23	山东省	化学原料及化学制品制造业
599	002294	信立泰	6.22	广东省	医药制造业
600	600815	厦工股份	6.20	福建省	专用设备制造业
601	600409	三友化工	6.18	河北省	化学原料及化学制品制造业
602	002450	康得新	6.17	北京市	化学原料及化学制品制造业
603	002165	红宝丽	6.13	江苏省	化学原料及化学制品制造业
604	600572	康恩贝	6.11	浙江省	医药制造业
605	002371	七星电子	6.09	北京市	其他电子设备制造业
606	002396	星网锐捷	6.07	福建省	通信设备制造业
607	600261	阳光照明	6.04	浙江省	电器机械及器材制造业
608	601028	玉龙股份	6.00	江苏省	钢压延加工业

附录 2011年中国上市公司内部控制评价指数排名

续表

排名	股票代码	股票简称	内控指数	地区	行业
609	600686	金龙汽车	6.00	福建省	交通运输设备制造业
610	600528	中铁二局	5.99	陕西省	土木工程建筑业
611	600969	郴电国际	5.99	湖南省	电力、蒸汽、热水的生产和供应业
612	002536	西泵股份	5.98	河南省	交通运输设备制造业
613	601866	中海集运	5.97	上海市	水上运输业
614	002642	荣之联	5.96	北京市	计算机应用服务业
615	000951	中国重汽	5.96	重庆市	交通运输设备制造业
616	601886	江河幕墙	5.95	北京市	装修装饰业
617	600600	青岛啤酒	5.94	山东省	饮料制造业
618	300164	通源石油	5.92	陕西省	采掘服务业
619	000862	银星能源	5.91	宁夏回族自治区	通用设备制造业
620	000630	铜陵有色	5.89	安徽省	有色金属冶炼及压延加工业
621	000888	峨眉山A	5.85	四川省	旅游业
622	002075	沙钢股份	5.83	江苏省	黑色金属冶炼及压延加工业
623	600658	电子城	5.82	北京市	房地产开发与经营业
624	000707	双环科技	5.81	湖北省	化学原料及化学制品制造业
625	600575	芜湖港	5.80	安徽省	交通运输辅助业
626	600588	用友软件	5.76	北京市	计算机应用服务业
627	002378	章源钨业	5.75	广东省	有色金属冶炼及压延加工业
628	601218	吉鑫科技	5.74	江苏省	专用设备制造业

续表

排名	股票代码	股票简称	内控指数	地区	行业
629	300186	大华农	5.73	广东省	农、林、牧、渔服务业
630	600395	盘江股份	5.72	广西壮族自治区	煤炭采选业
631	002375	亚厦股份	5.71	浙江省	装修装饰业
632	002408	齐翔腾达	5.70	山东省	化学原料及化学制品制造业
633	002353	杰瑞股份	5.69	山东省	采掘服务业
634	002203	海亮股份	5.68	浙江省	有色金属冶炼及压延加工业
635	000100	TCL集团	5.67	广东省	日用电子器具制造业
636	002176	江特电机	5.67	江西省	电器机械及器材制造业
637	300177	中海达	5.65	广东省	通信及相关设备制造业
638	002385	大北农	5.63	北京市	食品加工业
639	002431	棕榈园林	5.62	广东省	土木工程建筑业
640	002126	银轮股份	5.60	浙江省	交通运输设备制造业
641	600172	黄河旋风	5.59	河南省	非金属矿物制品业
642	000040	宝安地产	5.59	广东省	房地产开发与经营业
643	600635	大众公用	5.58	上海市	公共设施服务业
644	600845	宝信软件	5.57	上海市	计算机应用服务业
645	600159	大龙地产	5.56	北京市	房地产开发与经营业
646	002638	勤上光电	5.55	广东省	电器机械及器材制造业
647	300225	金力泰	5.54	上海市	化学原料及化学制品制造业

附录 2011年中国上市公司内部控制评价指数排名

续表

排名	股票代码	股票简称	内控指数	地区	行业
648	300003	乐普医疗	5.54	北京市	医疗器械制造业
649	002251	步步高	5.53	湖南省	零售业
650	002422	科伦药业	5.53	四川省	医药制造业
651	000776	广发证券	5.51	广东省	综合类证券公司
652	600663	陆家嘴	5.51	上海市	房地产开发与经营业
653	002226	江南化工	5.50	安徽省	化学原料及化学制品制造业
654	600420	现代制药	5.50	上海市	医药制造业
655	002208	合肥城建	5.48	安徽省	房地产开发与经营业
656	002167	东方锆业	5.47	广东省	化学原料及化学制品制造业
657	600809	山西汾酒	5.45	山西省	饮料制造业
658	600971	恒源煤电	5.44	安徽省	煤炭采选业
659	002604	龙力生物	5.43	山东省	食品制造业
660	600886	国投电力	5.42	湖北省	电力、蒸汽、热水的生产和供应业
661	002416	爱施德	5.42	广东省	机械、电子设备批发业
662	300262	巴安水务	5.37	上海市	其他社会服务业
663	002581	万昌科技	5.35	山东省	有机化学产品制造业
664	600673	东阳光铝	5.34	广东省	电子元器件制造业
665	600467	好当家	5.32	山东省	渔业
666	600502	安徽水利	5.29	安徽省	土木工程建筑业
667	002158	汉钟精机	5.28	上海市	普通机械制造业
668	002133	广宇集团	5.27	浙江省	房地产开发与经营业

续表

排名	股票代码	股票简称	内控指数	地区	行业
669	000718	苏宁环球	5.27	江苏省	房地产开发与经营业
670	002130	沃尔核材	5.27	广东省	其他制造业
671	002313	日海通讯	5.26	广东省	通信及相关设备制造业
672	002008	大族激光	5.24	广东省	其他专用设备制造业
673	002237	恒邦股份	5.23	山东省	有色金属冶炼及压延加工业
674	600750	江中药业	5.21	江西省	医药制造业
675	002500	山西证券	5.21	山西省	证券、期货业
676	002221	东华能源	5.20	江苏省	能源、材料和机械电子设备批发业
677	600557	康缘药业	5.19	江苏省	医药制造业
678	600823	世茂股份	5.19	上海市	房地产开发与经营业
679	600814	杭州解百	5.19	浙江省	零售业
680	002547	春兴精工	5.19	江苏省	金属制品业
681	000488	晨鸣纸业	5.18	山东省	造纸及纸制品业
682	600835	上海机电	5.17	上海市	电器机械及器材制造业
683	600185	格力地产	5.17	广东省	房地产开发与经营业
684	601933	永辉超市	5.14	福建省	零售业
685	002042	华孚色纺	5.12	广东省	纺织业
686	600027	华电国际	5.12	山东省	电力、蒸汽、热水的生产和供应业
687	600651	飞乐音响	5.12	上海市	电器机械及器材制造业

附录 2011年中国上市公司内部控制评价指数排名

续表

排名	股票代码	股票简称	内控指数	地区	行业
688	601877	正泰电器	5.08	浙江省	输配电及控制设备制造业
689	300022	吉峰农机	5.06	四川省	其他零售业
690	002293	罗莱家纺	5.03	上海市	纺织业
691	600716	凤凰股份	5.03	江苏省	房地产开发与经营业
692	600148	长春一东	5.03	吉林省	交通运输设备制造业
693	002562	兄弟科技	5.03	浙江省	化学原料及化学制品制造业
694	600778	友好集团	5.02	新疆维吾尔自治区	零售业
695	000665	武汉塑料	4.99	湖北省	信息传播服务业
696	601001	大同煤业	4.98	山西省	煤炭采选业
697	000732	泰禾集团	4.98	福建省	房地产开发与经营业
698	000868	安凯客车	4.96	安徽省	交通运输设备制造业
699	601107	四川成渝	4.95	四川省	交通运输辅助业
700	600647	同达创业	4.94	上海市	综合类
701	000898	鞍钢股份	4.93	辽宁省	黑色金属冶炼及压延加工业
702	600626	申达股份	4.93	上海市	纺织业
703	600480	凌云股份	4.92	吉林省	塑料制造业
704	600812	华北制药	4.92	河北省	医药制造业
705	600446	金证股份	4.91	广东省	计算机应用服务业
706	002029	七匹狼	4.88	福建省	服装及其他纤维制品制造业
707	600761	安徽合力	4.87	安徽省	专用设备制造业
708	000528	柳工	4.83	广西壮族自治区	专用设备制造业

续表

排名	股票代码	股票简称	内控指数	地区	行业
709	002635	安洁科技	4.83	江苏省	计算机及相关设备制造业
710	002266	浙富股份	4.80	浙江省	电器机械及器材制造业
711	600350	山东高速	4.79	山东省	交通运输辅助业
712	002109	兴化股份	4.78	陕西省	化学原料及化学制品制造业
713	002394	联发股份	4.77	江苏省	纺织业
714	000598	兴蓉投资	4.77	四川省	其他公共设施服务业
715	000612	焦作万方	4.76	河南省	有色金属冶炼及压延加工业
716	600125	铁龙物流	4.75	辽宁省	铁路运输业
717	000031	中粮地产	4.75	广东省	房地产开发与经营业
718	600780	通宝能源	4.74	山西省	电力、蒸汽、热水的生产和供应业
719	600113	浙江东日	4.74	浙江省	商业经纪与代理业
720	600487	亨通光电	4.73	江苏省	通信及相关设备制造业
721	600837	海通证券	4.72	上海市	证券、期货业
722	600613	永生投资	4.71	上海市	医药制造业
723	002405	四维图新	4.69	北京市	计算机应用服务业
724	002079	苏州固锝	4.69	江苏省	电子元器件制造业
725	600039	四川路桥	4.67	四川省	土木工程建筑业
726	000881	大连国际	4.67	辽宁省	综合类
727	600182	S佳通	4.66	上海市	橡胶制造业
728	600619	海立股份	4.63	上海市	电器机械及器材制造业
729	600697	欧亚集团	4.62	吉林省	零售业

附录 2011年中国上市公司内部控制评价指数排名

续表

排名	股票代码	股票简称	内控指数	地区	行业
730	002400	省广股份	4.59	广东省	广告业
731	600325	华发股份	4.57	广东省	房地产开发与经营业
732	002014	永新股份	4.54	安徽省	塑料制造业
733	002478	常宝股份	4.53	江苏省	黑色金属冶炼及压延加工业
734	300024	机器人	4.53	辽宁省	专用设备制造业
735	600436	片仔癀	4.52	福建省	医药制造业
736	000546	光华控股	4.49	吉林省	房地产开发与经营业
737	600871	S仪化	4.48	江苏省	化学纤维制造业
738	601919	中国远洋	4.48	天津市	水上运输业
739	002605	姚记扑克	4.44	上海市	文教体育用品制造业
740	002596	海南瑞泽	4.44	海南省	非金属矿物制品业
741	600425	青松建化	4.44	新疆维吾尔自治区	非金属矿物制品业
742	600422	昆明制药	4.44	云南省	医药制造业
743	600587	新华医疗	4.42	山东省	专用设备制造业
744	002031	巨轮股份	4.41	广东省	专用设备制造业
745	600009	上海机场	4.39	上海市	交通运输辅助业
746	600210	紫江企业	4.39	上海市	其他制造业
747	002230	科大讯飞	4.38	安徽省	计算机软件开发与咨询
748	600790	轻纺城	4.36	浙江省	综合类
749	002568	百润股份	4.35	上海市	化学原料及化学制品制造业
750	002093	国脉科技	4.35	吉林省	通信服务业
751	000752	西藏发展	4.34	西藏自治区	饮料制造业
752	002590	万安科技	4.33	浙江省	交通运输设备制造业

续表

排名	股票代码	股票简称	内控指数	地区	行业
753	000502	绿景控股	4.31	广东省	房地产开发与经营业
754	600997	开滦股份	4.31	河北省	煤炭采选业
755	000715	中兴商业	4.30	辽宁省	零售业
756	600995	文山电力	4.30	云南省	电力、蒸汽、热水的生产和供应业
757	000998	隆平高科	4.29	湖南省	农业
758	000959	首钢股份	4.28	北京市	黑色金属冶炼及压延加工业
759	000965	天保基建	4.27	天津市	房地产开发与经营业
760	600999	招商证券	4.26	广东省	证券、期货业
761	000669	金鸿能源	4.26	吉林省	煤气生产和供应业
762	300100	双林股份	4.23	浙江省	交通运输设备制造业
763	600138	中青旅	4.21	北京市	旅游业
764	600433	冠豪高新	4.20	广东省	造纸及纸制品业
765	600793	ST宜纸	4.19	四川省	造纸及纸制品业
766	601018	宁波港	4.19	浙江省	港口业
767	600428	中远航运	4.18	广东省	水上运输业
768	002594	比亚迪	4.17	广东省	其他制造业
769	300264	佳创视讯	4.17	广东省	通信及相关设备制造业
770	600888	新疆众和	4.17	新疆维吾尔自治区	有色金属冶炼及压延加工业
771	600196	复星医药	4.14	上海市	医药制造业
772	600378	天科股份	4.14	四川省	化学原料及化学制品制造业
773	000525	红太阳	4.13	江苏省	化学原料及化学制品制造业

附录 2011年中国上市公司内部控制评价指数排名

续表

排名	股票代码	股票简称	内控指数	地区	行业
774	002116	中国海诚	4.13	上海市	专业、科研服务业
775	002210	飞马国际	4.10	广东省	其他社会服务业
776	000726	鲁泰A	4.10	山东省	纺织业
777	600881	亚泰集团	4.10	吉林省	综合类
778	600371	万向德农	4.09	黑龙江省	农业
779	600101	明星电力	4.09	四川省	电力、蒸汽、热水的生产和供应业
780	002032	苏泊尔	4.08	浙江省	金属制品业
781	600500	中化国际	4.06	湖北省	商业经纪与代理业
782	600087	长航油运	4.04	江苏省	水上运输业
783	600469	风神股份	4.03	湖南省	橡胶制造业
784	002177	御银股份	4.02	广东省	专用设备制造业
785	600278	东方创业	4.01	上海市	商业经纪与代理业
786	600987	航民股份	4.01	浙江省	纺织业
787	601010	文峰股份	3.97	江苏省	零售业
788	601139	深圳燃气	3.97	广东省	煤气生产和供应业
789	000513	丽珠集团	3.96	广东省	医药制造业
790	002389	南洋科技	3.96	浙江省	电子元器件制造业
791	600396	金山股份	3.95	辽宁省	电力、蒸汽、热水的生产和供应业
792	600121	郑州煤电	3.95	河南省	煤炭采选业
793	002584	西陇化工	3.95	广东省	化学原料及化学制品制造业
794	000935	四川双马	3.94	四川省	非金属矿物制品业
795	600415	小商品城	3.93	浙江省	综合类
796	002645	华宏科技	3.91	江苏省	专用设备制造业
797	002254	泰和新材	3.90	山东省	化学纤维制造业
798	002179	中航光电	3.90	河南省	电子元器件制造业
799	601688	华泰证券	3.89	上海市	证券、期货业
800	600846	同济科技	3.88	上海市	综合类

续表

排名	股票代码	股票简称	内控指数	地区	行业
801	000402	金融街	3.83	北京市	房地产开发与经营业
802	000982	中银绒业	3.83	宁夏回族自治区	纺织业
803	600792	云煤能源	3.82	云南省	石油加工及炼焦业
804	600352	浙江龙盛	3.82	浙江省	化学原料及化学制品制造业
805	002252	上海莱士	3.81	上海市	生物制品业
806	600850	华东电脑	3.81	上海市	计算机及相关设备制造业
807	002039	黔源电力	3.80	贵州省	电力、蒸汽、热水的生产和供应业
808	600177	雅戈尔	3.80	浙江省	服装及其他纤维制品制造业
809	002275	桂林三金	3.77	广西壮族自治区	医药制造业
810	601268	二重重装	3.74	四川省	冶金、矿山、机电工业专用设备制造业
811	600802	福建水泥	3.74	福建省	非金属矿物制品业
812	300006	莱美药业	3.72	重庆市	医药制造业
813	600965	福成五丰	3.69	河北省	畜牧业
814	601179	中国西电	3.69	陕西省	蒸汽、热水的生产和供应业
815	300173	松德股份	3.68	广东省	专用设备制造业
816	000516	开元投资	3.68	陕西省	零售业
817	000758	中色股份	3.67	北京市	重有色金属矿采选业
818	600355	ST精伦	3.66	湖北省	其他电子设备制造业
819	002283	天润曲轴	3.65	山东省	交通运输设备制造业

附录 2011年中国上市公司内部控制评价指数排名

续表

排名	股票代码	股票简称	内控指数	地区	行业
820	002308	威创股份	3.64	广东省	计算机及相关设备制造业
821	000999	华润三九	3.63	重庆市	医药制造业
822	300104	乐视网	3.63	北京市	信息传播服务业
823	300070	碧水源	3.63	北京市	专业、科研服务业
824	002050	三花股份	3.61	浙江省	普通机械制造业
825	002110	三钢闽光	3.61	福建省	黑色金属冶炼及压延加工业
826	002298	鑫龙电器	3.60	安徽省	输配电及控制设备制造业
827	002097	山河智能	3.59	湖南省	专用设备制造业
828	600993	马应龙	3.58	湖北省	医药制造业
829	600657	信达地产	3.57	北京市	房地产开发与经营业
830	002125	湘潭电化	3.57	湖南省	化学原料及化学制品制造业
831	300054	鼎龙股份	3.56	湖北省	化学原料及化学制品制造业
832	300071	华谊嘉信	3.55	北京市	其他传播、文化产业
833	300073	当升科技	3.53	北京市	非金属矿物制品业
834	300127	银河磁体	3.52	四川省	电子元器件制造业
835	600665	天地源	3.52	陕西省	房地产开发与经营业
836	000026	飞亚达A	3.51	广东省	其他零售业
837	600679	金山开发	3.51	上海市	交通运输设备制造业
838	600017	日照港	3.50	山东省	交通运输辅助业
839	000686	东北证券	3.49	吉林省	证券、期货业
840	002094	青岛金王	3.49	山东省	其他制造业

续表

排名	股票代码	股票简称	内控指数	地区	行业
841	002508	老板电器	3.49	浙江省	电器机械及器材制造业
842	300037	新宙邦	3.48	广东省	化学原料及化学制品制造业
843	600521	华海药业	3.48	浙江省	医药制造业
844	002483	润邦股份	3.47	江苏省	专用设备制造业
845	600730	中国高科	3.47	上海市	商业经纪与代理业
846	600499	科达机电	3.46	广东省	专用设备制造业
847	002186	全聚德	3.45	北京市	餐饮业
848	000089	深圳机场	3.44	广东省	交通运输辅助业
849	002360	同德化工	3.43	山西省	化学原料及化学制品制造业
850	002101	广东鸿图	3.42	广东省	普通机械制造业
851	601666	平煤股份	3.40	河南省	煤炭采选业
852	600117	西宁特钢	3.39	青海省	黑色金属冶炼及压延加工业
853	000050	深天马A	3.39	广东省	电子元器件制造业
854	600118	中国卫星	3.39	陕西省	通信及相关设备制造业
855	000544	中原环保	3.37	河南省	其他公共设施服务业
856	600269	赣粤高速	3.37	江西省	公路运输业
857	000012	南玻A	3.34	广东省	非金属矿物制品业
858	600738	兰州民百	3.34	甘肃省	零售业
859	600831	广电网络	3.32	陕西省	广播电影电视业
860	002138	顺络电子	3.32	广东省	电子元器件制造业
861	002340	格林美	3.31	广东省	有色金属矿采选业
862	600874	创业环保	3.31	天津市	公共设施服务业
863	600345	长江通信	3.30	湖北省	通信及相关设备制造业

附录 2011年中国上市公司内部控制评价指数排名

续表

排名	股票代码	股票简称	内控指数	地区	行业
864	000785	武汉中商	3.30	湖北省	零售业
865	002016	世荣兆业	3.30	广东省	房地产开发与经营业
866	600123	兰花科创	3.30	山西省	煤炭采选业
867	000960	锡业股份	3.29	云南省	有色金属冶炼及压延加工业
868	600535	天士力	3.29	天津市	医药制造业
869	002216	三全食品	3.27	河南省	食品制造业
870	002099	海翔药业	3.26	浙江省	医药制造业
871	002022	科华生物	3.26	上海市	生物药品制造业
872	600581	八一钢铁	3.25	新疆维吾尔自治区	黑色金属冶炼及压延加工业
873	601058	赛轮股份	3.25	山东省	橡胶制造业
874	000823	超声电子	3.24	广东省	电子元器件制造业
875	600012	皖通高速	3.24	安徽省	交通运输辅助业
876	600070	浙江富润	3.23	浙江省	纺织业
877	002327	富安娜	3.23	广东省	纺织业
878	600719	大连热电	3.19	辽宁省	电力、蒸汽、热水的生产和供应业
879	300064	豫金刚石	3.17	河南省	非金属矿物制品业
880	600998	九州通	3.17	湖北省	其他批发业
881	000519	江南红箭	3.15	湖南省	普通机械制造业
882	000759	中百集团	3.15	湖北省	零售业
883	000022	深赤湾A	3.15	广东省	交通运输辅助业
884	000899	赣能股份	3.14	江西省	电力、蒸汽、热水的生产和供应业
885	600710	常林股份	3.13	江苏省	专用设备制造业
886	600197	伊力特	3.12	新疆维吾尔自治区	饮料制造业
887	002196	方正电机	3.12	浙江省	专用设备制造业

续表

排名	股票代码	股票简称	内控指数	地区	行业
888	300201	海伦哲	3.11	江苏省	其他专用设备制造业
889	000543	皖能电力	3.07	安徽省	电力、蒸汽、热水的生产和供应业
890	000720	ST能山	3.07	山东省	电力、蒸汽、热水的生产和供应业
891	600305	恒顺醋业	3.06	江苏省	食品制造业
892	600807	天业股份	3.06	山东省	房地产开发与经营业
893	002398	建研集团	3.04	福建省	建筑、工程咨询服务业
894	600103	青山纸业	3.03	福建省	造纸及纸制品业
895	600702	沱牌舍得	3.02	四川省	饮料制造业
896	002410	广联达	3.01	北京市	计算机应用服务业
897	000529	广弘控股	3.00	广东省	食品加工业
898	002501	利源铝业	2.99	吉林省	有色金属冶炼及压延加工业
899	002358	森源电气	2.98	河南省	电器机械及器材制造业
900	000560	昆百大A	2.97	云南省	零售业
901	000829	天音控股	2.96	江西省	零售业
902	600109	国金证券	2.93	四川省	证券、期货业
903	002591	恒大高新	2.93	江西省	金属制品业
904	600086	东方金钰	2.93	湖北省	其他制造业
905	600639	浦东金桥	2.92	上海市	房地产开发与经营业
906	300124	汇川技术	2.92	广东省	电器机械及器材制造业
907	600829	三精制药	2.90	黑龙江省	医药制造业
908	600051	宁波联合	2.88	浙江省	综合类

附录 2011年中国上市公司内部控制评价指数排名

续表

排名	股票代码	股票简称	内控指数	地区	行业
909	600449	宁夏建材	2.88	宁夏回族自治区	非金属矿物制品业
910	600721	百花村	2.87	新疆维吾尔自治区	有色金属矿采选业
911	600062	双鹤药业	2.87	北京市	医药制造业
912	000661	长春高新	2.86	吉林省	生物制品业
913	300205	天喻信息	2.85	湖北省	其他电子设备制造业
914	000008	ST宝利来	2.85	广东省	旅馆业
915	000014	沙河股份	2.84	广东省	房地产开发与经营业
916	600744	华银电力	2.84	湖南省	电力、蒸汽、热水的生产和供应业
917	002028	思源电气	2.82	上海市	电器机械及器材制造业
918	000825	太钢不锈	2.82	山西省	黑色金属冶炼及压延加工业
919	600187	国中水务	2.81	黑龙江省	自来水的生产和供应业
920	600288	大恒科技	2.80	北京市	通信及相关设备制造业
921	300096	易联众	2.80	福建省	计算机应用服务业
922	000955	ST欣龙	2.79	海南省	其他纤维制品制造业
923	600242	中昌海运	2.77	上海市	水上运输业
924	002265	西仪股份	2.77	云南省	普通机械制造业
925	600268	国电南自	2.76	江苏省	专用设备制造业
926	000889	渤海物流	2.75	河北省	零售业
927	000838	国兴地产	2.74	北京市	房地产开发与经营业
928	002268	卫士通	2.72	四川省	计算机应用服务业

续表

排名	股票代码	股票简称	内控指数	地区	行业
929	000926	福星股份	2.70	湖北省	房地产开发与经营业
930	002318	久立特材	2.67	浙江省	黑色金属冶炼及压延加工业
931	601928	凤凰传媒	2.67	江苏省	出版业
932	600475	华光股份	2.67	江苏省	专用设备制造业
933	600653	申华控股	2.63	上海市	综合类
934	600410	华胜天成	2.62	北京市	计算机应用服务业
935	300088	长信科技	2.62	安徽省	电子元器件制造业
936	600967	北方创业	2.61	山东省	交通运输设备制造业
937	000416	民生投资	2.61	山东省	日用百货零售业
938	600233	大杨创世	2.60	辽宁省	服装及其他纤维制品制造业
939	000042	深长城	2.58	广东省	房地产开发与经营业
940	002376	新北洋	2.57	山东省	计算机相关设备制造业
941	002325	洪涛股份	2.57	广东省	装修装饰业
942	601177	杭齿前进	2.56	浙江省	通用设备制造业
943	000929	兰州黄河	2.55	甘肃省	饮料制造业
944	300075	数字政通	2.54	北京市	计算机应用服务业
945	000510	金路集团	2.54	四川省	化学原料及化学制品制造业
946	600890	ST中房	2.53	北京市	房地产开发与经营业
947	600982	宁波热电	2.52	浙江省	电力、蒸汽、热水的生产和供应业
948	002011	盾安环境	2.52	浙江省	普通机械制造业
949	600628	新世界	2.52	上海市	零售业

附录 2011年中国上市公司内部控制评价指数排名

续表

排名	股票代码	股票简称	内控指数	地区	行业
950	002441	众业达	2.51	广东省	能源、材料和机械电子设备批发业
951	000671	阳光城	2.50	福建省	房地产开发与经营业
952	600351	亚宝药业	2.50	山西省	医药制造业
953	002211	宏达新材	2.50	江苏省	化学原料及化学制品制造业
954	000683	远兴能源	2.49	内蒙古自治区	化学原料及化学制品制造业
955	000860	顺鑫农业	2.47	北京市	农业
956	600363	联创光电	2.45	江西省	电子元器件制造业
957	000680	山推股份	2.43	山东省	专用设备制造业
958	002472	双环传动	2.43	浙江省	普通机械制造业
959	601101	昊华能源	2.43	北京市	煤炭采选业
960	000836	鑫茂科技	2.41	天津市	通信设备制造业
961	600820	隧道股份	2.40	上海市	土木工程建筑业
962	000729	燕京啤酒	2.40	北京市	饮料制造业
963	002644	佛慈制药	2.40	甘肃省	医药制造业
964	000905	厦门港务	2.40	福建省	交通运输辅助业
965	600126	杭钢股份	2.40	江苏省	黑色金属冶炼及压延加工业
966	000721	西安饮食	2.39	陕西省	餐饮业
967	600747	大连控股	2.37	辽宁省	日用电子器具制造业
968	002078	太阳纸业	2.37	山东省	造纸及纸制品业
969	600100	同方股份	2.34	上海市	计算机应用服务业
970	600439	瑞贝卡	2.33	河南省	皮革、毛皮、羽绒及制品制造业
971	000760	博盈投资	2.33	湖北省	交通运输设备制造业

续表

排名	股票代码	股票简称	内控指数	地区	行业
972	002302	西部建设	2.32	新疆维吾尔自治区	非金属矿物制品业
973	002206	海利得	2.31	浙江省	化学纤维制造业
974	300043	星辉车模	2.31	广东省	文教体育用品制造业
975	002054	德美化工	2.31	广东省	化学原料及化学制品制造业
976	002111	威海广泰	2.30	山东省	专用设备制造业
977	600622	嘉宝集团	2.29	上海市	综合类
978	000027	深圳能源	2.29	广东省	电力、蒸汽、热水的生产和供应业
979	002071	江苏宏宝	2.28	江苏省	金属制品业
980	000837	秦川发展	2.27	陕西省	普通机械制造业
981	600493	凤竹纺织	2.27	福建省	纺织业
982	002143	高金食品	2.26	四川省	食品加工业
983	600069	银鸽投资	2.24	河南省	造纸及纸制品业
984	600717	天津港	2.21	天津市	仓储业
985	601000	唐山港	2.21	河北省	交通运输辅助业
986	002010	传化股份	2.20	浙江省	化学原料及化学制品制造业
987	002003	伟星股份	2.19	浙江省	其他制造业
988	300002	神州泰岳	2.19	北京市	计算机应用服务业
989	000400	许继电气	2.16	湖北省	电器机械及器材制造业
990	000811	烟台冰轮	2.15	山东省	普通机械制造业
991	300008	上海佳豪	2.15	上海市	专业、科研服务业
992	002061	江山化工	2.12	浙江省	化学原料及化学制品制造业
993	600193	创兴资源	2.12	上海市	综合类
994	300004	南风股份	2.11	广东省	专用设备制造业
995	000536	华映科技	2.09	福建省	电子元器件制造业

附录 2011年中国上市公司内部控制评价指数排名

续表

排名	股票代码	股票简称	内控指数	地区	行业
996	002630	华西能源	2.08	四川省	普通机械制造业
997	600167	联美控股	2.08	辽宁省	电力、蒸汽、热水的生产和供应业
998	000505	ST珠江	2.08	海南省	房地产开发与经营业
999	600660	福耀玻璃	2.06	福建省	非金属矿物制品业
1000	000731	四川美丰	2.04	四川省	化学原料及化学制品制造业
1001	601099	太平洋	2.03	上海市	证券、期货业
1002	600509	天富热电	2.02	新疆维吾尔自治区	电力、蒸汽、热水的生产和供应业
1003	600667	太极实业	2.02	江苏省	电子元器件制造业
1004	002286	保龄宝	2.00	山东省	食品制造业
1005	002159	三特索道	1.99	湖北省	旅游业
1006	600830	香溢融通	1.98	浙江省	零售业
1007	000738	中航动控	1.98	江苏省	交通运输设备制造业
1008	600694	大商股份	1.96	辽宁省	零售业
1009	300163	先锋新材	1.95	浙江省	其他制造业
1010	600787	中储股份	1.95	北京市	仓储业
1011	600257	大湖股份	1.94	湖南省	农、林、牧、渔服务业
1012	600560	金自天正	1.93	北京市	专用设备制造业
1013	000552	靖远煤电	1.92	甘肃省	煤炭采选业
1014	002411	九九久	1.92	江苏省	化学原料及化学制品制造业
1015	600303	曙光股份	1.92	辽宁省	交通运输设备制造业
1016	300020	银江股份	1.92	浙江省	计算机应用服务业

续表

排名	股票代码	股票简称	内控指数	地区	行业
1017	601158	重庆水务	1.92	重庆市	自来水的生产和供应业
1018	002020	京新药业	1.91	浙江省	医药制造业
1019	600743	华远地产	1.90	北京市	房地产开发与经营业
1020	600718	东软集团	1.89	辽宁省	计算机应用服务业
1021	600649	城投控股	1.89	上海市	综合类
1022	600238	海南椰岛	1.88	海南省	食品加工业
1023	000936	华西股份	1.88	江苏省	化学纤维制造业
1024	300115	长盈精密	1.87	广东省	其他电子设备制造业
1025	601098	中南传媒	1.87	湖南省	出版业
1026	002276	万马电缆	1.87	浙江省	电器机械及器材制造业
1027	000571	新大洲A	1.87	海南省	交通运输设备制造业
1028	600183	生益科技	1.85	广东省	电子元器件制造业
1029	600010	包钢股份	1.84	内蒙古自治区	黑色金属冶炼及压延加工业
1030	002104	恒宝股份	1.84	江苏省	其他电子设备制造业
1031	600405	动力源	1.83	北京市	其他电子设备制造业
1032	600759	正和股份	1.81	海南省	房地产开发与经营业
1033	600797	浙大网新	1.81	浙江省	计算机应用服务业
1034	002401	中海科技	1.81	上海市	计算机应用服务业
1035	600110	中科英华	1.81	吉林省	其他制造业
1036	300005	探路者	1.80	北京市	纺织品、服装、鞋帽零售业

附录 2011年中国上市公司内部控制评价指数排名

续表

排名	股票代码	股票简称	内控指数	地区	行业
1037	000893	东凌粮油	1.80	广东省	植物油加工业
1038	600005	武钢股份	1.79	湖北省	黑色金属冶炼及压延加工业
1039	600317	营口港	1.79	辽宁省	交通运输辅助业
1040	600578	京能热电	1.77	北京市	电力、蒸汽、热水的生产和供应业
1041	600962	国投中鲁	1.77	北京市	农业
1042	000607	华智控股	1.76	浙江省	仪器仪表及文化、办公用机械制造业
1043	002129	中环股份	1.73	天津市	电子元器件制造业
1044	002372	伟星新材	1.72	浙江省	塑料制造业
1045	002522	浙江众成	1.71	浙江省	塑料薄膜制造业
1046	600688	上海石化	1.71	上海市	石油加工及炼焦业
1047	300167	迪威视讯	1.70	广东省	其他通信服务业
1048	002345	潮宏基	1.70	广东省	其他制造业
1049	300019	硅宝科技	1.69	四川省	化学原料及化学制品制造业
1050	300136	信维通信	1.69	广东省	其他电子设备制造业
1051	002185	华天科技	1.69	广东省	电子元器件制造业
1052	000930	中粮生化	1.68	安徽省	食品制造业
1053	600151	航天机电	1.68	上海市	交通运输设备制造业
1054	300015	爱尔眼科	1.67	广东省	卫生、保健、护理服务业
1055	600322	天房发展	1.66	天津市	房地产开发与经营业
1056	002048	宁波华翔	1.66	浙江省	交通运输设备制造业
1057	601718	际华集团	1.64	北京市	综合类

续表

排名	股票代码	股票简称	内控指数	地区	行业
1058	300146	汤臣倍健	1.63	广东省	其他食品制造业
1059	002306	湘鄂情	1.62	北京市	餐饮业
1060	002261	拓维信息	1.61	湖南省	通信服务业
1061	002137	实益达	1.61	广东省	电子元器件制造业
1062	002046	轴研科技	1.60	河南省	普通机械制造业
1063	600203	*ST福日	1.59	福建省	日用电子器具制造业
1064	000029	深深房A	1.59	广东省	房地产开发与经营业
1065	002509	天广消防	1.58	福建省	专用设备制造业
1066	300238	冠昊生物	1.57	广东省	医疗器械制造业
1067	000678	襄阳轴承	1.57	湖北省	轴承、阀门制造业
1068	002217	联合化工	1.56	山东省	化学原料及化学制品制造业
1069	300039	上海凯宝	1.56	上海市	中药材及中成药加工业
1070	600975	新五丰	1.56	湖南省	畜牧业
1071	000969	安泰科技	1.56	北京市	金属制品业
1072	600648	外高桥	1.54	上海市	房地产开发与经营业
1073	000767	漳泽电力	1.54	山西省	电力、蒸汽、热水的生产和供应业
1074	600862	南通科技	1.53	江苏省	普通机械制造业
1075	600270	外运发展	1.52	浙江省	航空运输业
1076	300012	华测检测	1.52	广东省	专业、科研服务业
1077	600332	广州药业	1.51	广东省	医药制造业
1078	002355	兴民钢圈	1.50	山东省	交通运输设备制造业
1079	002331	皖通科技	1.49	安徽省	计算机应用服务业
1080	600838	上海九百	1.49	上海市	零售业

附录 2011年中国上市公司内部控制评价指数排名

续表

排名	股票代码	股票简称	内控指数	地区	行业
1081	600482	风帆股份	1.48	河北省	电器机械及器材制造业
1082	002232	启明信息	1.48	吉林省	计算机应用服务业
1083	002453	天马精化	1.48	江苏省	专用化学产品制造业
1084	002312	三泰电子	1.46	四川省	计算机及相关设备制造业
1085	000727	华东科技	1.46	江苏省	电子器件制造业
1086	002491	通鼎光电	1.46	江苏省	通信及相关设备制造业
1087	000572	海马汽车	1.44	海南省	汽车制造业
1088	600841	上柴股份	1.43	上海市	普通机械制造业
1089	002258	利尔化学	1.41	四川省	化学原料及化学制品制造业
1090	600789	鲁抗医药	1.41	山东省	医药制造业
1091	601369	陕鼓动力	1.41	陕西省	普通机械制造业
1092	600284	浦东建设	1.40	上海市	土木工程建筑业
1093	601008	连云港	1.40	江苏省	交通运输辅助业
1094	600873	梅花集团	1.39	河北省	食品制造业
1095	000878	云南铜业	1.39	云南省	有色金属冶炼及压延加工业
1096	600757	ST源发	1.38	湖北省	出版业
1097	600380	健康元	1.37	北京市	医药制造业
1098	600642	申能股份	1.36	上海市	电力、蒸汽、热水的生产和供应业
1099	600089	特变电工	1.35	新疆维吾尔自治区	电器机械及器材制造业
1100	600586	金晶科技	1.35	山东省	非金属矿物制品业
1101	000920	南方汇通	1.33	贵州省	交通运输设备制造业

续表

排名	股票代码	股票简称	内控指数	地区	行业
1102	601616	广电电气	1.32	上海市	电器机械及器材制造业
1103	600720	祁连山	1.32	甘肃省	非金属矿物制品业
1104	600312	平高电气	1.32	河南省	专用设备制造业
1105	002463	沪电股份	1.32	江苏省	电子元器件制造业
1106	002554	惠博普	1.32	北京市	石油和天然气开采服务业
1107	002013	中航精机	1.31	湖北省	交通运输设备制造业
1108	002213	特尔佳	1.31	广东省	交通运输设备制造业
1109	600141	兴发集团	1.30	湖北省	化学原料及化学制品制造业
1110	000020	深华发A	1.30	广东省	日用电子器具制造业
1111	002212	南洋股份	1.29	广东省	电器机械及器材制造业
1112	300143	星河生物	1.29	广东省	农业
1113	600616	金枫酒业	1.29	上海市	饮料制造业
1114	600073	上海梅林	1.28	上海市	食品制造业
1115	000761	本钢板材	1.27	辽宁省	黑色金属冶炼及压延加工业
1116	002579	中京电子	1.27	广东省	电子元器件制造业
1117	600346	大橡塑	1.26	辽宁省	专用设备制造业
1118	600198	大唐电信	1.26	北京市	通信及相关设备制造业
1119	300105	龙源技术	1.25	山东省	普通机械制造业
1120	002600	江粉磁材	1.24	广东省	电子元器件制造业
1121	002387	黑牛食品	1.24	广东省	饮料制造业
1122	600035	楚天高速	1.23	湖北省	交通运输辅助业

附录 2011年中国上市公司内部控制评价指数排名

续表

排名	股票代码	股票简称	内控指数	地区	行业
1123	600127	金健米业	1.21	湖南省	食品加工业
1124	600676	交运股份	1.21	上海市	交通运输设备制造业
1125	601901	方正证券	1.18	北京市	证券、期货业
1126	000996	中国中期	1.18	北京市	公路运输业
1127	002440	闰土股份	1.17	浙江省	化学原料及化学制品制造业
1128	600856	长百集团	1.16	吉林省	零售业
1129	600576	万好万家	1.16	浙江省	房地产开发与经营业
1130	002361	神剑股份	1.16	安徽省	化学原料及化学制品制造业
1131	002255	海陆重工	1.14	江苏省	普通机械制造业
1132	000798	中水渔业	1.14	北京市	渔业
1133	601618	中国中冶	1.13	北京市	土木工程建筑业
1134	002085	万丰奥威	1.12	浙江省	交通运输设备制造业
1135	600498	烽火通信	1.11	湖南省	通信及相关设备制造业
1136	600486	扬农化工	1.10	江苏省	化学原料及化学制品制造业
1137	000597	东北制药	1.10	辽宁省	医药制造业
1138	002231	奥维通信	1.09	辽宁省	通信及相关设备制造业
1139	600736	苏州高新	1.05	江苏省	房地产开发与经营业
1140	002025	航天电器	1.04	贵州省	电子元器件制造业
1141	300116	坚瑞消防	1.04	陕西省	其他制造业
1142	600368	五洲交通	1.03	广西壮族自治区	公路运输业
1143	600824	益民集团	1.03	上海市	零售业

续表

排名	股票代码	股票简称	内控指数	地区	行业
1144	600865	百大集团	1.03	浙江省	零售业
1145	002007	华兰生物	1.02	河南省	生物药品制造业
1146	600004	白云机场	1.02	广东省	交通运输辅助业
1147	002350	北京科锐	1.02	北京市	电器机械及器材制造业
1148	600548	深高速	1.01	广东省	交通运输辅助业
1149	000627	天茂集团	1.00	湖北省	化学原料及化学制品制造业
1150	000004	国农科技	1.00	广东省	医药制造业
1151	000700	模塑科技	0.99	江苏省	交通运输设备制造业
1152	300103	达刚路机	0.98	陕西省	专用设备制造业
1153	300007	汉威电子	0.95	河南省	仪器仪表及文化、办公用机械制造业
1154	000815	美利纸业	0.95	宁夏回族自治区	造纸及纸制品业
1155	600674	川投能源	0.95	四川省	电力、蒸汽、热水的生产和供应业
1156	600491	龙元建设	0.94	上海市	土木工程建筑业
1157	300126	锐奇股份	0.94	上海市	电器机械及器材制造业
1158	002238	天威视讯	0.94	广东省	广播电影电视业
1159	600211	西藏药业	0.93	西藏自治区	医药制造业
1160	000617	石油济柴	0.93	山东省	普通机械制造业
1161	600219	南山铝业	0.91	山东省	有色金属冶炼及压延加工业
1162	600058	五矿发展	0.90	上海市	商业经纪与代理业
1163	600052	浙江广厦	0.89	浙江省	房地产开发与经营业
1164	002281	光迅科技	0.88	湖北省	通信设备制造业

附录 2011 年中国上市公司内部控制评价指数排名

续表

排名	股票代码	股票简称	内控指数	地区	行业
1165	000006	深振业 A	0.87	广东省	房地产开发与经营业
1166	002122	天马股份	0.86	浙江省	普通机械制造业
1167	600337	美克股份	0.86	新疆维吾尔自治区	零售业
1168	000692	惠天热电	0.84	辽宁省	电力、蒸汽、热水的生产和供应业
1169	601700	风范股份	0.82	江苏省	金属制品业
1170	000919	金陵药业	0.81	江苏省	医药制造业
1171	300090	盛运股份	0.80	安徽省	普通机械制造业
1172	002542	中化岩土	0.79	北京市	土木工程建筑业
1173	000099	中信海直	0.79	广东省	航空运输业
1174	002454	松芝股份	0.77	上海市	交通运输设备制造业
1175	600064	南京高科	0.77	江苏省	房地产开发与经营业
1176	600764	中电广通	0.76	北京市	通信及相关设备制造业
1177	300027	华谊兄弟	0.76	北京市	广播电影电视业
1178	600990	四创电子	0.75	安徽省	通信及相关设备制造业
1179	600463	空港股份	0.75	北京市	房地产开发与经营业
1180	600536	中国软件	0.72	北京市	计算机应用服务业
1181	002324	普利特	0.71	上海市	塑料制造业
1182	600128	弘业股份	0.71	江苏省	商业经纪与代理业
1183	000850	华茂股份	0.69	安徽省	纺织业
1184	002117	东港股份	0.69	山东省	印刷业
1185	300232	洲明科技	0.69	广东省	电子元器件制造业
1186	300110	华仁药业	0.69	山东省	医药制造业
1187	600326	西藏天路	0.69	西藏自治区	土木工程建筑业

续表

排名	股票代码	股票简称	内控指数	地区	行业
1188	600650	锦江投资	0.68	上海市	其他交通运输业
1189	600388	龙净环保	0.68	福建省	专用设备制造业
1190	002077	大港股份	0.67	江苏省	综合类
1191	000968	煤气化	0.66	山西省	煤炭采选业
1192	600818	中路股份	0.65	陕西省	交通运输设备制造业
1193	002393	力生制药	0.64	天津市	医药制造业
1194	600021	上海电力	0.64	上海市	电力、蒸汽、热水的生产和供应业
1195	300133	华策影视	0.64	浙江省	广播电影电视业
1196	000719	大地传媒	0.63	河南省	出版业
1197	300141	和顺电气	0.63	江苏省	输配电及控制设备制造业
1198	002173	山下湖	0.63	浙江省	其他制造业
1199	002527	新时达	0.61	上海市	电器机械及器材制造业
1200	000415	渤海租赁	0.60	天津市	租赁服务业
1201	000997	新大陆	0.59	福建省	计算机应用服务业
1202	600107	美尔雅	0.58	湖北省	服装及其他纤维制品制造业
1203	600781	上海辅仁	0.57	上海市	医药制造业
1204	000977	浪潮信息	0.56	山东省	计算机及相关设备制造业
1205	002049	晶源电子	0.56	河北省	电子元器件制造业
1206	600328	兰太实业	0.55	内蒙古自治区	化学原料及化学制品制造业
1207	002364	中恒电气	0.54	浙江省	电器机械及器材制造业
1208	600981	江苏开元	0.53	江苏省	商业经纪与代理业
1209	002066	瑞泰科技	0.53	北京市	非金属矿物制品业

附录 2011年中国上市公司内部控制评价指数排名

续表

排名	股票代码	股票简称	内控指数	地区	行业
1210	002334	英威腾	0.53	广东省	电器机械及器材制造业
1211	002341	新纶科技	0.53	广东省	化学原料及化学制品制造业
1212	002354	科冕木业	0.53	辽宁省	木材加工及竹、藤、棕、草制品业
1213	600644	乐山电力	0.53	四川省	电力、蒸汽、热水的生产和供应业
1214	600618	氯碱化工	0.53	上海市	化学原料及化学制品制造业
1215	601007	金陵饭店	0.52	江苏省	旅馆业
1216	600654	飞乐股份	0.51	上海市	电子元器件制造业
1217	600122	宏图高科	0.51	江苏省	零售业
1218	002115	三维通信	0.50	浙江省	通信及相关设备制造业
1219	002228	合兴包装	0.49	福建省	造纸及纸制品业
1220	002489	浙江永强	0.48	浙江省	家具制造业
1221	000989	九芝堂	0.47	湖南省	医药制造业
1222	002288	超华科技	0.46	广东省	电子元器件制造业
1223	600356	恒丰纸业	0.46	黑龙江省	造纸及纸制品业
1224	002497	雅化集团	0.44	四川省	专用化学产品制造业
1225	600495	晋西车轴	0.44	山西省	交通运输设备制造业
1226	000421	南京中北	0.43	江苏省	公共设施服务业
1227	300010	立思辰	0.43	北京市	计算机应用服务业
1228	002481	双塔食品	0.43	山东省	食品制造业
1229	300144	宋城股份	0.43	浙江省	旅游业
1230	600063	皖维高新	0.41	安徽省	化学纤维制造业
1231	600114	东睦股份	0.40	浙江省	金属制品业

续表

排名	股票代码	股票简称	内控指数	地区	行业
1232	000060	中金岭南	0.39	广东省	有色金属冶炼及压延加工业
1233	002229	鸿博股份	0.39	福建省	印刷业
1234	002284	亚太股份	0.39	浙江省	交通运输设备制造业
1235	600895	张江高科	0.37	上海市	综合类
1236	000663	永安林业	0.37	福建省	林业
1237	002510	天汽模	0.36	天津市	交通运输设备制造业
1238	000948	南天信息	0.35	云南省	计算机应用服务业
1239	600338	ST珠峰	0.34	西藏自治区	有色金属冶炼及压延加工业
1240	002092	中泰化学	0.34	新疆维吾尔自治区	化学原料及化学制品制造业
1241	600870	ST厦华	0.33	福建省	日用电子器具制造业
1242	002209	达意隆	0.33	广东省	专用设备制造业
1243	000687	恒天天鹅	0.32	河北省	化学纤维制造业
1244	002419	天虹商场	0.32	广东省	零售业
1245	600008	首创股份	0.31	北京市	自来水的生产和供应业
1246	600606	金丰投资	0.31	上海市	综合类
1247	600825	新华传媒	0.31	上海市	零售业
1248	600178	东安动力	0.29	黑龙江省	交通运输设备制造业
1249	600236	桂冠电力	0.28	广西壮族自治区	电力、蒸汽、热水的生产和供应业
1250	601588	北辰实业	0.27	北京市	房地产开发与经营业
1251	000852	江钻股份	0.27	湖北省	专用设备制造业

附录 2011年中国上市公司内部控制评价指数排名

续表

排名	股票代码	股票简称	内控指数	地区	行业
1252	002367	康力电梯	0.27	江苏省	交通运输设备制造业
1253	000562	宏源证券	0.26	新疆维吾尔自治区	证券、期货业
1254	300034	钢研高纳	0.25	北京市	有色金属冶炼及压延加工业
1255	002030	达安基因	0.25	广东省	生物药品制造业
1256	300014	亿纬锂能	0.24	广东省	电子元器件制造业
1257	000564	西安民生	0.24	陕西省	零售业
1258	002127	新民科技	0.23	江苏省	化学纤维制造业
1259	600708	海博股份	0.23	上海市	其他交通运输业
1260	300045	华力创通	0.23	北京市	计算机应用服务业
1261	600551	时代出版	0.22	安徽省	出版业
1262	002339	积成电子	0.22	山东省	计算机应用服务业
1263	002287	奇正藏药	0.21	西藏自治区	医药制造业
1264	000828	东莞控股	0.21	广东省	交通运输辅助业
1265	002067	景兴纸业	0.21	浙江省	造纸及纸制品业
1266	000096	广聚能源	0.20	广东省	能源、材料和机械电子设备批发业
1267	300145	南方泵业	0.19	广东省	普通机械制造业
1268	002532	新界泵业	0.18	浙江省	专用设备制造业
1269	300072	三聚环保	0.18	北京市	化学原料及化学制品制造业
1270	002436	兴森科技	0.17	广东省	电子元器件制造业
1271	002272	川润股份	0.17	四川省	专用设备制造业
1272	002253	川大智胜	0.16	四川省	计算机应用服务业
1273	002040	南京港	0.15	江苏省	交通运输辅助业
1274	600714	金瑞矿业	0.15	青海省	煤炭采选业
1275	600137	浪莎股份	0.15	四川省	服装及其他纤维制品制造业

续表

排名	股票代码	股票简称	内控指数	地区	行业
1276	600775	南京熊猫	0.13	江苏省	通信及相关设备制造业
1277	002347	泰尔重工	0.13	安徽省	普通机械制造业
1278	000058	深赛格	0.12	广东省	租赁服务业
1279	600758	红阳能源	0.11	辽宁省	电力、蒸汽、热水的生产和供应业
1280	601880	大连港	0.11	辽宁省	港口业
1281	000638	万方地产	0.11	辽宁省	房地产开发与经营业
1282	600767	运盛实业	0.11	上海市	房地产开发与经营业
1283	600893	航空动力	0.10	陕西省	交通运输设备制造业
1284	002309	中利科技	0.05	江苏省	电器机械及器材制造业
1285	002494	华斯股份	0.05	广东省	毛皮鞣制及制品业
1286	600490	ST合臣	0.05	上海市	化学原料及化学制品制造业
1287	601801	皖新传媒	0.04	安徽省	其他传播、文化产业
1288	002317	众生药业	0.04	广东省	中药材及中成药加工业
1289	002058	威尔泰	0.00	上海市	仪器仪表及文化、办公用机械制造业
1290	002321	华英农业	-0.01	河南省	畜牧业
1291	600336	澳柯玛	-0.02	山东省	电器机械及器材制造业
1292	300159	新研股份	-0.02	新疆维吾尔自治区	专用设备制造业
1293	300025	华星创业	-0.03	浙江省	通信服务业
1294	002190	成飞集成	-0.03	四川省	专用设备制造业

附录 2011 年中国上市公司内部控制评价指数排名

续表

排名	股票代码	股票简称	内控指数	地区	行业
1295	600292	九龙电力	-0.03	四川省	电力、蒸汽、热水的生产和供应业
1296	600580	卧龙电气	-0.03	浙江省	电器机械及器材制造业
1297	002326	永太科技	-0.05	浙江省	化学原料及化学制品制造业
1298	300130	新国都	-0.06	广东省	专用设备制造业
1299	002511	中顺洁柔	-0.06	广东省	造纸及纸制品业
1300	000615	湖北金环	-0.06	湖北省	化学纤维制造业
1301	002333	罗普斯金	-0.06	江苏省	有色金属冶炼及压延加工业
1302	002135	东南网架	-0.07	浙江省	土木工程建筑业
1303	002301	齐心文具	-0.07	广东省	文教体育用品制造业
1304	000717	韶钢松山	-0.07	广东省	黑色金属冶炼及压延加工业
1305	600158	中体产业	-0.10	天津市	其他社会服务业
1306	300148	天舟文化	-0.10	北京市	出版业
1307	000078	海王生物	-0.13	广东省	医药制造业
1308	002225	濮耐股份	-0.13	河南省	非金属矿物制品业
1309	300106	西部牧业	-0.13	新疆维吾尔自治区	畜牧业
1310	002413	常发股份	-0.13	江苏省	普通机械制造业
1311	002150	江苏通润	-0.15	江苏省	金属制品业
1312	002469	三维工程	-0.15	山东省	专业、科研服务业
1313	300108	双龙股份	-0.17	吉林省	化学原料及化学制品制造业
1314	002498	汉缆股份	-0.17	山东省	电器机械及器材制造业
1315	300099	尤洛卡	-0.17	山东省	专用设备制造业

续表

排名	股票代码	股票简称	内控指数	地区	行业
1316	002335	科华恒盛	-0.18	福建省	电器机械及器材制造业
1317	002349	精华制药	-0.20	江苏省	医药制造业
1318	600075	新疆天业	-0.21	新疆维吾尔自治区	化学原料及化学制品制造业
1319	600377	宁沪高速	-0.22	江苏省	交通运输辅助业
1320	300128	锦富新材	-0.22	江苏省	电子元器件制造业
1321	002486	嘉麟杰	-0.23	上海市	纺织业
1322	300079	数码视讯	-0.23	北京市	通信及相关设备制造业
1323	600133	东湖高新	-0.23	湖北省	综合类
1324	600416	湘电股份	-0.24	湖南省	普通机械制造业
1325	002274	华昌化工	-0.26	江苏省	化学原料及化学制品制造业
1326	002507	涪陵榨菜	-0.27	重庆市	食品制造业
1327	600026	中海发展	-0.29	上海市	水上运输业
1328	600460	士兰微	-0.30	浙江省	电子元器件制造业
1329	600565	迪马股份	-0.31	重庆市	交通运输设备制造业
1330	002363	隆基机械	-0.32	山东省	汽车制造业
1331	300030	阳普医疗	-0.33	广东省	医疗器械制造业
1332	002485	希努尔	-0.34	山东省	服装及其他纤维制品制造业
1333	600279	重庆港九	-0.34	四川省	交通运输辅助业
1334	600879	航天电子	-0.34	湖北省	专用设备制造业
1335	002533	金杯电工	-0.34	湖南省	电器机械及器材制造业
1336	002404	嘉欣丝绸	-0.35	浙江省	纺织业
1337	600438	通威股份	-0.35	四川省	食品加工业

附录 2011年中国上市公司内部控制评价指数排名

续表

排名	股票代码	股票简称	内控指数	地区	行业
1338	300109	新开源	-0.35	河南省	化学原料及化学制品制造业
1339	000705	浙江震元	-0.35	浙江省	食品、饮料、烟草和家庭用品批发业
1340	000010	SST华新	-0.35	北京市	石化及其他工业专用设备制造业
1341	600597	光明乳业	-0.36	上海市	食品加工业
1342	002087	新野纺织	-0.37	河南省	纺织业
1343	600847	ST渝万里	-0.37	重庆市	电器机械及器材制造业
1344	000610	西安旅游	-0.37	陕西省	旅游业
1345	600175	美都控股	-0.37	江苏省	综合类
1346	600423	柳化股份	-0.39	广西壮族自治区	化学原料及化学制品制造业
1347	000796	易食股份	-0.40	北京市	食品制造业
1348	002102	冠福家用	-0.40	福建省	非金属矿物制品业
1349	600162	香江控股	-0.41	福建省	房地产开发与经营业
1350	600858	银座股份	-0.41	山东省	零售业
1351	600803	威远生化	-0.41	河北省	化学原料及化学制品制造业
1352	600253	天方药业	-0.42	河南省	医药制造业
1353	002476	宝莫股份	-0.44	山东省	化学原料及化学制品制造业
1354	002183	怡亚通	-0.44	广东省	其他社会服务业
1355	300122	智飞生物	-0.44	重庆市	生物制品业
1356	000523	广州浪奇	-0.45	广东省	化学原料及化学制品制造业
1357	002516	江苏旷达	-0.46	江苏省	纺织业
1358	002346	柘中建设	-0.47	上海市	非金属矿物制品业

续表

排名	股票代码	股票简称	内控指数	地区	行业
1359	002320	海峡股份	-0.48	海南省	沿海运输业
1360	600811	东方集团	-0.49	浙江省	综合类
1361	600638	新黄浦	-0.50	上海市	房地产开发与经营业
1362	000797	中国武夷	-0.51	福建省	房地产开发与经营业
1363	600510	黑牡丹	-0.52	江苏省	综合类
1364	300017	网宿科技	-0.53	上海市	通信服务业
1365	002280	新世纪	-0.54	浙江省	计算机应用服务业
1366	000736	中房地产	-0.54	重庆市	房地产开发与经营业
1367	600501	航天晨光	-0.54	江苏省	交通运输设备制造业
1368	300138	晨光生物	-0.55	河北省	生物制品业
1369	002120	新海股份	-0.55	浙江省	其他制造业
1370	002315	焦点科技	-0.56	江苏省	计算机应用服务业
1371	600853	龙建股份	-0.58	黑龙江省	土木工程建筑业
1372	601168	西部矿业	-0.59	青海省	有色金属矿采选业
1373	600545	新疆城建	-0.59	新疆维吾尔自治区	土木工程建筑业
1374	000619	海螺型材	-0.60	安徽省	塑料制造业
1375	000897	津滨发展	-0.61	天津市	房地产开发与经营业
1376	601377	兴业证券	-0.62	上海市	证券、期货业
1377	000589	黔轮胎A	-0.62	贵州省	橡胶制造业
1378	300195	长荣股份	-0.62	天津市	其他专用设备制造业
1379	002445	中南重工	-0.62	江苏省	金属制品业
1380	600313	ST中农	-0.62	北京市	农业
1381	002425	凯撒股份	-0.63	广东省	服装及其他纤维制品制造业

附录 2011年中国上市公司内部控制评价指数排名

续表

排名	股票代码	股票简称	内控指数	地区	行业
1382	600966	博汇纸业	-0.64	山东省	造纸及纸制品业
1383	600523	贵航股份	-0.65	广西壮族自治区	交通运输设备制造业
1384	002297	博云新材	-0.65	湖南省	专用设备制造业
1385	600088	中视传媒	-0.66	上海市	广播电影电视业
1386	300016	北陆药业	-0.66	北京市	医药制造业
1387	600782	新钢股份	-0.67	江西省	金属制品业
1388	000065	北方国际	-0.69	北京市	土木工程建筑业
1389	000635	英力特	-0.69	宁夏回族自治区	化学原料及化学制品制造业
1390	600354	敦煌种业	-0.70	甘肃省	农业
1391	600190	锦州港	-0.72	辽宁省	交通运输辅助业
1392	002161	远望谷	-0.72	广东省	通信及相关设备制造业
1393	000426	兴业矿业	-0.73	内蒙古自治区	有色金属矿采选业
1394	600260	凯乐科技	-0.73	湖北省	塑料制造业
1395	000883	湖北能源	-0.74	湖北省	电力生产业
1396	000090	深天健	-0.74	广东省	土木工程建筑业
1397	002503	搜于特	-0.74	广东省	纺织品、服装、鞋帽零售业
1398	600329	中新药业	-0.74	天津市	医药制造业
1399	300142	沃森生物	-0.75	云南省	生物制品业
1400	002409	雅克科技	-0.75	江苏省	化学原料及化学制品制造业
1401	002423	中原特钢	-0.75	河南省	专用设备制造业
1402	300154	瑞凌股份	-0.75	广东省	其他电子设备制造业
1403	600358	国旅联合	-0.75	北京市	旅游业
1404	600735	新华锦	-0.76	山东省	饮料制造业

续表

排名	股票代码	股票简称	内控指数	地区	行业
1405	002434	万里扬	-0.77	浙江省	交通运输设备制造业
1406	000021	长城开发	-0.79	广东省	计算机及相关设备制造业
1407	000816	江淮动力	-0.81	江苏省	普通机械制造业
1408	002384	东山精密	-0.81	江苏省	金属结构制造业
1409	002392	北京利尔	-0.82	北京市	非金属矿物制品业
1410	002462	嘉事堂	-0.83	北京市	药品及医疗器械批发业
1411	000910	大亚科技	-0.83	上海市	人造板制造业
1412	600683	京投银泰	-0.84	浙江省	房地产开发与经营业
1413	002342	巨力索具	-0.84	河北省	其他制造业
1414	002290	禾盛新材	-0.89	江苏省	其他制造业
1415	002482	广田股份	-0.89	广东省	装修装饰业
1416	300089	长城集团	-0.90	广东省	非金属矿物制品业
1417	002490	山东墨龙	-0.91	山东省	专用设备制造业
1418	600006	东风汽车	-0.92	上海市	交通运输设备制造业
1419	600310	桂东电力	-0.94	广西壮族自治区	电力、蒸汽、热水的生产和供应业
1420	600408	安泰集团	-0.94	山西省	石油加工及炼焦业
1421	600978	宜华木业	-0.95	广东省	家具制造业
1422	600448	华纺股份	-0.95	上海市	纺织业
1423	002480	新筑股份	-0.96	四川省	普通机械制造业
1424	600277	亿利能源	-0.97	内蒙古自治区	化学原料及化学制品制造业
1425	000722	*ST金果	-0.98	湖南省	电力、蒸汽、热水的生产和供应业
1426	300102	乾照光电	-0.98	福建省	电子元器件制造业

附录 2011年中国上市公司内部控制评价指数排名

续表

排名	股票代码	股票简称	内控指数	地区	行业
1427	300113	顺网科技	-0.99	浙江省	计算机应用服务业
1428	002435	长江润发	-0.99	江苏省	专用设备制造业
1429	600963	岳阳林纸	-0.99	湖南省	造纸及纸制品业
1430	000088	盐田港	-1.00	广东省	交通运输辅助业
1431	002023	海特高新	-1.00	四川省	交通运输辅助业
1432	000036	华联控股	-1.00	广东省	房地产开发与经营业
1433	000909	数源科技	-1.00	浙江省	通信及相关设备制造业
1434	000410	沈阳机床	-1.01	辽宁省	普通机械制造业
1435	600641	万业企业	-1.04	上海市	房地产开发与经营业
1436	000953	ST河化	-1.04	广西壮族自治区	化学原料及化学制品制造业
1437	600078	澄星股份	-1.04	江苏省	化学原料及化学制品制造业
1438	002307	北新路桥	-1.05	新疆维吾尔自治区	土木工程建筑业
1439	002428	云南锗业	-1.05	云南省	有色金属冶炼及压延加工业
1440	002369	卓翼科技	-1.06	广东省	通信及相关设备制造业
1441	002569	步森股份	-1.06	浙江省	服装及其他纤维制品制造业
1442	002348	高乐股份	-1.07	广东省	文教体育用品制造业
1443	002479	富春环保	-1.07	浙江省	电力、蒸汽、热水的生产和供应业
1444	600461	洪城水业	-1.07	江西省	自来水的生产和供应业
1445	600589	广东榕泰	-1.08	广东省	塑料制造业

续表

排名	股票代码	股票简称	内控指数	地区	行业
1446	002515	金字火腿	-1.10	浙江省	食品加工业
1447	002124	天邦股份	-1.11	浙江省	食品加工业
1448	002278	神开股份	-1.11	上海市	其他专用设备制造业
1449	300120	经纬电材	-1.12	天津市	输配电及控制设备制造业
1450	002421	达实智能	-1.13	广东省	计算机应用服务业
1451	002271	东方雨虹	-1.13	北京市	非金属矿物制品业
1452	002095	生意宝	-1.14	浙江省	计算机应用服务业
1453	000690	宝新能源	-1.15	广东省	电力、蒸汽、热水的生产和供应业
1454	600143	金发科技	-1.16	广东省	塑料制造业
1455	000046	泛海建设	-1.16	广东省	房地产开发与经营业
1456	300156	天立环保	-1.16	北京市	专用设备制造业
1457	600222	太龙药业	-1.17	河南省	医药制造业
1458	002492	恒基达鑫	-1.18	广东省	仓储业
1459	000819	岳阳兴长	-1.19	湖南省	石油加工及炼焦业
1460	002121	科陆电子	-1.20	广东省	其他电子设备制造业
1461	600513	联环药业	-1.22	江苏省	医药制造业
1462	002484	江海股份	-1.22	江苏省	电子元器件制造业
1463	600059	古越龙山	-1.23	浙江省	饮料制造业
1464	000586	汇源通信	-1.23	四川省	通信及相关设备制造业
1465	601126	四方股份	-1.23	北京市	输配电及控制设备制造业
1466	600098	广州控股	-1.24	广东省	电力、蒸汽、热水的生产和供应业

附录 2011年中国上市公司内部控制评价指数排名

续表

排名	股票代码	股票简称	内控指数	地区	行业
1467	002520	日发数码	-1.25	浙江省	金属加工机械制造业
1468	300093	金刚玻璃	-1.25	广东省	非金属矿物制品业
1469	600611	大众交通	-1.25	上海市	公共设施服务业
1470	600630	龙头股份	-1.26	上海市	纺织业
1471	002112	三变科技	-1.26	浙江省	电器机械及器材制造业
1472	300009	安科生物	-1.26	安徽省	生物制品业
1473	600689	上海三毛	-1.27	上海市	服装及其他纤维制品制造业
1474	002222	福晶科技	-1.27	福建省	电子元器件制造业
1475	601333	广深铁路	-1.28	广东省	铁路运输业
1476	000966	长源电力	-1.29	湖北省	电力、蒸汽、热水的生产和供应业
1477	000723	美锦能源	-1.29	山西省	石油加工及炼焦业
1478	600255	鑫科材料	-1.30	安徽省	有色金属冶炼及压延加工业
1479	001896	豫能控股	-1.31	河南省	电力、蒸汽、热水的生产和供应业
1480	002289	宇顺电子	-1.31	广东省	电子元器件制造业
1481	600072	中船股份	-1.32	上海市	专用设备制造业
1482	601788	光大证券	-1.32	上海市	证券、期货
1483	300047	天源迪科	-1.32	广东省	计算机应用服务业
1484	002518	科士达	-1.32	广东省	电器机械及器材制造业
1485	300059	东方财富	-1.32	上海市	计算机应用服务业
1486	002424	贵州百灵	-1.35	贵州省	医药制造业
1487	600241	时代万恒	-1.36	辽宁省	服装及其他纤维制品制造业

续表

排名	股票代码	股票简称	内控指数	地区	行业
1488	000553	沙隆达A	-1.37	湖北省	化学原料及化学制品制造业
1489	002418	康盛股份	-1.37	浙江省	金属加工机械制造业
1490	600682	南京新百	-1.37	江苏省	零售业
1491	002279	久其软件	-1.38	北京市	计算机应用服务业
1492	600634	*ST海鸟	-1.39	上海市	房地产开发与经营业
1493	002015	霞客环保	-1.40	江苏省	纺织业
1494	000548	湖南投资	-1.40	湖南省	公路管理及养护业
1495	600832	东方明珠	-1.40	上海市	综合类
1496	002070	众和股份	-1.41	福建省	纺织业
1497	600740	山西焦化	-1.42	山西省	石油加工及炼焦业
1498	000667	名流置业	-1.42	云南省	房地产开发与经营业
1499	002198	嘉应制药	-1.44	广东省	医药制造业
1500	300082	奥克股份	-1.44	辽宁省	专用化学产品制造业
1501	002201	九鼎新材	-1.44	江苏省	非金属矿物制品业
1502	600470	六国化工	-1.44	安徽省	化学原料及化学制品制造业
1503	002443	金洲管道	-1.44	浙江省	金属制品业
1504	002088	鲁阳股份	-1.45	山东省	非金属矿物制品业
1505	002027	七喜控股	-1.46	广东省	计算机及相关设备制造业
1506	000807	云铝股份	-1.46	云南省	有色金属冶炼及压延加工业
1507	300092	科新机电	-1.47	四川省	专用设备制造业
1508	300112	万讯自控	-1.49	广东省	仪器仪表及文化、办公用机械制造业

附录 2011年中国上市公司内部控制评价指数排名

续表

排名	股票代码	股票简称	内控指数	地区	行业
1509	300091	金通灵	-1.51	江苏省	专用设备制造业
1510	600569	安阳钢铁	-1.51	河南省	黑色金属冶炼及压延加工业
1511	600529	山东药玻	-1.52	山东省	非金属矿物制品业
1512	300011	鼎汉技术	-1.52	北京市	交通运输设备制造业
1513	300031	宝通带业	-1.52	江苏省	橡胶制造业
1514	002365	永安药业	-1.54	湖北省	医药制造业
1515	002512	达华智能	-1.55	广东省	电子元器件制造业
1516	000559	万向钱潮	-1.55	浙江省	交通运输设备制造业
1517	600804	鹏博士	-1.56	四川省	通信服务业
1518	002368	太极股份	-1.58	北京市	计算机应用服务业
1519	600558	大西洋	-1.59	四川省	金属制品业
1520	002043	兔宝宝	-1.60	浙江省	木材加工及竹、藤、棕、草制品业
1521	002300	太阳电缆	-1.61	福建省	输配电及控制设备制造业
1522	600020	中原高速	-1.61	河南省	交通运输辅助业
1523	300123	太阳鸟	-1.61	湖南省	船舶制造业
1524	300055	万邦达	-1.62	北京市	专业、科研服务业
1525	000818	ST化工	-1.63	辽宁省	化学原料及化学制品制造业
1526	002060	粤水电	-1.63	广东省	土木工程建筑业
1527	000886	海南高速	-1.63	海南省	交通运输辅助业
1528	600732	上海新梅	-1.65	上海市	房地产开发与经营业
1529	600130	ST波导	-1.66	浙江省	通信及相关设备制造业
1530	600543	莫高股份	-1.66	甘肃省	食品加工业

续表

排名	股票代码	股票简称	内控指数	地区	行业
1531	002439	启明星辰	-1.66	北京市	计算机应用服务业
1532	600976	武汉健民	-1.67	湖北省	医药制造业
1533	600096	云天化	-1.67	云南省	化学原料及化学制品制造业
1534	002062	宏润建设	-1.68	浙江省	土木工程建筑业
1535	300157	恒泰艾普	-1.69	北京市	石油和天然气开采服务业
1536	000616	亿城股份	-1.70	辽宁省	房地产开发与经营业
1537	002488	金固股份	-1.70	浙江省	交通运输设备制造业
1538	000801	四川九洲	-1.71	四川省	通信及相关设备制造业
1539	600323	南海发展	-1.71	广东省	自来水的生产和供应业
1540	601555	东吴证券	-1.72	江苏省	证券、期货业
1541	300149	量子高科	-1.75	广东省	食品制造业
1542	000070	特发信息	-1.76	广东省	通信设备制造业
1543	300046	台基股份	-1.77	湖北省	电子元器件制造业
1544	000711	天伦置业	-1.78	黑龙江省	房地产管理业
1545	601118	海南橡胶	-1.79	海南省	农业
1546	600685	广船国际	-1.80	广东省	交通运输设备制造业
1547	300083	劲胜股份	-1.80	广东省	电子元器件制造业
1548	300041	回天胶业	-1.81	湖北省	化学原料及化学制品制造业
1549	000558	莱茵置业	-1.81	辽宁省	房地产开发与经营业
1550	000735	罗牛山	-1.81	海南省	畜牧业

附录 2011年中国上市公司内部控制评价指数排名

续表

排名	股票代码	股票简称	内控指数	地区	行业
1551	300057	万顺股份	-1.82	广东省	有色金属冶炼及压延加工业
1552	600808	马钢股份	-1.82	安徽省	黑色金属冶炼及压延加工业
1553	002370	亚太药业	-1.83	浙江省	医药制造业
1554	002487	大金重工	-1.84	辽宁省	金属制品业
1555	002466	天齐锂业	-1.84	四川省	化学原料及化学制品制造业
1556	600726	华电能源	-1.84	黑龙江省	电力、蒸汽、热水的生产和供应业
1557	600701	工大高新	-1.84	黑龙江省	综合类
1558	002531	天顺风能	-1.86	江苏省	专用设备制造业
1559	300080	新大新材	-1.86	河南省	非金属矿物制品业
1560	600192	长城电工	-1.87	甘肃省	电器机械及器材制造业
1561	300101	国腾电子	-1.88	四川省	通信及相关设备制造业
1562	600884	杉杉股份	-1.89	浙江省	服装及其他纤维制品制造业
1563	000916	华北高速	-1.89	北京市	交通运输辅助业
1564	002521	齐峰股份	-1.90	山东省	造纸及纸制品业
1565	600397	安源股份	-1.91	江西省	煤炭采选业
1566	600022	济南钢铁	-1.92	山东省	黑色金属冶炼及压延加工业
1567	000975	科学城	-1.92	重庆市	公共设施服务业
1568	300119	瑞普生物	-1.92	天津市	生物制品业
1569	600866	星湖科技	-1.93	广东省	食品制造业
1570	601003	柳钢股份	-1.94	广西壮族自治区	黑色金属冶炼及压延加工业
1571	600333	长春燃气	-1.94	吉林省	煤气生产和供应业

续表

排名	股票代码	股票简称	内控指数	地区	行业
1572	600834	申通地铁	-1.95	上海市	公共设施服务业
1573	000812	陕西金叶	-1.96	陕西省	印刷业
1574	002180	万力达	-1.96	广东省	电器机械及器材制造业
1575	000158	常山股份	-1.98	河北省	纺织业
1576	002090	金智科技	-1.98	江苏省	输配电及控制设备制造业
1577	002449	国星光电	-2.00	广东省	电子元器件制造业
1578	600007	中国国贸	-2.00	北京市	租赁服务业
1579	002530	丰东股份	-2.00	江苏省	普通机械制造业
1580	000066	长城电脑	-2.00	广东省	计算机及相关设备制造业
1581	300033	同花顺	-2.02	浙江省	计算机应用服务业
1582	600538	ST国发	-2.02	广西壮族自治区	生物药品制造业
1583	002059	云南旅游	-2.03	云南省	旅游业
1584	600979	广安爱众	-2.04	四川省	电力、蒸汽、热水的生产和供应业
1585	300044	赛为智能	-2.04	广东省	计算机应用服务业
1586	000576	ST甘化	-2.04	广东省	综合类
1587	002351	漫步者	-2.06	广东省	日用电子器具制造业
1588	000802	北京旅游	-2.09	北京市	旅游业
1589	002457	青龙管业	-2.09	宁夏回族自治区	水泥制品和石棉水泥制品业
1590	300050	世纪鼎利	-2.09	广东省	通信服务业
1591	000533	万家乐	-2.09	广东省	电器机械及器材制造业
1592	600711	盛屯矿业	-2.10	福建省	有色金属矿采选业
1593	600112	长征电气	-2.10	贵州省	电器机械及器材制造业

附录 2011年中国上市公司内部控制评价指数排名

续表

排名	股票代码	股票简称	内控指数	地区	行业
1594	600082	海泰发展	-2.11	天津市	房地产开发与经营业
1595	600602	广电电子	-2.12	上海市	电子元器件制造业
1596	600209	ST罗顿	-2.12	上海市	综合类
1597	600479	千金药业	-2.12	湖南省	医药制造业
1598	600168	武汉控股	-2.12	湖北省	自来水的生产和供应业
1599	002455	百川股份	-2.13	江苏省	化学原料及化学制品制造业
1600	600754	锦江股份	-2.13	上海市	旅馆业
1601	000875	吉电股份	-2.13	吉林省	电力、蒸汽、热水的生产和供应业
1602	002282	博深工具	-2.13	河北省	普通机械制造业
1603	600516	方大炭素	-2.14	甘肃省	非金属矿物制品业
1604	600459	贵研铂业	-2.14	云南省	有色金属冶炼及压延加工业
1605	600592	龙溪股份	-2.14	福建省	普通机械制造业
1606	300053	欧比特	-2.15	广东省	电子元器件制造业
1607	002391	长青股份	-2.16	江苏省	化学原料及化学制品制造业
1608	600861	北京城乡	-2.16	北京市	零售业
1609	000712	锦龙股份	-2.16	广东省	自来水的生产和供应业
1610	000599	青岛双星	-2.17	山东省	橡胶制造业
1611	300001	特锐德	-2.17	山东省	输配电及控制设备制造业
1612	002438	江苏神通	-2.17	江苏省	普通机械制造业
1613	600652	爱使股份	-2.18	上海市	煤炭采选业
1614	601996	丰林集团	-2.22	广西壮族自治区	人造板制造业

续表

排名	股票代码	股票简称	内控指数	地区	行业
1615	000573	粤宏远A	-2.22	广东省	房地产开发与经营业
1616	000957	中通客车	-2.23	山东省	石油和天然气开采业
1617	600992	贵绳股份	-2.23	贵州省	金属制品业
1618	002495	佳隆股份	-2.24	广东省	食品制造业
1619	600293	三峡新材	-2.24	湖北省	非金属矿物制品业
1620	000918	嘉凯城	-2.25	浙江省	房地产开发与经营业
1621	600876	洛阳玻璃	-2.27	河南省	非金属矿物制品业
1622	600343	航天动力	-2.27	陕西省	普通机械制造业
1623	000019	深深宝A	-2.28	广东省	饮料制造业
1624	300038	梅泰诺	-2.30	北京市	通信及相关设备制造业
1625	600129	太极集团	-2.31	重庆市	医药制造业
1626	600530	交大昂立	-2.32	上海市	生物制品业
1627	002417	三元达	-2.33	福建省	通信设备制造业
1628	600289	亿阳信通	-2.33	北京市	计算机应用服务业
1629	002330	得利斯	-2.34	山东省	屠宰及肉类蛋类加工业
1630	000851	高鸿股份	-2.34	北京市	其他计算机应用服务业
1631	600300	维维股份	-2.34	江苏省	饮料制造业
1632	002526	山东矿机	-2.34	山东省	专用设备制造业
1633	600085	同仁堂	-2.34	北京市	医药制造业
1634	002502	骅威股份	-2.35	上海市	文教体育用品制造业
1635	000632	三木集团	-2.36	福建省	综合类
1636	600533	栖霞建设	-2.38	南京市	房地产开发与经营业

附录　2011年中国上市公司内部控制评价指数排名

续表

排名	股票代码	股票简称	内控指数	地区	行业
1637	300131	英唐智控	-2.39	广东省	电子元器件制造业
1638	600520	中发科技	-2.39	安徽省	电器机械及器材制造业
1639	000045	深纺织A	-2.40	广东省	综合类
1640	600135	乐凯胶片	-2.40	河北省	化学原料及化学制品制造业
1641	002162	斯米克	-2.40	上海市	非金属矿物制品业
1642	000691	*ST亚太	-2.40	海南省	房地产开发与经营业
1643	002519	银河电子	-2.41	江苏省	通信及相关设备制造业
1644	002171	精诚铜业	-2.41	安徽省	有色金属冶炼及压延加工业
1645	600037	歌华有线	-2.42	北京市	信息传播服务业
1646	600692	亚通股份	-2.43	上海市	水上运输业
1647	601106	中国一重	-2.44	黑龙江省	专用设备制造业
1648	600583	海油工程	-2.44	山东省	采掘服务业
1649	002156	通富微电	-2.45	江苏省	电子元器件制造业
1650	002467	二六三	-2.47	北京市	通信服务业
1651	002247	帝龙新材	-2.48	浙江省	其他制造业
1652	600061	中纺投资	-2.48	上海市	化学纤维制造业
1653	002452	长高集团	-2.48	湖南省	输配电及控制设备制造业
1654	002134	天津普林	-2.49	天津市	电子元器件制造业
1655	300147	香雪制药	-2.50	广东省	医药制造业
1656	600320	振华重工	-2.50	上海市	专用设备制造业
1657	000153	丰原药业	-2.51	安徽省	医药制造业
1658	600584	长电科技	-2.51	江苏省	电子元器件制造业
1659	600071	凤凰光学	-2.52	江西省	仪器仪表及文化、办公用机械制造业

续表

排名	股票代码	股票简称	内控指数	地区	行业
1660	000695	滨海能源	-2.52	天津市	电力、蒸汽、热水的生产和供应业
1661	600246	万通地产	-2.54	北京市	房地产开发与经营业
1662	300114	中航电测	-2.55	陕西省	电子元器件制造业
1663	600189	吉林森工	-2.56	吉林省	林业
1664	601999	出版传媒	-2.56	辽宁省	出版业
1665	600237	铜峰电子	-2.58	安徽省	电子元器件制造业
1666	300152	燃控科技	-2.60	江苏省	专用设备制造业
1667	600985	雷鸣科化	-2.61	安徽省	化学原料及化学制品制造业
1668	600696	多伦股份	-2.61	上海市	房地产开发与经营业
1669	600116	三峡水利	-2.62	重庆市	电力、蒸汽、热水的生产和供应业
1670	601958	金钼股份	-2.63	陕西省	有色金属矿采选业
1671	600855	航天长峰	-2.65	北京市	专用设备制造业
1672	002080	中材科技	-2.69	江苏省	非金属矿物制品业
1673	300087	荃银高科	-2.70	安徽省	农业
1674	600774	汉商集团	-2.71	湖北省	零售业
1675	600299	ST新材	-2.71	江苏省	化学原料及化学制品制造业
1676	600150	中国船舶	-2.71	上海市	专用设备制造业
1677	300081	恒信移动	-2.75	河北省	通信服务业
1678	000551	创元科技	-2.75	江苏省	综合类
1679	002323	中联电气	-2.75	江苏省	专用设备制造业
1680	300125	易世达	-2.76	辽宁省	专业、科研服务业
1681	600526	菲达环保	-2.78	浙江省	专用设备制造业
1682	000902	中国服装	-2.78	北京市	服装及其他纤维制品制造业

附录 2011年中国上市公司内部控制评价指数排名

续表

排名	股票代码	股票简称	内控指数	地区	行业
1683	600573	惠泉啤酒	-2.78	福建省	饮料制造业
1684	002202	金风科技	-2.79	新疆维吾尔自治区	电器机械及器材制造业
1685	600213	亚星客车	-2.79	江苏省	交通运输设备制造业
1686	000950	建峰化工	-2.79	重庆市	化学原料及化学制品制造业
1687	002433	太安堂	-2.80	广东省	中药材及中成药加工业
1688	300076	宁波GQY	-2.80	浙江省	计算机及相关设备制造业
1689	002182	云海金属	-2.81	江苏省	有色金属冶炼及压延加工业
1690	600727	ST鲁北	-2.83	山东省	化学原料及化学制品制造业
1691	600251	冠农股份	-2.83	新疆维吾尔自治区	食品加工业
1692	600601	方正科技	-2.85	北京市	计算机及相关设备制造业
1693	600725	云维股份	-2.86	云南省	化学原料及化学制品制造业
1694	000762	西藏矿业	-2.87	西藏自治区	黑色金属矿采选业
1695	600819	耀皮玻璃	-2.87	上海市	非金属矿物制品业
1696	600218	全柴动力	-2.87	安徽省	普通机械制造业
1697	000055	方大集团	-2.89	广东省	金属制品业
1698	600053	中江地产	-2.90	江西省	房地产开发与经营业
1699	600497	驰宏锌锗	-2.91	云南省	有色金属矿采选业
1700	601777	力帆股份	-2.92	重庆市	交通运输设备制造业

续表

排名	股票代码	股票简称	内控指数	地区	行业
1701	000601	韶能股份	-2.92	广东省	电力、蒸汽、热水的生产和供应业
1702	002295	精艺股份	-2.93	广东省	有色金属冶炼及压延加工业
1703	600360	华微电子	-2.93	吉林省	电子元器件制造业
1704	000511	银基发展	-2.94	辽宁省	房地产开发与经营业
1705	002083	孚日股份	-2.95	山东省	纺织业
1706	300169	天晟新材	-2.96	江苏省	塑料制造业
1707	002260	伊立浦	-2.96	广东省	电器机械及器材制造业
1708	600166	福田汽车	-2.99	北京市	交通运输设备制造业
1709	000978	桂林旅游	-3.00	广西壮族自治区	旅游业
1710	000151	中成股份	-3.01	北京市	商业经纪与代理业
1711	600765	中航重机	-3.01	北京市	普通机械制造业
1712	601872	招商轮船	-3.03	上海市	水上运输业
1713	002373	联信永益	-3.05	北京市	计算机应用服务业
1714	000728	国元证券	-3.05	安徽省	证券、期货业
1715	600889	南京化纤	-3.06	江苏省	化学纤维制造业
1716	002175	广陆数测	-3.06	广西壮族自治区	仪器仪表及文化、办公用机械制造业
1717	600247	成城股份	-3.06	吉林省	商业经纪与代理业
1718	300077	国民技术	-3.07	广东省	电子元器件制造业
1719	000923	河北宣工	-3.07	河北省	专用设备制造业
1720	600400	红豆股份	-3.09	江苏省	服装及其他纤维制品制造业
1721	002381	双箭股份	-3.10	浙江省	橡胶制造业
1722	600555	九龙山	-3.10	上海市	非金属矿物制品业

附录 2011年中国上市公司内部控制评价指数排名

续表

排名	股票代码	股票简称	内控指数	地区	行业
1723	600173	卧龙地产	-3.11	黑龙江省	房地产开发与经营业
1724	000682	东方电子	-3.13	山东省	计算机应用服务业
1725	000927	一汽夏利	-3.13	天津市	交通运输设备制造业
1726	002524	光正钢构	-3.14	新疆维吾尔自治区	金属制品业
1727	000833	贵糖股份	-3.15	广西壮族自治区	造纸业
1728	000600	建投能源	-3.15	河北省	电力、蒸汽、热水的生产和供应业
1729	002239	金飞达	-3.16	江苏省	服装及其他纤维制品制造业
1730	000980	金马股份	-3.16	安徽省	仪器仪表及文化、办公用机械制造业
1731	002523	天桥起重	-3.16	湖南省	专用设备制造业
1732	600227	赤天化	-3.18	贵州省	化学原料及化学制品制造业
1733	300137	先河环保	-3.18	河北省	仪器仪表及文化、办公用机械制造业
1734	000532	力合股份	-3.18	广东省	综合类
1735	002214	大立科技	-3.18	浙江省	其他电子设备制造业
1736	002465	海格通信	-3.19	广东省	通信及相关设备制造业
1737	600119	长江投资	-3.19	上海市	综合类
1738	002390	信邦制药	-3.21	贵州省	医药制造业
1739	000062	深圳华强	-3.21	广东省	租赁服务业
1740	600749	西藏旅游	-3.21	西藏自治区	旅游业
1741	600623	双钱股份	-3.21	上海市	橡胶制造业
1742	600306	商业城	-3.21	辽宁省	零售业

续表

排名	股票代码	股票简称	内控指数	地区	行业
1743	600746	江苏索普	-3.22	江苏省	化学原料及化学制品制造业
1744	600030	中信证券	-3.23	上海市	证券、期货业
1745	000541	佛山照明	-3.23	广东省	电器机械及器材制造业
1746	600661	新南洋	-3.24	上海市	综合类
1747	002314	雅致股份	-3.24	广东省	金属结构制造业
1748	000530	大冷股份	-3.26	辽宁省	普通机械制造业
1749	002471	中超电缆	-3.27	江苏省	电器机械及器材制造业
1750	600426	华鲁恒升	-3.28	山东省	化学原料及化学制品制造业
1751	000032	深桑达A	-3.28	广东省	其他电子设备制造业
1752	000777	中核科技	-3.28	江苏省	普通机械制造业
1753	002205	国统股份	-3.28	新疆维吾尔自治区	非金属矿物制品业
1754	300018	中元华电	-3.30	湖北省	输配电及控制设备制造业
1755	300129	泰胜风能	-3.32	上海市	金属加工机械制造业
1756	600605	汇通能源	-3.35	上海市	房地产开发与经营业
1757	002395	双象股份	-3.36	江苏省	泡沫塑料及人造革、合成革制造业
1758	601890	亚星锚链	-3.38	江苏省	交通运输设备制造业
1759	300028	金亚科技	-3.38	四川省	通信及相关设备制造业
1760	600836	界龙实业	-3.38	上海市	印刷业

附录 2011年中国上市公司内部控制评价指数排名

续表

排名	股票代码	股票简称	内控指数	地区	行业
1761	300069	金利华电	-3.39	浙江省	电器机械及器材制造业
1762	600239	云南城投	-3.39	云南省	房地产开发与经营业
1763	300021	大禹节水	-3.40	甘肃省	专用设备制造业
1764	600456	宝钛股份	-3.41	陕西省	有色金属冶炼及压延加工业
1765	002403	爱仕达	-3.42	浙江省	金属制品业
1766	600399	抚顺特钢	-3.42	辽宁省	黑色金属冶炼及压延加工业
1767	300153	科泰电源	-3.42	上海市	电器机械及器材制造业
1768	600598	北大荒	-3.43	黑龙江省	农业
1769	300063	天龙集团	-3.44	广东省	化学原料及化学制品制造业
1770	600171	上海贝岭	-3.44	上海市	电子元器件制造业
1771	300117	嘉寓股份	-3.44	北京市	装修装饰业
1772	002379	鲁丰股份	-3.46	山东省	有色金属冶炼及压延加工业
1773	002292	奥飞动漫	-3.46	广东省	文教体育用品制造业
1774	000839	中信国安	-3.47	北京市	综合类
1775	000800	一汽轿车	-3.48	吉林省	交通运输设备制造业
1776	002105	信隆实业	-3.48	广东省	文教体育用品制造业
1777	002181	粤传媒	-3.48	广东省	信息传播服务业
1778	002270	法因数控	-3.51	济南省	金属加工机械制造业
1779	601519	大智慧	-3.51	上海市	计算机应用服务业

续表

排名	股票代码	股票简称	内控指数	地区	行业
1780	600165	新日恒力	-3.52	宁夏回族自治区	金属制品业
1781	002456	欧菲光	-3.52	广东省	电子元器件制造业
1782	600308	华泰股份	-3.52	山东省	造纸及纸制品业
1783	002219	独一味	-3.52	甘肃省	医药制造业
1784	000890	法尔胜	-3.53	江苏省	金属制品业
1785	600370	三房巷	-3.53	江苏省	纺织业
1786	600302	标准股份	-3.55	陕西省	专用设备制造业
1787	000912	泸天化	-3.55	四川省	化学原料及化学制品制造业
1788	002343	禾欣股份	-3.57	浙江省	泡沫塑料及人造革、合成革制造业
1789	002194	武汉凡谷	-3.57	湖北省	通信及相关设备制造业
1790	002178	延华智能	-3.59	上海市	专业、科研服务业
1791	002036	宜科科技	-3.59	浙江省	纺织业
1792	600839	四川长虹	-3.60	四川省	日用电子器具制造业
1793	000882	华联股份	-3.61	北京市	食品、饮料、烟草和家庭用品批发业
1794	300068	南都电源	-3.61	浙江省	电器机械及器材制造业
1795	002045	广州国光	-3.63	广东省	电子元器件制造业
1796	600798	宁波海运	-3.63	浙江省	水上运输业
1797	300140	启源装备	-3.66	陕西省	电器机械及器材制造业
1798	002380	科远股份	-3.66	江苏省	输配电及控制设备制造业
1799	300035	中科电气	-3.66	湖南省	专用设备制造业
1800	300151	昌红科技	-3.70	广东省	专用设备制造业
1801	300036	超图软件	-3.71	北京市	计算机应用服务业

附录 2011年中国上市公司内部控制评价指数排名

续表

排名	股票代码	股票简称	内控指数	地区	行业
1802	000636	风华高科	-3.71	广东省	电子元器件制造业
1803	600169	太原重工	-3.72	山西省	专用设备制造业
1804	600810	神马股份	-3.72	河南省	化学纤维制造业
1805	300158	振东制药	-3.73	山西省	医药制造业
1806	300013	新宁物流	-3.75	江苏省	仓储业
1807	000033	新都酒店	-3.75	广东省	旅馆业
1808	600590	泰豪科技	-3.75	江西省	电器机械及器材制造业
1809	000539	粤电力A	-3.76	广东省	电力、蒸汽、热水的生产和供应业
1810	600391	成发科技	-3.76	四川省	交通运输设备制造业
1811	600379	宝光股份	-3.77	陕西省	电器机械及器材制造业
1812	002382	蓝帆股份	-3.80	山东省	塑料制造业
1813	300074	华平股份	-3.83	上海市	通信服务业
1814	600105	永鼎股份	-3.85	江苏省	通信及相关设备制造业
1815	002366	丹甫股份	-3.85	四川省	通用设备制造业
1816	600093	禾嘉股份	-3.86	四川省	交通运输设备制造业
1817	300097	智云股份	-3.87	辽宁省	专用设备制造业
1818	600566	洪城股份	-3.87	湖北省	普通机械制造业
1819	000150	宜华地产	-3.88	广东省	房地产开发与经营业
1820	300032	金龙机电	-3.88	浙江省	电子元器件制造业
1821	600387	海越股份	-3.91	浙江省	交通运输辅助业
1822	002359	齐星铁塔	-3.93	山东省	金属结构制造业
1823	300084	海默科技	-3.93	甘肃省	采掘服务业

续表

排名	股票代码	股票简称	内控指数	地区	行业
1824	002473	圣莱达	-3.93	浙江省	日用电子器具制造业
1825	002386	天原集团	-3.94	四川省	化学原料及化学制品制造业
1826	002184	海得控制	-3.95	上海市	计算机应用服务业
1827	600478	科力远	-3.97	湖南省	电子元器件制造业
1828	002319	乐通股份	-3.97	广东省	化学原料及化学制品制造业
1829	600258	首旅股份	-3.98	北京市	旅馆业
1830	000710	天兴仪表	-3.99	四川省	交通运输设备制造业
1831	002513	蓝丰生化	-4.00	江苏省	化学农药制造业
1832	000702	正虹科技	-4.02	湖南省	食品加工业
1833	600398	凯诺科技	-4.02	江苏省	纺织业
1834	002444	巨星科技	-4.03	江苏省	金属制品业
1835	002517	泰亚股份	-4.05	福建省	制鞋业
1836	600567	山鹰纸业	-4.06	安徽省	造纸及纸制品业
1837	000938	紫光股份	-4.07	北京市	计算机应用服务业
1838	002100	天康生物	-4.07	新疆维吾尔自治区	食品加工业
1839	002460	赣锋锂业	-4.08	江西省	有色金属冶炼及压延加工业
1840	600562	ST高陶	-4.09	江苏省	非金属矿物制品业
1841	600316	洪都航空	-4.11	江西省	交通运输设备制造业
1842	600287	江苏舜天	-4.12	江苏省	商业经纪与代理业
1843	002192	路翔股份	-4.12	广东省	化学原料及化学制品制造业
1844	002399	海普瑞	-4.13	广东省	生物制品业
1845	000783	长江证券	-4.14	湖北省	证券、期货业
1846	002461	珠江啤酒	-4.14	广东省	饮料制造业

附录 2011年中国上市公司内部控制评价指数排名

续表

排名	股票代码	股票简称	内控指数	地区	行业
1847	600896	中海海盛	-4.14	海南省	水上运输业
1848	300023	宝德股份	-4.15	陕西省	专用设备制造业
1849	600200	江苏吴中	-4.15	江苏省	综合类
1850	600796	钱江生化	-4.16	浙江省	生物制品业
1851	600229	青岛碱业	-4.16	山东省	化学原料及化学制品制造业
1852	002426	胜利精密	-4.20	江苏省	日用电子器具制造业
1853	300095	华伍股份	-4.20	江西省	普通机械制造业
1854	000611	时代科技	-4.20	内蒙古自治区	纺织业
1855	000567	海德股份	-4.21	海南省	房地产开发与经营业
1856	001696	宗申动力	-4.24	重庆市	交通运输设备制造业
1857	000023	深天地A	-4.24	广东省	非金属矿物制品业
1858	300042	朗科科技	-4.26	广东省	计算机应用服务业
1859	601005	重庆钢铁	-4.26	重庆市	黑色金属冶炼及压延加工业
1860	600156	华升股份	-4.27	湖南省	纺织业
1861	600361	华联综超	-4.29	北京市	零售业
1862	300150	世纪瑞尔	-4.29	北京市	计算机应用服务业
1863	002018	华星化工	-4.29	安徽省	化学原料及化学制品制造业
1864	002218	拓日新能	-4.31	广东省	其他电子设备制造业
1865	000570	苏常柴A	-4.31	江苏省	普通机械制造业
1866	002076	雪莱特	-4.32	广东省	电器机械及器材制造业
1867	002103	广博股份	-4.32	浙江省	文教体育用品制造业

续表

排名	股票代码	股票简称	内控指数	地区	行业
1868	600290	华仪电气	-4.34	湖南省	专用设备制造业
1869	002151	北斗星通	-4.34	北京市	通信及相关设备制造业
1870	600984	ST建机	-4.34	陕西省	专用设备制造业
1871	600868	ST梅雁	-4.35	广东省	综合类
1872	600230	沧州大化	-4.37	河北省	化学原料及化学制品制造业
1873	000584	友利控股	-4.37	四川省	合成纤维制造业
1874	002432	九安医疗	-4.37	天津市	医疗器械制造业
1875	002285	世联地产	-4.37	广东省	房地产中介服务业
1876	600283	钱江水利	-4.39	浙江省	电力、蒸汽、热水的生产和供应业
1877	000625	长安汽车	-4.40	重庆市	交通运输设备制造业
1878	600731	湖南海利	-4.41	湖南省	化学原料及化学制品制造业
1879	600097	开创国际	-4.42	上海市	渔业
1880	600756	浪潮软件	-4.42	山东省	计算机应用服务业
1881	002336	人人乐	-4.45	广东省	零售业
1882	600215	长春经开	-4.46	吉林省	房地产开发与经营业
1883	600435	中兵光电	-4.46	北京市	专用设备制造业
1884	300098	高新兴	-4.49	广东省	通信及相关设备制造业
1885	002337	赛象科技	-4.52	天津市	专用设备制造业
1886	002352	鼎泰新材	-4.53	安徽省	金属表面处理及热处理业
1887	600099	林海股份	-4.54	江苏省	交通运输设备制造业
1888	000524	东方宾馆	-4.56	广东省	旅馆业

附录 2011年中国上市公司内部控制评价指数排名

续表

排名	股票代码	股票简称	内控指数	地区	行业
1889	002057	中钢天源	-4.57	安徽省	化学原料及化学制品制造业
1890	300139	福星晓程	-4.58	北京市	电子元器件制造业
1891	000766	通化金马	-4.59	吉林省	医药制造业
1892	002009	天奇股份	-4.61	江苏省	专用设备制造业
1893	002402	和而泰	-4.61	广东省	电子元器件制造业
1894	600466	迪康药业	-4.63	四川省	医药制造业
1895	600760	中航黑豹	-4.63	山东省	交通运输设备制造业
1896	600629	棱光实业	-4.63	上海市	非金属矿物制品业
1897	300065	海兰信	-4.65	北京市	计算机应用服务业
1898	300094	国联水产	-4.67	广东省	农、林、牧、渔服务业
1899	300040	九洲电气	-4.67	黑龙江省	电器机械及器材制造业
1900	600206	有研硅股	-4.67	北京市	电子元器件制造业
1901	600973	宝胜股份	-4.74	江苏省	电器机械及器材制造业
1902	600854	ST春兰	-4.76	江苏省	电器机械及器材制造业
1903	000420	吉林化纤	-4.76	吉林省	化学纤维制造业
1904	002407	多氟多	-4.76	河南省	化学原料及化学制品制造业
1905	002496	辉丰股份	-4.82	江苏省	化学原料及化学制品制造业
1906	002053	云南盐化	-4.82	云南省	基本化学原料制造业
1907	600506	ST香梨	-4.82	新疆维吾尔自治区	农业
1908	600860	ST北人	-4.83	北京市	专用设备制造业
1909	002412	汉森制药	-4.84	湖南省	医药制造业

续表

排名	股票代码	股票简称	内控指数	地区	行业
1910	300067	安诺其	-4.85	上海市	化学原料及化学制品制造业
1911	000835	四川圣达	-4.85	四川省	炼焦业
1912	000810	华润锦华	-4.87	四川省	纺织业
1913	600485	中创信测	-4.89	北京市	通信及相关设备制造业
1914	000748	长城信息	-4.90	湖南省	计算机及相关设备制造业
1915	300155	安居宝	-4.90	广东省	其他电子设备制造业
1916	002047	成霖股份	-4.90	广东省	金属制品业
1917	002193	山东如意	-4.92	山东省	纺织业
1918	600640	中卫国脉	-4.93	上海市	通信服务业
1919	000155	川化股份	-4.93	四川省	化学原料及化学制品制造业
1920	600365	*ST 通葡	-4.94	吉林省	食品制造业
1921	002248	华东数控	-4.94	山东省	普通机械制造业
1922	002148	北纬通信	-4.95	北京市	通信服务业
1923	000952	广济药业	-4.96	湖北省	医药制造业
1924	002388	新亚制程	-4.96	广东省	其他电子设备制造业
1925	002427	尤夫股份	-4.98	浙江省	化学纤维制造业
1926	000659	珠海中富	-4.98	广东省	塑料制造业
1927	000725	京东方 A	-4.99	北京市	电子元器件制造业
1928	000016	深康佳 A	-5.01	广东省	日用电子器具制造业
1929	000733	振华科技	-5.07	贵州省	电子元器件制造业
1930	002084	海鸥卫浴	-5.10	广东省	金属制品业
1931	600353	旭光股份	-5.10	四川省	电子元器件制造业

附录 2011年中国上市公司内部控制评价指数排名

续表

排名	股票代码	股票简称	内控指数	地区	行业
1932	002227	奥特迅	-5.13	广东省	输配电及控制设备制造业
1933	000791	西北化工	-5.13	甘肃省	化学原料及化学制品制造业
1934	300052	中青宝	-5.14	广东省	计算机应用服务业
1935	600609	ST金杯	-5.15	辽宁省	交通运输设备制造业
1936	600477	杭萧钢构	-5.15	浙江省	土木工程建筑业
1937	002332	仙琚制药	-5.17	浙江省	医药制造业
1938	002240	威华股份	-5.18	广东省	木材加工及竹、藤、棕、草制品业
1939	000652	泰达股份	-5.18	天津市	综合类
1940	002504	东光微电	-5.23	江苏省	电子元器件制造业
1941	600220	江苏阳光	-5.27	江苏省	纺织业
1942	600851	海欣股份	-5.29	上海市	皮革、毛皮、羽绒及制品制造业
1943	000670	S舜元	-5.29	湖北省	房地产开发与经营业
1944	600596	新安股份	-5.31	浙江省	化学原料及化学制品制造业
1945	000521	美菱电器	-5.31	安徽省	电器机械及器材制造业
1946	600235	民丰特纸	-5.32	浙江省	造纸及纸制品业
1947	000925	众合机电	-5.32	浙江省	专用设备制造业
1948	002174	梅花伞	-5.33	广东省	其他制造业
1949	300107	建新股份	-5.33	河北省	化学原料及化学制品制造业
1950	600231	凌钢股份	-5.41	辽宁省	黑色金属冶炼及压延加工业
1951	000908	ST天一	-5.46	湖南省	普通机械制造业

续表

排名	股票代码	股票简称	内控指数	地区	行业
1952	000534	万泽股份	-5.50	广东省	房地产开发与经营业
1953	600389	江山股份	-5.51	江苏省	化学原料及化学制品制造业
1954	600055	华润万东	-5.52	北京市	专用设备制造业
1955	002383	合众思壮	-5.54	北京市	通信及相关设备制造业
1956	002119	康强电子	-5.56	浙江省	电子元器件制造业
1957	600262	北方股份	-5.56	内蒙古自治区	专用设备制造业
1958	600291	西水股份	-5.57	内蒙古自治区	非金属矿物制品业
1959	600610	SST中纺	-5.58	上海市	专用设备制造业
1960	300049	福瑞股份	-5.59	内蒙古自治区	医药制造业
1961	300056	三维丝	-5.59	福建省	其他专用设备制造业
1962	002528	英飞拓	-5.60	广东省	其他电子设备制造业
1963	300051	三五互联	-5.60	福建省	计算机应用服务业
1964	300161	华中数控	-5.62	湖北省	专用设备制造业
1965	002064	华峰氨纶	-5.62	浙江省	化学纤维制造业
1966	000911	南宁糖业	-5.63	广西壮族自治区	食品加工业
1967	600249	两面针	-5.64	广西壮族自治区	化学原料及化学制品制造业
1968	600734	实达集团	-5.68	福建省	房地产开发与经营业
1969	600212	江泉实业	-5.72	山东省	电力、蒸汽、热水的生产和供应业
1970	600367	红星发展	-5.82	广西壮族自治区	化学原料及化学制品制造业
1971	002451	摩恩电气	-5.83	上海市	电器机械及器材制造业

附录 2011年中国上市公司内部控制评价指数排名

续表

排名	股票代码	股票简称	内控指数	地区	行业
1972	002464	金利科技	-5.84	江苏省	塑料制造业
1973	002215	诺普信	-5.86	广东省	化学原料及化学制品制造业
1974	000713	丰乐种业	-5.88	安徽省	农业
1975	600339	天利高新	-5.90	新疆维吾尔自治区	石油加工及炼焦业
1976	600285	羚锐制药	-5.91	河南省	医药制造业
1977	000859	国风塑业	-5.93	安徽省	塑料制造业
1978	600517	置信电气	-5.95	上海市	电器机械及器材制造业
1979	300135	宝利沥青	-6.02	江苏省	化学原料及化学制品制造业
1980	600282	南钢股份	-6.05	江苏省	黑色金属冶炼及压延加工业
1981	002144	宏达高科	-6.11	浙江省	纺织业
1982	002164	东力传动	-6.18	浙江省	普通机械制造业
1983	002414	高德红外	-6.22	湖北省	其他电子设备制造业
1984	600311	荣华实业	-6.23	甘肃省	食品加工业
1985	300118	东方日升	-6.30	浙江省	其他电子设备制造业
1986	000990	诚志股份	-6.30	江西省	生物药品制造业
1987	600844	丹化科技	-6.32	上海市	化学原料及化学制品制造业
1988	600330	天通股份	-6.35	浙江省	电子元器件制造业
1989	600468	百利电气	-6.35	天津市	普通机械制造业
1990	000629	攀钢钒钛	-6.40	四川省	黑色金属冶炼及压延加工业
1991	002056	横店东磁	-6.40	浙江省	电子元器件制造业
1992	600737	中粮屯河	-6.44	新疆维吾尔自治区	食品加工业

续表

排名	股票代码	股票简称	内控指数	地区	行业
1993	600550	天威保变	-6.46	河北省	电器机械及器材制造业
1994	300085	银之杰	-6.47	广东省	计算机应用服务业
1995	600877	中国嘉陵	-6.51	重庆市	交通运输设备制造业
1996	600132	重庆啤酒	-6.52	重庆市	饮料制造业
1997	600537	亿晶光电	-6.52	江苏省	食品加工业
1998	600226	升华拜克	-6.56	浙江省	生物制品业
1999	600095	哈高科	-6.60	黑龙江省	食品加工业
2000	000813	天山纺织	-6.60	新疆维吾尔自治区	纺织业
2001	600624	复旦复华	-6.64	上海市	综合类
2002	600476	湘邮科技	-6.66	湖南省	计算机应用服务业
2003	600184	光电股份	-6.68	西安市	专用设备制造业
2004	000668	荣丰控股	-6.74	湖北省	房地产开发与经营业
2005	000821	京山轻机	-6.76	湖北省	专用设备制造业
2006	002246	北化股份	-6.78	四川省	化学原料及化学制品制造业
2007	600331	宏达股份	-6.79	四川省	有色金属冶炼及压延加工业
2008	600680	上海普天	-6.92	上海市	通信及相关设备制造业
2009	600821	津劝业	-6.95	天津市	零售业
2010	601558	华锐风电	-6.96	北京市	电器机械及器材制造业
2011	600833	第一医药	-6.98	上海市	零售业
2012	600369	西南证券	-7.03	四川省	综合类证券公司
2013	000779	三毛派神	-7.04	甘肃省	纺织业
2014	600751	SST天海	-7.08	天津市	水上运输业
2015	002291	星期六	-7.10	广东省	制鞋业

附录 2011年中国上市公司内部控制评价指数排名

续表

排名	股票代码	股票简称	内控指数	地区	行业
2016	600481	双良节能	-7.11	江苏省	电器机械及器材制造业
2017	002199	东晶电子	-7.17	浙江省	电子元器件制造业
2018	002149	西部材料	-7.26	陕西省	有色金属冶炼及压延加工业
2019	002514	宝馨科技	-7.27	江苏省	金属制品业
2020	000301	东方市场	-7.55	江苏省	综合类
2021	002556	辉隆股份	-7.57	安徽省	零售业
2022	000531	穗恒运A	-7.71	广东省	电力、蒸汽、热水的生产和供应业
2023	000993	闽东电力	-7.73	福建省	电力、蒸汽、热水的生产和供应业
2024	300134	大富科技	-7.80	广东省	通信及相关设备制造业
2025	002468	艾迪西	-7.81	浙江省	金属制品业
2026	600571	信雅达	-7.86	浙江省	计算机应用服务业
2027	000756	新华制药	-7.87	山东省	医药制造业
2028	002544	杰赛科技	-7.90	广东省	通信服务业
2029	600980	北矿磁材	-7.95	北京市	电子元器件制造业
2030	600232	金鹰股份	-8.02	浙江省	纺织业
2031	000585	东北电气	-8.11	辽宁省	电器机械及器材制造业
2032	000672	上峰水泥	-8.20	甘肃省	零售业
2033	000803	金宇车城	-8.25	四川省	房地产开发与经营业
2034	000429	粤高速A	-8.34	广东省	交通运输辅助业
2035	600429	三元股份	-8.44	北京市	食品制造业
2036	600393	东华实业	-8.47	广东省	房地产开发与经营业

续表

排名	股票代码	股票简称	内控指数	地区	行业
2037	000408	ST 金谷源	-8.50	北京市	有色金属冶炼及压延加工业
2038	600084	ST 中葡	-8.53	新疆维吾尔自治区	饮料制造业
2039	600722	ST 金化	-8.57	河北省	化学原料及化学制品制造业
2040	000503	海虹控股	-8.74	海南省	综合类
2041	600664	哈药股份	-8.81	黑龙江省	医药制造业
2042	002017	东信和平	-8.88	广东省	通信服务业
2043	000995	ST 皇台	-8.98	甘肃省	饮料制造业
2044	000903	云内动力	-9.05	四川省	普通机械制造业
2045	002459	天业通联	-9.12	河北省	专用设备制造业
2046	600806	昆明机床	-9.15	云南省	专用设备制造业
2047	002160	常铝股份	-9.26	江苏省	有色金属冶炼及压延加工业
2048	002447	壹桥苗业	-9.27	辽宁省	渔业
2049	000156	*ST 嘉瑞	-9.281611	湖南省	信息传播服务业
2050	300029	天龙光电	-9.32	江苏省	专用设备制造业
2051	002052	同洲电子	-9.47	广东省	通信及相关设备制造业
2052	000788	北大医药	-9.57	重庆市	医药制造业
2053	600531	豫光金铅	-9.62	河南省	有色金属冶炼及压延加工业
2054	600145	ST 国创	-9.63	贵州省	装修装饰业
2055	002535	林州重机	-9.71	河南省	专用设备制造业
2056	600373	中文传媒	-9.84	江西省	出版业
2057	600483	福建南纺	-9.87	福建省	纺织业
2058	600662	强生控股	-9.91	上海市	公共设施服务业
2059	601002	晋亿实业	-9.94	浙江省	普通机械制造业
2060	600593	大连圣亚	-10.11	辽宁省	旅游业

附录 2011年中国上市公司内部控制评价指数排名

续表

排名	股票代码	股票简称	内控指数	地区	行业
2061	002154	报喜鸟	-10.17	浙江省	服装及其他纤维制品制造业
2062	600452	涪陵电力	-10.28	四川省	电力、蒸汽、热水的生产和供应业
2063	000613	ST东海A	-10.53	海南省	旅馆业
2064	300026	红日药业	-10.55	天津市	医药制造业
2065	000988	华工科技	-10.56	湖北省	其他电子设备制造业
2066	000786	北新建材	-10.60	北京市	非金属矿物制品业
2067	002108	沧州明珠	-10.75	河北省	塑料制造业
2068	600202	哈空调	-10.76	黑龙江省	电器机械及器材制造业
2069	600766	ST园城	-10.84	山东省	房地产开发与经营业
2070	600418	江淮汽车	-10.87	安徽省	交通运输设备制造业
2071	300162	雷曼光电	-10.99	广东省	电子元器件制造业
2072	600503	华丽家族	-11.03	内蒙古自治区	房地产开发与经营业
2073	600615	丰华股份	-11.20	上海市	房地产开发与经营业
2074	002259	升达林业	-11.24	四川省	木材加工及竹、藤、棕、草制品业
2075	600546	山煤国际	-11.25	山西省	煤炭开采业
2076	600108	亚盛集团	-11.35	甘肃省	农业
2077	600252	中恒集团	-11.36	广西壮族自治区	医药制造业
2078	000892	*ST星美	-11.50	重庆市	通信服务业
2079	000428	华天酒店	-11.59	湖南省	旅游业
2080	002551	尚荣医疗	-11.68	广东省	医疗器械制造业
2081	600280	南京中商	-11.83	江苏省	零售业

续表

排名	股票代码	股票简称	内控指数	地区	行业
2082	002242	九阳股份	-12.00	浙江省	电器机械及器材制造业
2083	600432	吉恩镍业	-12.21	吉林省	有色金属冶炼及压延加工业
2084	600207	ST 安彩	-12.25	河南省	电子元器件制造业
2085	000498	*ST 丹化	-12.40	山东省	土木工程建筑业
2086	000822	山东海化	-12.40	山东省	化学原料及化学制品制造业
2087	600083	*ST 博信	-12.49	广东省	电子元器件制造业
2088	000007	ST 零七 A	-12.60	广东省	旅馆业
2089	600273	华芳纺织	-12.71	江苏省	纺织业
2090	000787	*ST 创智	-12.71	湖南省	计算机应用服务业
2091	002558	世纪游轮	-12.72	重庆市	旅游业
2092	002406	远东传动	-13.16	河南省	交通运输设备制造业
2093	300111	向日葵	-13.21	浙江省	其他电子设备制造业
2094	000030	*ST 盛润 A	-13.35	广东省	其他制造业
2095	000971	ST 迈亚	-13.38	湖北省	纺织业
2096	600540	新赛股份	-13.64	新疆维吾尔自治区	农业
2097	002529	海源机械	-13.67	福建省	专用设备制造业
2098	600681	ST 万鸿	-13.68	湖北省	其他传播、文化产业
2099	002147	方圆支承	-13.68	安徽省	普通机械制造业
2100	000606	青海明胶	-13.70	青海省	医药制造业
2101	600281	*ST 太化	-13.87	山西省	化学原料及化学制品制造业
2102	600275	ST 昌鱼	-14.09	湖北省	渔业
2103	000782	美达股份	-14.14	广东省	合成材料制造业
2104	600698	*ST 轻骑	-14.32	山东省	交通运输设备制造业

附录 2011年中国上市公司内部控制评价指数排名

续表

排名	股票代码	股票简称	内控指数	地区	行业
2105	002474	榕基软件	-14.41	福建省	计算机应用服务业
2106	600390	金瑞科技	-14.43	湖南省	黑色金属冶炼及压延加工业
2107	600620	天宸股份	-14.52	上海市	房地产开发与经营业
2108	300086	康芝药业	-14.55	海南省	医药制造业
2109	000591	桐君阁	-15.09	重庆市	零售业
2110	600713	南京医药	-15.32	江苏省	食品、饮料、烟草和家庭用品批发业
2111	000633	ST合金	-15.34	辽宁省	综合类
2112	600076	ST华光	-15.54	山东省	通信及相关设备制造业
2113	600556	*ST北生	-15.81	广西壮族自治区	生物制品业
2114	000958	ST东热	-15.82	河北省	交通运输设备制造业
2115	000554	泰山石油	-16.06	山东省	能源、材料和机械电子设备批发业
2116	002163	中航三鑫	-16.23	广东省	装修装饰业
2117	600191	华资实业	-16.54	内蒙古自治区	食品加工业
2118	600301	ST南化	-16.61	广西壮族自治区	化学原料及化学制品制造业
2119	002499	科林环保	-16.65	江苏省	专用设备制造业
2120	002356	浩宁达	-16.79	广东省	仪器仪表及文化、办公用机械制造业
2121	000676	ST思达	-16.83	河南省	仪器仪表及文化、办公用机械制造业
2122	600419	ST天宏	-16.92	新疆维吾尔自治区	造纸及纸制品业
2123	000949	新乡化纤	-16.95	河南省	化学纤维制造业
2124	000751	锌业股份	-17.13	辽宁省	有色金属冶炼及压延加工业

续表

排名	股票代码	股票简称	内控指数	地区	行业
2125	000514	渝开发	-17.35	重庆市	房地产开发与经营业
2126	002235	安妮股份	-17.52	福建省	造纸及纸制品业
2127	002072	ST 德棉	-17.69	山东省	纺织业
2128	002263	大东南	-18.00	浙江省	塑料制造业
2129	002555	顺荣股份	-18.03	安徽省	交通运输设备制造业
2130	002169	智光电气	-18.25	广东省	电器机械及器材制造业
2131	000921	ST 科龙	-18.35	广东省	电器机械及器材制造业
2132	002002	ST 琼花	-18.42	江苏省	塑料制造业
2133	000547	闽福发 A	-18.51	福建省	通信及相关设备制造业
2134	300256	星星科技	-18.60	浙江省	电子器件制造业
2135	000526	银润投资	-18.73	福建省	综合类
2136	300198	纳川股份	-18.81	福建省	塑料板、管、棒材制造业
2137	000018	ST 中冠 A	-19.00	广东省	纺织业
2138	000716	南方食品	-19.10	广西壮族自治区	食品制造业
2139	600848	自仪股份	-19.11	上海市	仪器仪表及文化、办公用机械制造业
2140	600234	ST 天龙	-19.17	山西省	日用电子器具制造业
2141	002374	丽鹏股份	-19.35	山东省	金属制品业
2142	002593	日上集团	-19.52	福建省	交通运输设备制造业
2143	002172	澳洋科技	-19.68	江苏省	化学纤维制造业
2144	000038	*ST 大通	-19.73	广东省	房地产开发与经营业

附录 2011年中国上市公司内部控制评价指数排名

续表

排名	股票代码	股票简称	内控指数	地区	行业
2145	600705	S*ST北亚	-19.84	黑龙江省	综合类
2146	000005	世纪星源	-20.02	广东省	综合类
2147	600988	ST宝龙	-20.08	广东省	有色金属矿采选业
2148	002069	獐子岛	-20.08	辽宁省	渔业
2149	000504	ST传媒	-20.16	北京市	出版业
2150	002065	东华软件	-20.45	北京市	计算机应用服务业
2151	002446	盛路通信	-20.48	广东省	通信及相关设备制造业
2152	600265	景谷林业	-20.72	云南省	林业
2153	600527	江南高纤	-20.74	江苏省	化学纤维制造业
2154	000755	山西三维	-21.00	山西省	化学原料及化学制品制造业
2155	000037	深南电A	-21.30	广东省	电力、蒸汽、热水的生产和供应业
2156	000697	*ST偏转	-21.65	陕西省	有色金属矿采选业
2157	000681	*ST远东	-21.88	江苏省	服装及其他纤维制品制造业
2158	000025	特力A	-22.16	广东省	汽车、摩托车及零配件批发业
2159	000900	现代投资	-22.22	湖南省	交通运输辅助业
2160	002034	美欣达	-22.54	浙江省	纺织业
2161	000932	华菱钢铁	-22.65	湖南省	黑色金属冶炼及压延加工业
2162	600179	*ST黑化	-22.95	黑龙江省	石油加工及炼焦业
2163	601600	中国铝业	-23.20	河南省	有色金属冶炼及压延加工业
2164	002244	滨江集团	-23.28	浙江省	房地产开发与经营业
2165	000693	S*ST聚友	-23.38	四川省	信息传播服务业

续表

排名	股票代码	股票简称	内控指数	地区	行业
2166	000922	ST 阿继	-23.39	黑龙江省	电器机械及器材制造业
2167	002357	富临运业	-23.52	四川省	公路运输业
2168	002197	证通电子	-23.64	广东省	专用设备制造业
2169	000418	小天鹅 A	-23.76	江苏省	电器机械及器材制造业
2170	600614	鼎立股份	-24.03	上海市	房地产开发与经营业
2171	000628	高新发展	-24.49	四川省	房地产开发与经营业
2172	002044	江苏三友	-24.63	江苏省	服装及其他纤维制品制造业
2173	002207	准油股份	-24.70	新疆维吾尔自治区	采掘服务业
2174	600120	浙江东方	-24.73	浙江省	商业经纪与代理业
2175	000582	北海港	-25.31	广西壮族自治区	交通运输辅助业
2176	002107	沃华医药	-25.33	山东省	医药制造业
2177	002155	辰州矿业	-25.35	湖南省	有色金属矿采选业
2178	600455	*ST 博通	-25.35	陕西省	计算机应用服务业
2179	002448	中原内配	-25.55	河南省	交通运输设备制造业
2180	600892	*ST 宝诚	-25.86	北京市	综合类
2181	000009	中国宝安	-25.87	广东省	综合类
2182	600707	彩虹股份	-25.87	陕西省	日用电子器具制造业
2183	600444	ST 国通	-25.87	安徽省	塑料制造业
2184	000520	长航凤凰	-26.18	湖北省	水上运输业
2185	600091	ST 明科	-26.93	内蒙古自治区	化学原料及化学制品制造业
2186	000594	国恒铁路	-26.94	天津市	金属材料批发业
2187	002086	东方海洋	-27.22	山东省	渔业

附录 2011年中国上市公司内部控制评价指数排名

续表

排名	股票代码	股票简称	内控指数	地区	行业
2188	002296	辉煌科技	-27.22	河南省	计算机应用服务业
2189	002170	芭田股份	-27.27	广东省	化学原料及化学制品制造业
2190	600163	福建南纸	-27.37	福建省	造纸及纸制品业
2191	000790	华神集团	-27.59	四川省	金属制品业
2192	002224	三力士	-27.71	浙江省	橡胶制造业
2193	000698	沈阳化工	-27.93	辽宁省	化学原料及化学制品制造业
2194	000595	*ST西轴	-28.00	宁夏回族自治区	普通机械制造业
2195	002249	大洋电机	-28.16	广东省	电机制造业
2196	002021	中捷股份	-28.22	浙江省	专用设备制造业
2197	000913	钱江摩托	-28.42	浙江省	交通运输设备制造业
2198	000404	华意压缩	-28.45	江西省	专用设备制造业
2199	300048	合康变频	-29.24	北京市	电器机械及器材制造业
2200	002322	理工监测	-29.38	浙江省	电器机械及器材制造业
2201	000061	农产品	-29.52	广东省	食品、饮料、烟草和家庭用品批发业
2202	000750	国海证券	-29.73	广西壮族自治区	证券、期货业
2203	002397	梦洁家纺	-29.76	湖南省	纺织业
2204	600515	ST海建	-29.76	海南省	零售业
2205	000590	紫光古汉	-30.11	湖南省	医药制造业
2206	000605	四环药业	-30.25	北京市	生物药品制造业
2207	000931	中关村	-30.32	北京市	房地产开发与经营业
2208	002074	东源电器	-30.38	江苏省	电器机械及器材制造业
2209	002264	新华都	-30.47	福建省	零售业

续表

排名	股票代码	股票简称	内控指数	地区	行业
2210	600180	ST 九发	-30.63	山东省	农业
2211	600532	华阳科技	-30.65	山东省	化学原料及化学制品制造业
2212	000768	中航飞机	-30.81	陕西省	交通运输设备制造业
2213	002132	恒星科技	-30.82	河南省	金属制品业
2214	002316	键桥通讯	-31.04	广东省	通信服务业
2215	002303	美盈森	-31.08	广东省	造纸及纸制品业
2216	600666	西南药业	-31.35	重庆市	医药制造业
2217	600074	*ST 中达	-31.53	江苏省	塑料制造业
2218	601188	龙江交通	-31.56	黑龙江省	交通运输辅助业
2219	002256	彩虹精化	-32.04	广东省	化学原料及化学制品制造业
2220	002338	奥普光电	-32.31	吉林省	仪器仪表及文化、办公用机械制造业
2221	002114	罗平锌电	-32.35	云南省	有色金属冶炼及压延加工业
2222	600512	腾达建设	-32.59	上海市	土木工程建筑业
2223	002377	国创高新	-32.62	湖北省	石油加工及炼焦业
2224	000976	春晖股份	-32.72	广东省	合成纤维制造业
2225	002328	新朋股份	-32.88	上海市	金属制品业
2226	002420	毅昌股份	-33.26	广东省	塑料制造业
2227	002026	山东威达	-33.29	山东省	金属制品业
2228	300132	青松股份	-33.31	福建省	化学原料及化学制品制造业
2229	600771	ST 东盛	-33.35	陕西省	医药制造业
2230	002189	利达光电	-33.37	河南省	电子元器件制造业
2231	600706	ST 长信	-33.38	陕西省	旅游业
2232	600777	新潮实业	-33.41	山东省	综合类
2233	000928	中钢吉炭	-34.05	吉林省	非金属矿物制品业

附录 2011年中国上市公司内部控制评价指数排名

续表

排名	股票代码	股票简称	内控指数	地区	行业
2234	600243	青海华鼎	-34.40	青海省	普通机械制造业
2235	600769	ST祥龙	-34.77	湖北省	化学原料及化学制品制造业
2236	002166	莱茵生物	-35.04	广西壮族自治区	生物药品制造业
2237	000739	普洛股份	-35.05	山东省	医药制造业
2238	600733	S前锋	-35.17	四川省	房地产开发与经营业
2239	000509	SST华塑	-35.60	四川省	塑料制造业
2240	600385	ST金泰	-35.80	山东省	医药制造业
2241	000068	ST三星	-36.80	广东省	电子元器件制造业
2242	002506	超日太阳	-37.26	上海市	其他电子设备制造业
2243	000985	大庆华科	-37.46	黑龙江省	化学原料及化学制品制造业
2244	600800	ST磁卡	-37.66	天津市	其他制造业
2245	600678	*ST金顶	-37.74	四川省	非金属矿物制品业
2246	000518	四环生物	-38.37	江苏省	生物药品制造业
2247	600891	秋林集团	-38.45	黑龙江省	零售业
2248	600250	南纺股份	-39.06	江苏省	商业经纪与代理业
2249	600392	太工天成	-39.90	山西省	计算机应用服务业
2250	600894	广钢股份	-39.94	广东省	专用设备制造业
2251	600579	ST黄海	-40.17	山东省	橡胶制造业
2252	600216	浙江医药	-40.76	浙江省	医药制造业
2253	002019	鑫富药业	-40.79	浙江省	化学原料及化学制品制造业
2254	002442	龙星化工	-41.23	河北省	化学原料及化学制品制造业
2255	600228	*ST昌九	-41.75	江西省	化学原料及化学制品制造业
2256	000622	S*ST恒立	-42.5863	湖南省	专用设备制造业

续表

排名	股票代码	股票简称	内控指数	地区	行业
2257	000545	金浦钛业	-43.76	吉林省	医药制造业
2258	000757	*ST方向	-44.07	四川省	普通机械制造业
2259	000049	德赛电池	-44.99	广东省	电器机械及器材制造业
2260	600186	莲花味精	-45.32	河南省	食品制造业
2261	002191	劲嘉股份	-45.33	广东省	印刷业
2262	000413	宝石A	-45.97	河北省	电子元器件制造业
2263	600608	ST沪科	-46.03	上海市	通信及相关设备制造业
2264	002329	皇氏乳业	-46.78	广西壮族自治区	食品制造业
2265	002082	栋梁新材	-47.13	浙江省	有色金属冶炼及压延加工业
2266	000592	中福实业	-47.19	福建省	林业
2267	300078	中瑞思创	-49.80	浙江省	其他电子设备制造业
2268	600867	通化东宝	-50.26	吉林省	医药制造业
2269	000688	*ST朝华	-50.51	重庆市	计算机应用服务业
2270	000069	华侨城A	-50.52	广东省	旅游业
2271	000657	*ST中钨	-50.54	海南省	有色金属冶炼及压延加工业
2272	600077	宋都股份	-50.76	浙江省	通信及相关设备制造业
2273	000983	西山煤电	-50.90	山西省	煤炭采选业
2274	600857	工大首创	-50.99	黑龙江省	零售业
2275	002362	汉王科技	-51.64	北京市	计算机应用服务业
2276	000056	深国商	-52.16	广东省	房地产管理业
2277	600149	*ST建通	-52.52	河北省	普通机械制造业
2278	600359	新农开发	-52.83	新疆维吾尔自治区	农业
2279	600621	上海金陵	-54.65	上海市	电子元器件制造业

附录 2011年中国上市公司内部控制评价指数排名

续表

排名	股票代码	股票简称	内控指数	地区	行业
2280	600864	哈投股份	-55.29	黑龙江省	电力、蒸汽、热水的生产和供应业
2281	002429	兆驰股份	-55.41	广东省	日用电子器具制造业
2282	000565	渝三峡A	-55.47	重庆市	化学原料及化学制品制造业
2283	600768	宁波富邦	-56.05	浙江省	有色金属冶炼及压延加工业
2284	000901	航天科技	-56.31	黑龙江省	仪器仪表及文化、办公用机械制造业
2285	600753	东方银星	-56.36	河南省	房地产开发与经营业
2286	002168	深圳惠程	-57.90	广东省	电器机械及器材制造业
2287	600038	哈飞股份	-58.20	黑龙江省	交通运输设备制造业
2288	600872	中炬高新	-58.42	广东省	综合类
2289	002098	浔兴股份	-58.59	福建省	其他制造业
2290	600595	中孚实业	-59.38	河南省	有色金属冶炼及压延加工业
2291	300066	三川股份	-59.43	江西省	仪器仪表及文化、办公用机械制造业
2292	600033	福建高速	-59.66	福建省	公路运输业
2293	600882	大成股份	-60.07	山东省	化学原料及化学制品制造业
2294	300121	阳谷华泰	-60.33	山东省	化学原料及化学制品制造业
2295	600155	*ST宝硕	-60.60	河北省	塑料制造业
2296	300061	康耐特	-60.71	上海市	其他制造业
2297	002505	大康牧业	-61.08	湖南省	牲畜饲养放牧业

续表

排名	股票代码	股票简称	内控指数	地区	行业
2298	002437	誉衡药业	-61.11	黑龙江省	医药制造业
2299	600826	兰生股份	-62.02	上海市	商业经纪与代理业
2300	600776	东方通信	-62.20	浙江省	通信及相关设备制造业
2301	000048	ST 康达尔	-63.88	广东省	食品加工业
2302	600321	国栋建设	-64.21	四川省	木材加工及竹、藤、棕、草制品业
2303	002188	新嘉联	-64.94	浙江省	电子元器件制造业
2304	600599	熊猫烟花	-66.26	湖南省	化学原料及化学制品制造业
2305	600961	株冶集团	-67.34	湖南省	有色金属冶炼及压延加工业
2306	600217	ST 秦岭	-67.34	陕西省	非金属矿物制品业
2307	002141	蓉胜超微	-67.36	广东省	电子元器件制造业
2308	000701	厦门信达	-69.63	福建省	商业经纪与代理业
2309	600671	*ST 天目	-73.86	浙江省	医药制造业
2310	000035	*ST 科健	-75.17	广东省	通信及相关设备制造业
2311	600421	ST 国药	-75.18	湖北省	医药制造业
2312	000017	*ST 中华A	-76.70	广东省	交通运输设备制造业
2313	000673	当代东方	-78.85	山西省	文化艺术业
2314	600146	大元股份	-78.97	宁夏回族自治区	石油加工及炼焦业
2315	000972	新中基	-81.63	新疆维吾尔自治区	其他加工业
2316	600960	渤海活塞	-85.24	山东省	交通运输设备制造业
2317	000407	胜利股份	-86.71	山东省	塑料制造业
2318	000848	承德露露	-88.68	河北省	饮料制造业
2319	300062	中能电气	-88.78	福建省	输配电及控制设备制造业

附录 2011年中国上市公司内部控制评价指数排名

续表

排名	股票代码	股票简称	内控指数	地区	行业
2320	600656	ST博元	-89.05	广东省	化学原料及化学制品制造业
2321	600986	科达股份	-90.31	山东省	土木工程建筑业
2322	002118	紫鑫药业	-92.55	吉林省	医药制造业
2323	002113	*ST天润	-97.79	湖南省	化学原料及化学制品制造业
2324	600539	ST狮头	-98.00	山西省	非金属矿物制品业
2325	000662	索芙特	-102.07	广东省	日用化学产品制造业
2326	600319	亚星化学	-105.52	山东省	化学原料及化学制品制造业
2327	000858	五粮液	-109.04	四川省	食品制造业
2328	002145	*ST钛白	-109.81	甘肃省	化学原料及化学制品制造业
2329	600488	天药股份	-114.29	天津市	医药制造业
2330	000677	ST海龙	-115.20	山东省	化学纤维制造业
2331	600297	美罗药业	-116.35	辽宁省	医药制造业
2332	000403	振兴生化	-119.75	江西省	医药制造业
2333	002200	*ST大地	-127.80	云南省	公共设施服务业
2334	600817	*ST宏盛	-150.93	陕西省	综合类
2335	600617	ST联华	-153.39	上海市	化学纤维制造业
2336	600691	*ST东碳	-159.27	四川省	黑色金属冶炼及压延加工业
2337	000806	银河科技	-177.91	广西壮族自治区	电器机械及器材制造业
2338	600885	ST力阳	-190.87	湖北省	化学原料及化学制品制造业
2339	600603	ST兴业	-202.19	上海市	专用设备制造业
2340	600462	*ST石岘	-438.49	吉林省	造纸及纸制品业
2341	000557	*ST广夏	-1164.33	宁夏回族自治区	饮料制造业

参 考 文 献

[1] COSO. Internal Control-Integrated Framework. 1992 ;P1
[2] 刘玉廷.全面提升企业经营管理水平的重要举措——财政部会计司司长刘玉廷解读《企业内部控制配套指引》[R].中国农业会计.2010.7;P66-68
[3] 缪艳娟.英美内部控制监管制度差异探缘及其启示[J].商业经济与管理.2008.12;P58-61
[4] Krishnan,Jayanthi. Audit Committee Quality and Internal Control:An Empirical Analysis[J]. The Accounting Review. 2005. Vol. 80. No. 2;P649-675
[5] Gary, Frank B., John, Chen J., Emerging Thends in Repirting Material Weaknesses [J]. Internal Auditing. Jan. Feb. 2006. Vol. 21. No. 1. ABI/INFORM Global;P23-40
[6] Control Self-Assessment:Everybody Pitching in with Internal Controls [J]. Pennsylvania CPA Journal. 2007. Fall. Vol. 78. No. 3. ABI/INFORM Global:P32-35
[7] Schwartz,Malcolm R., Make Risk Management and Internal Control Work for You [J]. Strategic Finance. 2006. Dec. ;P35-42
[8] Danny Goldberg M., Focus on High-risk Controls[J]. The Internal Auditor. 2007. Dec. Vol. 64. NO. 6. ABI/INFORM Global;P69-71
[9] 吴水澎,陈汉文,邵贤弟.企业内部控制理论的发展与启示[J].会计研究.2000.4;P2-8
[10] 潘秀丽.对内部控制若干问题的研究[J].会计研究.2001.6;P14
[11] 朱荣恩,应唯.企业内部会计控制应用效果的问卷调查研究[J].会计研究.2004.10;P19-24
[12] 王立勇,张秋生.对我国现行内部控制评价主体定位的研究[J].北京交通大学学报:社会科学版.2004.4;P45-49

［13］张宜霞.内部控制——基于企业本质的研究［J］.中国财政经济出版社.2004年第1版：P5-6

［14］张宜霞.企事业内部控制的范围、性质与概念体系研究［J］.会计研究，2007．7：P36-43

［15］赵东方,张莉.基于执行的内部控制评价体系构建之探讨［J］.中国注册会计师.2005.4：P28-30

［16］刘明辉,张宜霞.内部控制的经济学思考［J］.会计研究.2002.8：P54-56

［17］文胜泽.基于风险管理的企业内部控制模糊综合评价［J］.财会月刊.2009.9(下旬刊)：P74-77

［18］邓春华.企业内部控制：现状及发展建议［J］.审计研究.2005.3：P26-27

［19］周春喜.内部会计控制评价指标体系及其评价［J］.审计研究.2002.2：P36-37

［20］郭晓梅,傅元略.ZPM—内部控制制度的综合评价模型［J］.上海会计.2002.12：P39-41

［21］唐予华,李明辉.内部会计控制与会计信息质量研究［M］.中国财政经济出版社.2005：P89

［22］王立勇,石柱鲜.内部控制系统评价定量分析的数学模型［J］.系统工程理论与实践.2005.8：P40

［23］张谏忠,吴轶伦.内部控制自我评价在宝钢的运用［J］.会计研究.2005.2：P11-17

［24］戴彦.企业内部控制评价体系的构建——基于A省电网公司的案例研究［J］.会计研究.2006.1：P69-76

［25］于增彪,王竞达,瞿卫菁.企业内部控制评价体系的构建——基于亚新科工业技术有限公司的案例研究［J］.审计研究.2007.3：P47-52

［26］戴毅,吴群,谌飞龙.上市公司内部控制指标体系及综合评价模型［J］.经济论坛.2007.20：P32-33

［27］李小燕,田也壮.持续改进的企业内部财务控制有效性标准的研究——基于组织循环理论的分析框架［J］.会计研究.2008.5：P36-40

［28］骆良彬,王河流.基于AHP的上市公司内部控制质量模糊评价［J］.审计研究.2008.6：P41-44

［29］徐程兴.企业内部控制制度灰色评价方法研究［J］.财会通讯.2008.1：P86-88

［30］周瑜,郑垂勇.基于三角模糊数互反判断矩阵的内部控制评价［J］.财会月刊(理论版).2008.10：P51-52

［31］别凌.我国中央银行内部控制评价研究［J］.金融研究.2008.7：P63-65

[32] 董美霞,戴海松.我国企业内部控制评价研究[M].山东大学出版社. 2010.12月版
[33] 白玮.国有资本财务监管框架下的国有企业内部控制研究[D].天津大学博士论文.2007.12
[34] 张宜霞.企业内部控制论[D].东北财经大学博士论文.2005.10
[35] Barkema, Harry G. Kyklos. Do top managers work harder when they are monitored? 1995, Vol. 48 Issue 1, P19
[36] 何红渠,姚刚.控制论与企业内控制度的设计[J].审计与经济研究. 2002.5:P56
[37] Li, Y., Li, L., Liu, Y., Wang, L. Linking management control system with product development and process decisions to cope with environment complexity. International Journal of Production Research, 6/15/2005, Vol. 43 Iss. 12, P2577-2591.
[38] 周德孚.管理控制[M].上海财经大学出版社.1998年版:p167
[39] Bowling, David M., Rieger, Lawrence. Success Factors for Implementing Enterprise Risk Management. Bank Accounting & Finance, Apr/May2005, Vol. 18 Issue 3, P21-26
[40] Chatha, K. A.; Weston, R. H. Combined Discrete Event simulation and Systems Thinking-based Framework for Management Decision Support. Proceedings of the Institution of Mechanical Engineers. Engineering Manufacture, 2006, Vol. 220 Iss. 12, P1969-1981
[41] 钟玮.我国企业内部控制有效性研究[D].财政部财政科学研究所博士论文.2011.05
[42] 王晶,王志胜,陆宁云,甄子洋.经济控制论——理论、应用与 MATLAB 仿真[M].科学出版社.2008年版:P25
[43] 潘琰,郑仙萍.论内部控制理论之构建:关于内部控制基本假设的探讨[J].会计研究.2008.2:63-67
[44] 张黎焱.上市公司内部控制评价研究[D].财政部财政科学研究所博士论文.2010.7
[45] Baggett, Walter O. Internal Control: Insight From a General Systems Theory Perspective. Journal of Accounting, Auditing & Finance, Spring 83, Vol. 6 Issue 3, P227-233
[46] 林钟高.企业内部控制研究:理论框架与实现路径[M].科学普及出版社.2006年第1版:P8-10
[47] 张光华.美国次贷危机研究——基于信息经济学的思考[D].吉林大学

参考文献

博士论文. 2011. 5
[48] 信息经济学_百度百科. http://baike.baidu.com. 2010.09.15
[49] 杨玉凤. 上市公司内部控制信息披露研究[D]. 中国矿业大学博士论文. 2009.11
[50] 张砚,杨雄胜. 内部控制理论研究的回顾与展望[J]. 审计研究. 2007.1:P37-41
[51] 李边华,聂海涛. 我国内部控制研究思想主线及其演变:1985—2005.[J] 会计研究,2007.3:P71-78
[52] 李凤明. 内部控制学[M]. 北京:中国商业出版社. 1992年第1版. P12-14
[53] 托马斯·J. 彼得斯,罗伯特·H. 沃夫曼. 成功之路——美国最佳管理企业的经验[M]. 北京:中国对外翻译出版公司. 1985年第1版:P56
[54] 迈克尔·C. 杰克逊. 系统思考——适于管理者的创造性整体论[M]. 北京:中国人民大学出版社. 2005年第1版:P205-207
[55] 欧内斯特·凯珀. 亚洲需要一种风险管理文化[N]. 亚洲华尔街日报(美).2.18.载参考消息,2004-02-24
[56] 师巍. 我国内部控制研究述评[J]. 现代会计. 2006,4:P8-11
[57] 斯蒂芬·P. 罗宾斯,毛蕴诗主译. 管理学原理[M]. 大连:东北财经大学出版社. 2004年第1版:P295-298
[58] 宋建波. 企业内部控制原理及应用[M]. 2001年第1版. 北京:中国财政经济出版社:P25-27
[59] 王宏,蒋占华,胡为民,赵丽生. 中国上市公司内部控制指数研究[M]. 人民出版社. 2011.8月版
[60] 刘玉廷. 内部会计控制规范——新形势下加强单位内部会计监督的里程碑[J]. 会计研究. 2001.9:P3-8
[61] 金彧昉,李若山,徐明磊. COSO报告下的内部控制新发展——从中航油事件看企业风险管理[J]. 会计研究. 2005.2:P32-38
[62] 李英,陈册. 我国股份制商业银行的可持续增长分析——以招商银行为例的实证研究[J]. 技术经济与管理研究. 2008.2:P35
[63] 车迎新,阎庆民. 商业银行内部控制评价办法实施指南[M]. 中国金融出版社. 2006.3月版
[64] 张砚. 内部控制历史发展的组织演化研究. 会计研究. 2005.2:P76-81
[65] 蔡吉甫. 内部控制框架构建的产权理论研究[J]. 审计与经济研究. 2006.11:P85-89
[66] 梁运吉. 企业内部控制标准的实施研究[D]. 东北林业大学. 2008

[67] 杜文齐.试论企业内部控制存在的问题及对策[J].会计之友.2011.11：P51-54

[68] 唐立新.企业内部控制评价百分制法[M].冶金工业出版社.2011版

[69] 丁宁,杨光浩.关于企业内部控制建设的国际比较分析[J].现代管理科学.2010.08；P45-47

[70] 戴春兰,彭泉.中美内部控制评价方法运用比较[J].财会通讯.2011.7：P137-140

[71] 谢晓燕,程富.内部控制评价标准：比较与改进——基于外部审计的视角[J].财会通讯.2010.3；P41-43

[72] 财政部会计司赴美国考察团.美国会计国际趋同、注册会计师监管和内部控制考察报告[J].会计研究.2007.8；P81-86

[73] 王海林.价值链内部控制模型研究[J].会计研究.2006，2：P60-65

[74] 黎琦,黎志成.研发团队绩效的模糊评价系统研究[J].武汉理工大学学报(信息与管理工程版).2004.10：P56-57

[75] Cunningham, Lawrence A. The Appeal and Limits of Internal Controls to Fight Fraud., Terrorism, Other Ills. Journal of Corporation Law, Winter 2004, Vol. 29 Issue 2, P267-336

[76] Atwater, J. Brian, Pittman, Paul H. Facilitating Systemic Thinking in Business Classes. Decision Sciences Journal of Innovative Education, Jul. 2006, Vol. 4 Iss. 2, P273-292

[77] Beavers, Jack T. Are Boards Control-literate? Internal Auditor, Oct. 2003, Vol. 60 Issue 5, P84

[78] 朱荣恩.内部控制评价[M].中国时代出版社.2002版：P168

[79] 王军.加快健全我国企业内部控制标准体系和会计师事务所内部治理机制[J].会计研究.2006.9：P3-4

[80] COSO. Internal Control-Integrated Framework. 1992

[81] 彼得·德鲁克.21世纪的管理挑战[M].机械工业出版社.2006年第1版：P6-28

[82] 李连华.公司治理结构与内部控制的连接与互动[J].会计研究.2005.2：P64-69

[83] 杨先举著.老子管理学[J].中国人民大学出版社.2005年第1版：P251-257

[84] 李怀祖.管理研究方法论[M].西安交通大学出版社.2004年第2版：

P34-36

[85] 赵保卿.内部控制设计与运行[M].北京:经济科学出版社.2005年第1版:P71

[86] 何凤平.农业上市公司内部控制研究[D].西北农林科技大学博士论文.2008.05

[87] Braganza, Ashley; Franken, Arnoud. Sox, Compliance, and Power Relationships. Communications of the ACM, Sep. 2007, Vol. 50 Issue 9, P97-102

[88] Cheney, Glenn. COSO Queries Concepts in Monitoring Internal Control. Accounting Today, 10/22/2007, Vol. 21 Iss.19, P14

[89] 深圳迪博企业风险管理技术有限公司.中国上市公司2012年内部控制白皮书摘要[N].中国证券报.2010.6.13

[90] 张宜霞,舒惠好.内部控制国际比较研究[M].中国财政经济出版社.2006版

[91] 杜栋,庞庆华,吴炎.现代综合评价方法与案例精选[M].清华大学出版社.2008.6月版

[92] 陈国桥.层次分析法在水利工程投资决策中的应用研究[J].人民珠江.2002.4:P61-63

[93] 苏义坤,刘新宇.工程建设安全状态评价的研究[J].长春工程学院学报(自然科学版).2002.3:P56-59

[94] 何夕平.模糊综合评价在选择最优施工方案中的应用[J].合肥工业大学学报(自然科学版).2000.12:P48-51

[95] 戴文涛.企业内部控制评价指数及其应用研究[D].东北财经大学博士论文.2011.06

[96] 于增彪,麻薇冰,王竞达.亚新科公司内控评价体系的构建[J].新理财.2006.10:P24-37

[97] Fama Eugene F. Efficient capital market: a review of theory and empirical[M]. Journal of Finance. 1970

[98] 荆新,王化成,刘俊彦.财务管理学[M].中国人民大学出版社.2010版:P276

[99] 中国注册会计师协会编.财务成本管理[M].经济科学出版社.2011.4月版:P167

[100] 丁友刚,胡兴国.内部控制、风险控制与风险管理——基于组织目标的

概念解说与思想演进[J].会计研究,2007.12:P51-54

[101] 谢晓燕.企业内部控制审计研究[D].内蒙古农业大学博士论文.2010.04

[102] 李心合.内部控制:从财务报告导向到价值创造导向[J].会计研究.2007.4:P54-60

[103] 张淑萍.由财务分析看企业可持续增长率[J].政策与管理.2002.11:P45-47

[104] 何彩云,赵凤舞.上市公司可持续增长与资金需求问题研究[J].今日科苑[J].2008.3:P38-40

[105] 王三军,林美华.可持续增长率约束条件的放开探讨[J].现代商业.2009.1:P41-42

[106] 杨周南,吴鑫.内部控制工程学研究[J].会计研究.2007.3:P64-70

[107] 谢志华.内部控制、公司治理、风险管理:关系与融合[J].会计研究.2007.10:P37-45

[108] 陈丰慧,黄文秀.企业内部控制评价综述[J].现代商贸工业.2009.8:P58-59

[109] 王涛.内部控制评价的国际比较[J].金融会计.2006.12:P26-31

[110] Cheney, Glenn. COSO is helping companies take the "ouch" out of SOX. Accounting Today, 5/2/2005, Vol. 19 Issue 8, P14-15

[111] 王晶.企业内部控制体系建设模式国际比较及启示[J].财会通讯(综合版).2008.1:P38-39

[112] SEC. Final Rule: Managements Report on Internal Control Over Financial Reporting and Certification of Disclosure in Exchange Act Periodic Reports. 1988

[113] 白玮,赵国杰.李文慧.企业内部控制:西方的实践与中国的探究[J].社会科学辑刊.2008.3:P71-74

[114] 孟凡伟,李小燕,宋根生.企业内部控制有效性评价的国际经验借鉴[J].财会月刊.2007.10:P49-51

[115] Christopher E. Mandel. COSO gives a good start to implement ERM. Business Insurance. Chicago: Dec.15, 2003. Vol.37, Iss. 50. P12

[116] 富兰克.克拉柯,格雷姆.笛恩,凯尔.奥利弗,薛云奎主译.公司的崩溃——会计.监管和道德的失败[M].上海人民出版社.2006年第1版.P387

[117] Altay, Nezih; Taylor Ⅲ, Porcher L. The SOX-RFID CONNECTION. Supply Chain Management Review, Oct2007, Vol. 11 Iss. 7, P52-60

[118] Brodkin, Jon. SOX: Five Years of Headaches. Network World. 7/30/2007, Vol. 24 Iss. 29, P1-16

[119] Ballou, Brian; Heitger, Dan L. A Building-Block Approach for Implementing COSO's Enterprise Risk Management—Integrated Framework. Management Accounting Quarterly, Winter 2005, Vol. 6 Issue 2, P1-10

[120] 邹树平.美英内部控制评价与报告模式的比较分析及对我国的启示[J].贵州财经学院学报.2008.2:P30-33

[121] 戴文涛.美英内部控制评价模式对比分析及启示[J].会计师.2011.4:P53

[122] 财政部会计司考察团.英国和法国企业内部控制考察报告[J].会计研究.2007.9:P74-82

[123] 彼得·克里斯,谢得高编译,问题管理——从关于发现到有效解决[M].金城出版社.2004年第1版.P158-190

[124] 李玉环译,刘明辉审校.日本内部控制评价与审计准则[M].东北财经大学出版社.2007.10月版

[125] Campbell, David R., Campbell, Mary, Adams, Gary W. Adding Significant Value with Internal Controls. CPA Journal, Jun. 2006, Vol. 76 Iss. 6, P20-25

[126] Buhariwalla, Adil. The Softer Side of Controls. Internal Auditor, Oct. 2006, Vol. 63 Iss. 5, P81-87

[127] Bortolotti, Bernardo, Perotti, Enrico. From Government to Regulatory Governance: Privatization and the Residual Role of the State. World Bank Research Observer, Spring 2007, Vol. 22 Issue 182, P53-66